社会科学基礎シリーズ 2

会計学の基礎

（新訂版）

城西国際大学教授　小川　洌　編
早稲田大学名誉教授
元専修大学名誉教授　小澤康人

氏原茂樹　八田進二
長井敏行　小川文雄　著
金井　正　渡辺和夫
宮崎修行 ─────

創成社

執筆分担 (執筆順)

氏原茂樹	Ⅰ・Ⅵ
八田進二	Ⅱ・Ⅲ
長井敏行	Ⅳ
小川文雄	Ⅴ・Ⅷ
小澤康人	Ⅶ
金井　正	Ⅸ・Ⅹ
渡辺和夫	Ⅺ・Ⅻ・ⅩⅢ
宮崎修行	ⅩⅣ

は　し　が　き

　社会科学を学ぶにあたっては，基本的な概念や考え方を十分理解することが必要であることはいうまでもない。しかし，社会科学の学習が他の学問のそれと異なるところは，たんに概念や考え方を理解すればよいというだけではなく，具体的なケースについてそれを数値や計算的処理をもって解明する能力をも養わなければならないという点にある。このような能力を高めるには，著書や論文を読んで理論を把握するだけでなく，数多くの具体的な設例について考えたり，また解答の練習を試みたりしなければならない。

　この「社会科学基礎シリーズ」は会計学，経営学，経済学など社会科学系学問を学ぶ人びとのために上記の諸点を十分考慮したうえ編集されたものである。本シリーズの内容は，つぎの6つの巻によって構成されている。

1　簿記
2　会計学
3　原価計算及び工業簿記
4　税務会計
5　経営学
6　経済学

　これらの諸巻は，会計学，経営学，経済学といった社会科学の基本的な構造の理解を容易にすることを第1の目的とすると同時に，基本的な問題をマスターした人びとに対しさらにその技量を高めるための修練の場を提供することも意図している。したがって，各巻はそれぞれの章ごとに内容の理解の程度を確認するための「設問」や「練習問題」を紙面の許すかぎり豊富に設定してある。本書によって上記学問を学ぶ人びとは，これらの問題について解答を試み理解の程度をさらに深めることを切望する。

本シリーズの完成にあたって，株式会社創成社の関係者の方々とくに社長塚田慶次氏および長谷雅春氏に大変なご助力をいただいた。ここに記して謝意を表したい。

1989年3月

小川　洌
小澤康人

新訂版発行にあたって

　本書は初版発行以来，おかげさまで好評を博し，改訂を繰り返してきたが，この度の会計規則の大幅な改正に対応するため，また現時点における印刷・組版システムへの対応の要請もあり，新たに版を組み直すことにした。目次・構成にはいくつかの修正を加え，内容的にも最新の研究成果等を繰り込み充実を図った。多くの読者諸兄のご批判・ご指導を仰ぎ，今後への課題としたい。

2001年3月

編　者

目　次

はしがき

Ⅰ　序　論 ———————————————————— 1

　§1　会計の意義 ································· 1
　§2　企業会計の課題 ······························ 2
　§3　会計の種類 ································· 3
　§4　会計の職能 ································· 5
　§5　財務会計の構造 ······························ 8

Ⅱ　会計基準 ———————————————————— 16

　§1　財務内容公開制度 ···························· 16
　§2　会計基準の必要性 ···························· 21
　§3　「企業会計原則」の内容 ······················ 28

Ⅲ　資産及びその評価 ———————————————— 45

　§1　資産の意義 ································· 45
　§2　資産の分類 ································· 47
　§3　資産の評価 ································· 51

Ⅳ　当座資産 ———————————————————— 60

　§1　当座資産の意義 ······························ 60
　§2　現金および預金 ······························ 62

§3　受取手形と売掛金 ………………………………………63
　　§4　貸倒引当金 …………………………………………………65
　　§5　有価証券 ……………………………………………………67
　　§6　その他の流動資産 …………………………………………68

Ⅴ　棚卸資産 ──────────────────── 72

　　§1　棚卸資産の意義と分類 ……………………………………72
　　§2　棚卸資産の取得原価 ………………………………………73
　　§3　払出数量の計算 ……………………………………………75
　　§4　払出単価の計算 ……………………………………………79
　　§5　期末有高の計算 ……………………………………………84

Ⅵ　固定資産 ──────────────────── 92

　　§1　固定資産の意義と分類 ……………………………………92
　　§2　有形固定資産の意義と種類 ………………………………93
　　§3　有形固定資産の取得原価と原価配分 ……………………96
　　§4　無形固定資産の意義と種類 ………………………………101
　　§5　無形固定資産の評価 ………………………………………103
　　§6　投資その他の資産の意義と種類 …………………………106
　　§7　投資その他の資産の貸借対照表価額 ……………………108

Ⅶ　減価償却 ──────────────────── 110

　　§1　減価償却の意義 ……………………………………………110
　　§2　減価の原因 …………………………………………………111
　　§3　減価償却の計算要素 ………………………………………112

§4　減価償却費の計算方法 …………………………………115
　　§5　減価償却の記帳と表示 …………………………………118
　　§6　正規の償却と臨時償却 …………………………………120
　　§7　修繕と改良 ………………………………………………121
　　§8　除却と売却 ………………………………………………124
　　§9　個別償却と総合償却 ……………………………………126
　　§10　減耗償却 …………………………………………………129
　　§11　償却不要資産 ……………………………………………130

Ⅷ　繰延資産 ——————————————————— 132

　　§1　繰延資産の意義と分類 …………………………………132
　　§2　創　立　費 ………………………………………………138
　　§3　開　業　費 ………………………………………………139
　　§4　新株発行費等 ……………………………………………139
　　§5　社債発行費 ………………………………………………140
　　§6　社債発行差金 ……………………………………………141
　　§7　研　究　費 ………………………………………………142
　　§8　開　発　費 ………………………………………………143
　　§9　建設利息 …………………………………………………143

Ⅸ　負　債 ————————————————————— 146

　　§1　負債の意義と分類 ………………………………………146
　　§2　流動負債 …………………………………………………149
　　§3　固定負債 …………………………………………………155
　　§4　引　当　金 ………………………………………………163

§5　偶発債務 …………………………………………173

Ⅹ　資　本 ──────────────────── 177

　　§1　資本の意義と分類 ………………………………177
　　§2　株式会社の資本金 ………………………………183
　　§3　資本剰余金 ………………………………………191
　　§4　利益剰余金 ………………………………………199
　　§5　土地評価差額金 …………………………………201
　　§6　その他有価証券差額金 …………………………202
　　§7　自己株式 …………………………………………203

Ⅺ　損益の計算 ─────────────────── 206

　　§1　期間損益の計算方法 ……………………………206
　　§2　収益と費用の意義と分類 ………………………211
　　§3　収益の認識と測定 ………………………………216
　　§4　費用の認識と測定 ………………………………222
　　§5　費用と収益の対応 ………………………………225

Ⅻ　キャッシュ・フローの計算方法 ─────────── 230

　　§1　キャッシュ・フローの意義と重要性 …………230
　　§2　キャッシュ・フローの会計領域 ………………231
　　§3　キャッシュ・フローの区分と直接法・間接法 …………234
　　§4　直接法によるキャッシュ・フローの計算 ……235
　　§5　間接法によるキャッシュ・フローの計算 ……237

XIII　財務諸表 —————————————— 240

§1　財務諸表の意義と種類 ……………………………240
§2　損益計算書 ……………………………………………247
§3　貸借対照表 ……………………………………………252
§4　利益処分計算書 ………………………………………258
§5　財務諸表附属明細表 …………………………………259
§6　キャッシュ・フロー計算書 …………………………259

XIV　連結財務諸表 —————————————— 263

§1　連結財務諸表の意義 …………………………………263
§2　連結の範囲 ……………………………………………264
§3　連結決算日 ……………………………………………266
§4　会計処理の原則と手続 ………………………………266
§5　連結貸借対照表 ………………………………………266
§6　連結損益計算書 ………………………………………279
§7　連結剰余金計算書 ……………………………………285
§8　持 分 法 ………………………………………………286
§9　連結財務諸表の表示方法 ……………………………288
§10　連結財務諸表の現代的論点 …………………………292

付　　録 —————————————————— 295

付録1（企業会計原則・企業会計原則注解）
付録2（日本の企業会計原則等の変遷）

索　引 —————————————————— 315

I 序　　論

§1　会計の意義

　会計の領域は，家計の会計，国家・団体等の会計，個人経営者の会計，企業の会計というように広汎にわたっている。

　これらに共通している会計の基本的機能としては，金銭の収支取引の記録と金銭の一定時点での有高の照合によって財貨の管理がなされるという点にみられる。

　会計は，経済社会の発展，変化に照応し，理論と技術との調和の上に成立している。経済社会が未成熟であった時代には，会計の対象を金銭の収支に限定して把握すれば足りていた。しかし，高度に発展した経済社会においては，金銭ばかりではなく，金銭の具体的運用形態としての商品，備品，建物，機械等の他に，信用経済に伴う，売掛金，買掛金，受取手形，支払手形等の増減変化も，記録計算の対象となる。また，企業が個人経営から企業経営に発展すれば，企業資本の源泉も借入金の他に株式の発行に伴う資本の源泉表示が必要となる。このように経済社会が変化発展するにつれて，会計の対象も複雑かつ多岐化してきているが，基本的には，企業経営に伴う取引事実の記録と財産ないし資本の増減変化と有高を管理することに会計の本質がみられる。

　会計は，個々の財産ないし資本の変動を個別的に記録するだけにとどまることなく，企業経営の全体的視点から企業の所有する財産ないし資本の変動を統一的・総合的に記録計算し，自己完結的に把握しなければならない。この目的を果たすために，組織的・体系的な記録計算が可能となる複式簿記が考案され，一般的な会計の技術的な側面を支えている。近年においては，複式簿記の記録

計算を前提とした財産管理のみではなく，広く会計情報の利用者の立場を意識した会計の機能が強調されてきている。

会計は，前述したように広汎に行われているが，家計や国家で行われる会計は消費経済会計であり，収支計算が重視されるのに対し，企業で行われる会計は，企業の経営活動の成果（損益）計算が重視される。

本書では，企業の経営活動を対象とした会計すなわち企業会計に限定して述べていく。企業会計は，企業の経営活動に伴う取引を複式簿記にもとづいて記録計算し，その結果を報告する機能を果たしている。

§2 企業会計の課題

企業会計の目的は，歴史的に変遷してきている。企業の経済基盤が脆弱であった時代には，企業の倒産や清算が多かったために，債権者は，債権の回収のために企業の一定時点における財産の有高に関心をもっていた。このような財産計算を重視した会計を静態論会計という。これに対して，経済的に発展した段階においては，企業経営も複雑化し，企業の所有する財産の大規模化，取引の複雑化，資本の充実化に伴って企業の生命も長くなり，継続企業（going concern）として存在することになる。企業の生命が短かった時代においては，財産計算が重視されていたが，企業の経営が半永久的に継続されているという前提に立てば，財産計算よりも継続中の企業が一定期間の経営活動でどれだけの利益（損失）をあげたかを計算する期間損益計算が重視されることになる。このような思考にもとづく会計を動態論会計という。期間損益計算においては，半年とか1年という人為的に区切られた期間（会計年度）にどれだけの利益をあげたかを計算する。

企業の形態が，個人企業から株式会社になると，企業に資本を出資している出資者は，財産の有高よりも企業の収益力に関心をもつようになる。企業の収益力があがれば，株主に対する配当が増え，企業に資金を貸付けている債権者は，貸付金の回収が容易になる。したがって，現代の企業会計においては，継

続企業における期間損益計算に伴う収益力の把握が中心課題となっている。

§3 会計の種類

1. 財務会計と管理会計

　会計は企業の経営活動を貨幣数値により測定し報告する技術である。会計報告の利用者の面から会計を分類すれば，企業外部者の要請に応じて行われる財務会計と企業内部者の要請に応じて行われる管理会計にわけることができる。

　財務会計は，企業外部の利害関係者すなわち投資者や債権者等に損益計算書や貸借対照表をとおして会計情報を提供し，投資意思決定や利害関係者間の利害の調整に役立てる。企業は多数の利害関係者とともに存在しているため，それらに有効な会計情報を提供することが，社会的な制度として要請されている。

　管理会計は，経営者をはじめとする企業内部の管理者に経営管理上有効な会計情報を提供する。内部報告用の会計情報は，経営管理上の意思決定資料をはじめ，業績評価，予算管理，経営計画等に有効な資料となる。

2. 制度会計と情報会計

　会計を制度会計と情報会計に分類する場合もある。

　制度会計は法律の規定に組込まれた会計であり，したがって，制度会計は財務会計の一部である。

　制度会計の領域の限定については，議論のわかれるところであるが，ここでは商法会計を中心として，証券取引法会計および税務会計を含むものとする。商法会計は，「計算書類規則」（株式会社の貸借対照表，損益計算書，営業報告書及び附属明細書に関する規則——法務省令第25号）を含む。証券取引法会計では，企業会計原則および「財務諸表規則」（財務諸表等の用語，様式及び作成方法に関する規則——大蔵省令第46号）も含む。税務会計は，法人税法，法人税法施行令，法人

税法施行規則および通達ならびに租税特別措置法を含んで規制をしている。

制度会計を規制している各法においては，それぞれに合理的な利益の算定を行っているが，各法の目的が異なるため，会計報告の効果も異なってくる。

商法は債権者保護を目的としているため，商法会計では債権者の保護をはかる目的で配当可能限度額の算定が要請されている。証券取引法は，投資者保護を目的としているため，証券取引法会計においては，投資者の証券投資の際の意思決定に有用な会計情報を提供することが要請されている。また，税法においては，課税の公平を目的とし，合理的な課税所得の算定が要請されている。

情報会計は，会計情報利用者の意思決定資料に有効な情報を提供することが目的であり，制度会計のように分配可能利益の算定に制約されることはない。

情報会計における意思決定資料の内容は，貨幣数値による情報以外に物量数値も含むことがある。また，貨幣数値すなわち金額の面についても取得原価にもとづく会計情報以外に時価等にもとづく会計情報の提供もなされる[1]。

武田隆三教授は，情報会計が成立するにいたった背景として，次の3つの会計環境の変化を指摘されている[2]。

(1) 情報利用者の情報要求の多元的増大。
(2) コンピュータ利用による情報処理能力の増大と情報技術の発展。
(3) 隣接諸科学ことに情報諸科学（測定理論，情報理論，意思決定理論，サイバネティックス等）の発展に伴う，会計へのインパクト。

さらに，同教授は，情報会計の特徴について

「(イ)ある計算主体によって認知される対象または事象を，(ロ)特定の情報利用者の意思決定に役立つような形で，(ハ)分類し，計量化することにより，(ニ)これを伝達する過程であるとともに，(ホ)情報利用者の意思決定に係る情報ニーズを反映するための適切なメカニズムを含むものである。」と述べられたうえで，制度会計の定義と異なる点は，とくに（ロ）と（ホ）の点であるとされている[3]。

情報会計は，制度として行われているわけではないため，企業会計原則，会計基準，各種の法律にもとづく制度会計とは性格が異なる。

§4　会計の職能

会計職能としては，会計測定職能，会計伝達職能，財産の管理保全職能，経営管理職能等をあげることができる。

1．会計測定職能

会計測定職能は，企業経営上に生じたすべての会計事実の記録を前提とする。会計の原初的な役割りは，会計事実の正確な記録がなされることであり，これが達成されることによってはじめて企業資本の正確な運用状態が把握可能となる。

会計測定（accounting measurement）は，企業資本の運用状況を複式簿記の原理にもとづいて，貨幣数値を単位として評価（価額の決定）することをいう。企業資本運動の貨幣計数的な計算表示技術である会計行為は，認識行為，測定行為，記録行為，および表示行為の4つの行為からなりたっているものとみることができよう[4]。

認識行為は，企業資本運動を把握するための基礎をなす資産・負債・資本・収益・費用をどのような条件が充たされた時にとりあげるべきかにかかわる行為である。

測定行為は，企業資本の運動を貨幣数値を単位として金額的に測定する行為をいう。認識行為と測定行為は，不可分の関係にある。

認識行為と測定行為は，企業資本の把握に直接的に関係するので，損益の大きさに実質的に影響を及ぼす。なお，記録，表示行為は，企業資本の運動について認識・測定された結果をどのように記録・表示すれば，明瞭表示が達成されるかという形式面に関する会計行為である[5]。

また，会計の測定の面をとりあげる場合は，測定の基礎価額として選定される原価や時価と，選定された基礎価額にもとづく具体的測定行為を区別する必要がある。これらの選定のあり方いかんによって，会計測定の結果としての会

計情報の性格や内容が異なる。

2．会計伝達職能

　会計伝達職能は，理論上，認識行為と測定行為にわけてとりあげた方が合理的であるが，実際には，会計の測定行為を行う時に，同時に，認識行為も進行している。このような会計の測定のプロセスを通して創出された会計情報を記録，表示し，利害関係者に報告書の形式で伝える行為を会計情報の伝達（accounting communication）という。会計情報は，一般に，文字および貨幣数値によって作成された財務諸表によってあらわされる。

　利害関係者に伝達される会計情報の内容は，時代とともにおおむね次のように変遷してきた。

　企業資本が脆弱であった時代には，債権者が企業の物的財産を中心とする債務弁済能力に関心をもっていたために，会計情報もそれを中心とした内容となっていた。

　しかし，その後，大規模企業に発展し，固定設備の増大，調達資金の長期化に伴って資本と経営の分離が達成されると経営者は投資家に会計情報として債務弁済能力よりも収益力を伝達することが必要となった。つまり，投資者の意思決定に役立つ会計情報が要求されるようになった。

　このような，会計情報の伝達職能は，貸借対照表，損益計算書などのいわゆる財務諸表の作成によって達成される。

3．財産の管理保全職能

　財産の管理保全職能は，企業資本の具体的な運用状態について，正確な会計事実の測定・記録がなされ，それと実態との照合によって達成される。

　企業は，株主，債権者等の外部の利害関係者から資本を調達し，これを具体的な資本の投下形態たる資産として運用している。

　企業資本の委託者に対する受託者のアカウンタビリティ（accountability）遂行のためにこの資本を管理保全する必要がある。

このような財産の管理保全は，企業が保有している財産のすべてについて会計帳簿に測定・記録し，一定時点におけるあるべき有高を明らかにすることによって達成される。保有財産を破損，滅失させれば，企業の経営目的の達成に支障をきたすことになり，財産の管理保全責任を果たすことができない。

4．経営管理職能

　会計の測定職能と伝達職能が果たされ，会計情報が内外の利害関係者に伝えられると，意思決定のために利用される。

　会計の測定職能と伝達職能が過去の数値にもとづく事後計算的な結果にもとづくものであるのに対して，経営管理職能は経営の将来に向けての事前計算的役割を果たす。

　企業資本の運動の状況をあらわす会計情報は，さまざまな利害関係者の意思決定に利用される。

　会計情報を利用した意思決定としては，外部の利害関係者と並んで企業内部の経営管理者のそれが重要である。

　まず，経営管理職能は計画設定の側面を有する。経営管理者は，より大きな利益を稼得するために利益管理・原価管理・資金管理・予算管理等の経営管理技術を駆使し，計画設定をなす。この場合，さまざまな代替案を作成し，将来において生起する可能性のある問題を検討し，経営管理者が意思決定することになる。

　他方，経営管理職能は統制の側面も有する。経営計画が立てられれば，それにもとづいて，執行活動が行われる。執行活動の結果が悪ければ，問題点を明らかにし，次の経営に向けて改善策が提案されることになる。こうして計画と統制は，一体となって経営管理職能を果たすことになる。

§5　財務会計の構造

1. 会計構造論の発展

　会計は，企業の資本運動を貨幣数値を単位として把握する計算構造となっている。企業は利益を追求する組織体であり，会計構造も利益を算定する仕組としてあらわれる。

　しかし，経済社会の発展・変化につれて，企業規模の拡大，企業をとりまく利害関係者の関心内容の変化に照応して会計構造も変化してきている。

　つまり，企業の経済的基盤が脆弱で，企業の生命も短い当座企業から企業の規模が拡大し，その生命も長期に及ぶ継続企業になれば，利益計算構造も変化する。また，信用経済が未発達で，すべての取引が現金で決済されていた時代から信用取引が確立し，投下設備も大規模化すれば，利益計算構造も変化する。さらに，利害関係者の関心内容が，債権者としての関心を重視したものから，投資者としての関心を重視したものに変化すれば，それに伴って利益計算構造も変化する。

　これらの関係を図示すれば，次のとおりである[6]。

① ｛ 口別利益計算構造…………当座企業を前提とする取引別の利益計算構造
　　　期間利益計算構造…………継続企業を前提とする期間ごとの利益計算構造

② ｛ 現金主義的利益計算構造…信用経済が未確立で設備依存度も小さい段階の企業
　　　（現金主義的会計構造）　　を前提とする現金収支にもとづく利益計算構造
　　　発生主義的利益計算構造…信用経済が確立し設備依存度も大きい段階の企業を
　　　（発生主義的会計構造）　　前提とする費用収益の対応にもとづく利益計算構造

③ ｛ 財産法的利益計算構造……債権者的関心に対する適合性を前提とする利益計算
　　　（静態論的会計構造）　　構造
　　　損益法的利益計算構造……投資者的関心に対する適合性を前提とする利益計算
　　　（動態論的会計構造）　　構造
　　　多元的利益計算構造………多角的関心に対する適合性を前提とする利益計算構
　　　（情報論的会計構造）　　造

上記の①，②，③は別個に存在するのではなく相互に関連している。

なお，現行の財務会計における計算構造は，①期間利益計算構造であり，②発生主義的利益計算構造であり，③損益法的利益計算構造として特徴づけることができる[7]。

上記の分類は，経済社会の発展・変化に伴って会計構造も推移してきたことを示している。

第1の，口別利益計算構造から期間利益計算構造への発展の過程は，次のような経済的背景によっている。

たとえば，中世における当座企業ないし冒険企業の利益計算は口別計算によっていた。当時の当座的冒険企業は，一航海ごとに資本を調達し，商品を仕入れ，交易が終って帰港すれば，商船を処分し清算を行い，出資者に利益を分配した。このため，利益計算は，当初の投下資本と最終の回収資本との比較によって行われていた。

当座企業の時代から継続企業の時代に変ると資本の運動も1回だけの投下，回収で終結するのではなく，複数の資本運動が反復的・継続的に循環することになる。したがって，口別計算は不合理となり，継続的に繰り返される資本運動の成果計算は，一会計期間に人為的に区切って利益計算を行う期間損益計算となる。

第2に，現金主義的利益計算構造から発生主義的利益計算構造への発展の過程を述べれば，次のとおりである。

現金主義的利益計算は，現金の収入と支出の比較により利益を算定する。つまり，入金額を収益とし，出金額を費用として利益を計算する会計構造である。こうした，利益計算は，冒険的当座企業の口別計算にみられた。

しかし，継続企業においては，巨額の資本が設備に投下され，資本を回収するまでに長期間を要することになるため，設備投資に資本を投下した時点でそれを全額費用として計上することは不合理である。つまり，企業が設備を利用する期間にわたって支出額を配分する必要が生ずる。また，信用経済の発達に伴って，商品の引渡し時点に入金されず，一定期間経過後に入金することも多

くなり，入金時を収益の計上時点とすることによっても不合理が生ずる。このため，利益計算において，収益および費用を入金および出金の時点ではなく，経済的な価値の増減事実が発生した時に計上する発生主義的利益計算構造があらわれた。

第3に，財産法的利益計算構造から損益法的利益計算構造，多元的利益計算構造への発展の過程は，次のようにのべられる。

財産法は，期間の損益を期首と期末の純財産（資本）の差額として計算する会計構造である。すなわち，期首における資産と負債の差額から期首資本を求め，期末における資産と負債の差額から期末資本を求めて，両時点間の純財産（資本）の増減額として損益を計算する。

財産法の算式を示せば，次のようになる。

　　損　益＝期末資本－期首資本

　　　　　＝（期末資産－期末負債）－（期首資産－期首負債）

なお，期中に資本の追加，払戻しがあれば，それは当然加減する。

上記の計算方法の特徴は，簿記による継続記録を前提としないで，期首と期末における財産の実地棚卸を行い財産目録（Inventory）にもとづく貸借対照表を作成して，両者の純財産の変動額を損益として算出する点にある。

財産法の長所は，実地調査にもとづいて現実に存在する財産から損益を求めるため具体的で確実な計算方法である。短所としては，結果的な利益の計算方法であるため，損益の発生原因が明らかにされない。

財産目録的な貸借対照表の作成が重視されたのは，企業の財務的基盤が弱かったため，債権者が企業の債務返済能力に関心を示していたためである。

貸借対照表の機能を一定時点における財産状態の表示にもとめる静的貸借対照表論を基盤とする会計構造を静態論的会計構造と称し，のちにみる動態論的会計構造と対比される。

企業をとりまく，社会・経済的諸条件の発展・変化につれて，財産法的利益計算構造から損益法的利益計算構造へと変化した。

変化の要因としては，証券資本主義の発達による株主群の収益性への関心，

固定設備の巨大化等に伴う財産評価の複雑性等に伴い，収益・費用の期間対応にもとづく損益法的利益計算構造が重視されるようになってきた点があげられる。

損益法は，損益計算のもう1つの方法であり，一会計期間の収益から費用を差し引いて損益を計算する方法である。

算式で示せば，次のとおりである。

　　　　損　益＝収　益－費　用

収益には，商品販売益，受取手数料，受取利息，有価証券売却益等が含まれる。費用には，商品の売上原価，給料，広告宣伝費，通信交通費，消耗品費等が含まれる。したがって，収益と費用の差額として損益を明らかにすれば，その発生原因も明確にできる。

損益法は，組織的簿記の記録にもとづいて誘導的に収益・費用を抽出・集計し期間損益を算定する。なお，この場合にも，期首と期末の資産・負債・資本を抽出，集計して，両者の差額として期間損益を算定することができ，収益と費用の差額として算定された期間損益と金額的に一致する。この場合の資産・負債・資本は，組織的簿記により誘導的に計算されたものであり，前述の財産法にもとづく実地棚卸による資産・負債・資本とは本質的に異なる。

現在の企業会計においては，損益法と財産法が併用されている。両者の関係を図示すれば，次のようになる。

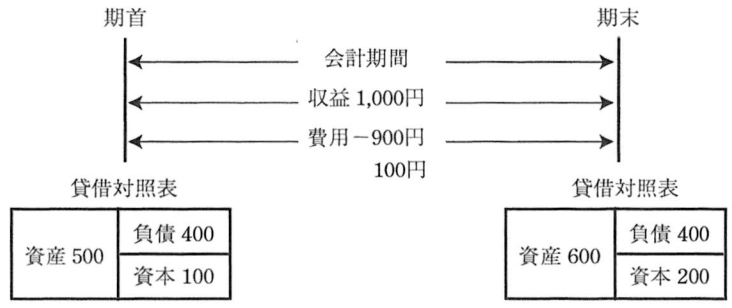

上図によれば，
　　収益（1,000円）－費用（900円）＝損益（100円）
　　期末資本（200円）－期首資本（100円）＝損益（100円）

となり，両者の損益は金額的に一致する。つまり，損益法においては，収益と費用の差額として損益が算定されると同時に，誘導的に期首と期末の貸借対照表も作成されるため両者の資本の差額として損益が算定される。

財産法においては，実地棚卸にもとづく棚卸法によって貸借対照表が作成されたが，損益法においては，誘導法によって貸借対照表が作成される。しかし，損益法においては，誘導法にもとづいて作成された貸借対照表であっても一部に実地棚卸にもとづく記録の修正すなわち棚卸法も，とり入れて不備を補っている。

損益法的利益計算構造と動態論的会計構造についてみれば，損益法的利益計算構造は利益計算の側面からみた会計構造の特徴を示し，動態論的会計構造は動的貸借対照表観にもとづく会計構造としてとらえることができる。

最後に，多元的利益計算構造（情報論的会計構造）は，企業をとりまく環境の複雑化に伴って利害関係者の関心も多岐化してきたため，現行の動態論的会計構造を基盤としながらも，現在価値ないし資本価値等にもとづく多元的な評価会計の思考にもとづくものである。

2．発生主義的会計構造

経済社会の変化発展は，企業に信用取引の発達，固定設備の増大をもたらした。このため，現金の収入，支出にもとづいて収益および費用を認識する現金主義的会計構造では対応しきれなくなったため，経済価値の増減事実にもとづいて収益，費用を認識する発生主義的会計構造が生まれた。

発生主義的会計構造の特質としては，次の点をあげることができる。
① 当該会計期間に発生した費用の額を認識・測定し計上すること。
② 当該会計期間に発生した収益の額を認識・測定し計上すること。
③ 上記の両者の収益・費用を期間的に対応させること。

発生主義的会計構造では，費用は発生主義の原則によって認識され，収益は実現主義の原則によって認識される。そのうえで，費用・収益対応の原則が適用される。

① 費用の計上は，次のように行われる。

通常，費用の計上は，経済価値の減少に伴ってなされる。たとえば，資本の投下が行われ，それにもとづいて費用が発生することもあろう。たとえば，建物・機械等の設備資産に資本が投下され，経営上の使用をとおして次第に価値が減少し費用が発生していくという関係にある。つまり，資金を支払って建物，機械等を購入すれば，その購入価額が原価として認識され，その設備資産の価値の費消にもとづいて減価償却費として費用が認識されることになる。

具体例をあげて説明すれば，次のとおりである。

ⅰ）1,000,000円の建物を購入し，現金を支払った。
ⅱ）1年後に決算日が到来したので，減価償却を行った。定額法を採用，耐用年数30年，残存価額10%。

<仕　　訳>
ⅰ）（建物）1,000,000　（現金）1,000,000
ⅱ）（建物減価償却費）30,000　（建物減価償却累計額）30,000

$$建物減価償却費 = \frac{1,000,000円 - 100,000円}{30 (年)} = 30,000円$$

上記の例によれば，貨幣資本の1,000,000円が建物という物的資本へ形態変化し，原価が認識された。建物の原価が，使用ないし時の経過によって経済価値の減少を生ずるため，減価償却費の計上という手続をとおして発生費用の認識が行われる。

なお，製造企業においては，投下資本の運動はやや複雑になる。たとえば，製品の製造のために材料を費消した場合は，材料費の認識がなされる。これは製造工程で仕掛品と当期製品製造原価を構成するが，それが販売に伴って収益と対応されて費用として把えられるのは，売上原価となった部分である。

② 収益の計上は，次のように行われる[8]。

費用は，発生主義によって認識するが，収益は，実現主義によって認識する。現行の利益計算構造は，投下資本の回収剰余としての分配可能利益の算定を目的としている。したがって，収益の認識においても未実現利益は計上することができず，期間収益として計上できるのは，実現利益に限られることになる。もし，未実現利益の計上を認めたならば，それを処分した時に企業資本の喰い

つぶしを招くことになり，継続企業の前提とも矛盾することになる。したがって，期間収益として計上できるのは，処分可能性を前提としたうえでの実現利益ということになる。

③ 費用・収益の対応は，次のように行われる。

費用・収益対応の原則は，費用・収益の実質的対応関係と費用・収益の形式的対応関係の面からとらえることができる。

費用・収益の実質的対応関係は，期間収益と期間費用との間に原因（努力）と結果（成果）の関係が認められることを意味する。

因果関係の対応形態は，次のように分類することができる。

(a) まず，個別的・直接的対応関係であるが，これは，商品の売上高と売上原価の関係にみられる。

(b) 次に，期間的・間接的対応関係であるが，これは，個別的には対応関係を確認できないが，期間的には，収益と費用の対応関係を確認できる場合である。たとえば，売上収益と給料，減価償却費，広告宣伝費等との間には収益を稼得するための価値の減少項目として期間的・間接的な対応関係を認めることができる。

なお，費用・収益の形式的対応関係は，実質的対応関係を反映させて損益計算書の表示にあらわれる。

3．動態論的会計構造

会計構造を企業会計の目的および貸借対照表の機能の面からみると，静態論的会計構造と動態論的会計構造に分類することができる。

静態論的会計構造は，会計の目的を債権者への債務弁済能力の表示におき，その目的に適合した静的貸借対照表を作成する会計構造である。

動態論的会計構造は，会計の目的を利害関係者の中心的な関心となっている収益力の表示におき，貸借対照表の機能もそれに適合するように動的に把握しようとする会計構造である。

動態論的会計構造は，費用・収益の期間的対応による利益計算が基盤となっ

ており，貸借対照表の機能もその面から位置づけられることになる。つまり，動態論的会計構造における貸借対照表は，期間利益計算の結果を示すと同時に，次期の利益計算の出発点となっているために，期間損益計算の連結環の機能が認められる。

(注)
1) 嶌村剛雄『財務諸表論の学び方』税務経理協会，昭和58年，4頁。
2) 武田隆二稿「情報会計」神戸大学会計学研究室編『会計学辞典』同文舘，昭和59年，709頁所収。
3) 武田隆二稿「前掲稿」。
4) 山桝忠恕・嶌村剛雄『体系財務諸表論〈理論篇〉』税務経理協会，昭和60年，13頁。
5) 山桝忠恕・嶌村剛雄，同上書，14頁。
6) 山桝忠恕・嶌村剛雄，同上書，36頁。
7) 山桝忠恕・嶌村剛雄，同上書，37頁。
8) 山桝忠恕・嶌村剛雄，同上書，46〜47頁。

〔設　問〕
1　静態論会計と財産法，動態論会計と損益法の関係について述べなさい。
2　現金主義・発生主義・実現主義の意義について述べなさい。
3　会計の職能について述べなさい。

Ⅱ 会計基準

§1 財務内容公開制度

1. 財務内容公開の必要性

　近時，企業の経営活動は経済社会の発展につれて次第に拡大し，大規模になってきており，企業自体が単なる一個人の私有物から1つの社会的存在（社会的な公器）へと発展してきている。なかでも，その最も発達した形態としての株式会社では，株式や社債の発行を通じて広く一般大衆から巨額の資金の調達を行っている。一方これらの会社には，経営者だけでなく，労働力を提供する多数の従業員が直接関係しており，これらの家族まで合わせるときの数は膨大なものになっている。さらに大規模会社では，多数の仕入先や得意先等の取引先をもっており，その経営活動の良否が取引先等に及ぼす影響は非常に大きなものとなっている。また，税務官庁はじめ監督官庁や，地域社会ならびに一般消費者等も，これら企業の活動結果に多大な関心と，直接ないしは間接のかかわりをもっている（下図参照）。

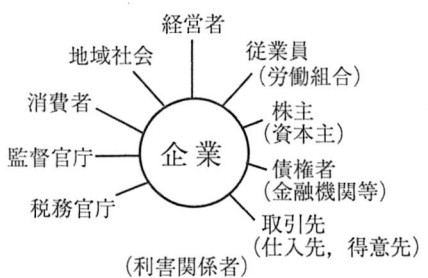

このように大企業に対しては，株主や経営者だけでなく，全体として公共社会が大きな関心を寄せてきており，それぞれの意思決定に必要な企業の経済的情報を求めるようになってきている。そのため，企業の経営者には，多数の利害関係者（株主，債権者，従業員，取引先，税務官庁，監督官庁，地域社会，消費者等を総称して，「ステークホルダー」とも言われる）に対して，企業の財政状態や経営成績に関する真実の情報を提供し，彼らの判断を誤らせないようにする社会的責任が課せられている。換言すれば，企業を取り巻く利害関係者の質的ないしは量的な拡充が，企業の財務内容の公開（会計の開示，あるいはディスクロージャーともいわれる）を促進する基盤を形作っているのである。

ところで，企業の財政状態や経営成績を外部に開示するための有力な手段は，貸借対照表や損益計算書などの財務諸表であるから，社会に対する財務内容の公開も，主としてこの財務諸表を通して行われる。利害関係者の多くは，企業の内部に直接立ち入って経営活動を見聞したり，あるいは自己に必要な情報を直接入手することは許されず，公表される財務諸表や関係書類によってのみ企業の置かれている状況を知りうるにすぎない。そのため，彼らの意思決定や判断の材料として，この財務諸表のもつ役割は極めて重大であり，外部報告に重点のある財務会計について，その社会性が強く認識されなければならない。

財務諸表は，企業の経営活動における会計事実や会計行為を一定の計算技術に従って集約的に表現したものであり，企業とそれを取り巻く利害関係者を結ぶ連結環としての機能を有している。したがって，信頼ある財務諸表の公表は，企業自身の発展にとってのみならず，経済社会全体の健全な育成にとって非常に重要である。

しかし，財務諸表自体のもつ本質として，「財務諸表は，記録された事実と会計上の慣習と個人的判断の総合的表現である[1]」といわれるように，単なる事実の客観的表示ではなく，むしろ多分に経営者の主観的な要素が介入せざるをえない。そのため，公正妥当を欠いたり，誤謬や不正の介入した財務諸表の公表により，企業の財政状態や経営成績の表示が歪められたりする場合も起こりうる。しかも，財務諸表や一部の関係書類の公表によってなされる財務内容

の開示は，企業の財務内容（あるいは経理内容）についての一部公開（半公開）であって，そのすべてを見せるという完全公開（全公開）ではないという制約もある。したがって，公開されない財務諸表の背後に存在する会計事実や会計行為等については，利害関係者は知る由もないのである。

そこで，財務諸表の信頼性を高め利害関係者を中核とする公共の利益に資するためには，一方において，独立した会計専門家である職業監査人によって財務諸表の監査を行わしめて，当該財務諸表の適否について確かめさせることが必要となる。また他方において，企業が適正な財務諸表を作成するにあたって準拠すべき規範としてだけでなく，職業監査人が監査を行うにあたって判断の拠り所となるべき会計の基準が必要とされるのである。

しかし，財務内容の公開は，企業自身がその社会的責任を果たすための一環として行うものであって，公開の主体があくまでも企業側にあることを銘記すべきである。そのため，財務内容開示の指針として適切な会計の基準が確立されることは，財務内容公開制度の維持・発展にとって極めて重要なことである。

2．法律上の開示制度

すでにみたように，財務内容の公開を中心課題とした財務会計は，社会性を強く帯びたものとして，今日では法律制度として確立してきている（これを，「制度会計」とよぶこともある[2]）。わが国における財務諸表の公開制度としては，商法上の開示制度と証券取引法上の開示制度が主要なものである[3]。

(1) 商法上の開示制度

商法上の開示制度は，本法に定めのある会計に関する実質的な規定，ならびに開示書類としての計算書類の形式に関する規定によって支えられている。前者の実質的な基準としては，第一編「総則」の第五章（商業帳簿），および第二編「会社」の第四章（株式会社）・第四節（会社の計算）の条項があげられるが，そのうちでもとくに（会社の計算）に関する規定が中心となっている。なお，商法規定により作成が要求される計算書類には，貸借対照表，損益計算書，営業

報告書，利益処分案（または，損失処理案）および附属明細書があり，これらの計算書類の記載方法等に関する形式的な基準としては「商法施行規則」が法務省令として定められており，財務諸表の表示基準となっている。

商法上の開示制度に関する主要な条文規定を要約的に列挙すれば，おおむね次のとおりである。

① 計算書類として，貸借対照表，損益計算書，営業報告書，利益処分案（または，損失処理案）を作成し，監査役の監査を受けること（商法第281条）。

② 計算書類および監査役の報告書を，株主総会招集通知に添付するとともに，総会の2週間前より本店に5年間，その謄本を支店に3年間備え置き，株主および債権者の閲覧に供すること（商法第282条，第283条第2項）。

③ 計算書類を株主総会へ提出し，その承認を求めること（商法第283条第1項）。

④ 上記の承認を得た貸借対照表，またはその要旨を公告すること（商法第283条第4項）。

⑤ 計算書類の附属明細書を作成し，本店および支店に備え置き，株主および債権者の閲覧に供すること（商法第281条，第282条）。

⑥ 発行済株式総数の3％以上を所有する株主に対して，帳簿閲覧権を与えること（商法第293条ノ6）。

このように，商法は，計算書類の作成とその開示について規定しているが，さらに一定規模以上の株式会社（すなわち，資本金5億円以上または負債の合計金額が200億円以上の株式会社）に対し，計算書類（営業報告書については会計に関する部分に限る）について監査役の監査のほか，会計監査人（公認会計士または監査法人）による監査を受けることを要求している（商法特例法第2条）。

(2) 証券取引法上の開示制度

証券取引法は，「国民経済の適切な運営及び投資者の保護に資するため，有価証券の発行及び売買その他の取引を公正ならしめ，且つ，有価証券の流通を円滑ならしめることを目的とする（証政法第1条）」ことから，証券市場を構成

する発行市場と流通市場の両市場における投資者に対する情報の提供を確保するための開示制度を制定している。有価証券の発行市場における開示は，企業が一定金額以上（現在は1億円以上）の有価証券の募集または売出しを行う場合に大蔵大臣に提出する「有価証券届出書」，および投資者に直接交付する「目論見書」の公開によって行われる。また，流通市場における開示では，定期報告書として毎決算期ごとに「有価証券報告書」を，1年決算会社は半期ごとに「半期報告書（中間財務諸表）」を作成して公表することになっている。なお，従来の有価証券報告書では，「主要な経営指標などの推移」の一部および「企業集団の状況」を除き，個別企業の情報を主とし，連結情報は従としてとらえられてきていた。しかし，わが国企業の多角化・国際化の進展ならびに会計基準の国際的統一にもみられるように，1999年4月以後開始する事業年度からは連結情報を主とし，個別情報を従とする開示制度へと変更されたことで，連結財務諸表の重要性が強く認識されるようになった。さらに，災害その他重要事件等が発生したときは，「臨時報告書」を速かに作成してこれを公表しなければならない。

　これらの財務書類作成の基礎となる会計処理の実質的な基準としては，「企業会計原則」を中核とする各種の会計基準（これについては，以下の§3「企業会計原則」の内容にて述べる）があり，表示に関する形式基準としては，内閣府（以前は大蔵省）が定めた「財務諸表等の用語，様式及び作成方法に関する規則（「財務諸表等規則」と略称される）」等がある。また，証券取引法は投資者保護の立場から，上記財務諸表における会計処理および表示が適正になされているか否かに関し，公認会計士または監査法人による会計監査を要求している（証取法第193条の2，第1項）。

　ところで，商法上の開示制度と証券取引法上の開示制度を比べると，次のような相違がみられる[4]。

① 　商法上の開示は，主として株主または債権者に対して行われるが，証券取引法の開示は，現に株主でないものも含めた一般公衆に対して行われること。

② 商法上の開示は，配当可能利益と企業の担保力を報告することを主たる目的としているが，証券取引法の開示は，投資判断の資料の提供を目的としているため，開示される書類の内容は商法に比べ詳細であり，また範囲も広いこと。

③ 私益の調整としての商法の株主または債権者の保護は私法自治にゆだねられているのに対し，証券取引法の投資者保護は，有価証券の発行および売買その他の取引を公正ならしめ，かつ，有価証券の流通を円滑ならしめることにより国民経済の適切な運営を図るという国家目的に立脚していること。

§2 会計基準の必要性

1. 会計基準の意義

　財務会計は，すでにみたように，企業外部の各種利害関係者に対して有用な会計情報を提供することを目的とした1つの社会的な制度としてとらえることができる。しかし，そこで利用される主要な会計情報としての財務諸表は，「記録と慣習と判断の総合的表現である」といわれるように，その作成を企業の自由に委ねた場合には極めて恣意的なものとなるおそれがある。
　つまり，1つの会計事実について，長い実務上の慣習として発達した会計処理の原則および手続（これらを総称して「会計方針」ともいわれる）は唯一ではなく，複数存在しているものも多い。しかも，それらの処理の原則および手続のなかには適正なものもあれば，適正でないものもある。そのため，不適正な会計処理の原則および手続を適用することにより，財務諸表が歪められる場合もありうる。そこで，信頼される財務諸表を作成するためには，企業において，最も適切な会計処理の原則および手続が自主的に採用されることが望まれる。かくて，財務会計になんらかの規範ないし指針となるものを与え，各企業が行っている会計実務をできる限り適正な方向へ導くことが必要とされるが，それ

は，財務諸表の構成要素ともいえる記録と慣習に関する基準としての意味をもつものであって，判断までも統制するものではない。したがって，企業において作成される財務諸表が，社会的信頼を獲得し，公共の利益ないしは国民経済の発展に貢献するためには，会計処理の原則および手続の選択適用にあたって必然的に介入せざるをえない経営者の主観的判断に対し，それが恣意的なものでないとの保証が必要になる。このように，財務諸表に客観的な保証を与えることで，財務公開制度を支える役割を担っているのが，企業から独立した外部の第三者としての会計専門家である職業監査人（公認会計士または監査法人）による財務諸表監査である。

　なお，この監査にあっても，財務諸表が当該企業の財政状態，経営成績およびキャッシュ・フローの状況を適正に表示しているか否かを確かめるために，会計専門家である職業監査人の判断の拠り所とすべき指針も，同時に必要となってくる。かくて，企業においては適正な財務諸表作成のための実践上の指針として，また，監査人においては作成される財務諸表の適否判定の基礎としての会計基準（あるいは会計原則）が必要とされるのである。

2．会計公準

　会計基準は，会計実践を社会的に統制し，社会にとっての会計的制度を実現するための具体的な行動規範としての役割を担っている。この会計基準は，実践規範としての性格を有するだけでは十分でなく，会計理論によって裏づけられたものとして理論的体系を備えることも必要である。つまり，財務会計を社会的な制度として成立させ，そこに一貫した理論体系を確立するには，会計基準を支える財務会計の基礎についてのいくつかの基礎的前提が，社会的に広く認められた仮定として存在する必要がある。会計の，よってたつこれらの基礎的前提を，一般に会計公準（accounting postulates；基本的コンベンションあるいは基礎概念ともいわれる）という。会計公準は，一般に公正妥当と認められている会計慣習のなかから基本的なものを帰納的に抽出したものであり，社会的に広く同意（承認）を得た仮定である。それゆえ，大きな社会的変革がない限り，

普遍的かつ固定的な性格を有している。

何を会計公準として提示するかについては、その意味内容、機能、あるいは具体的構造等を明らかにしようとすることから数多くの研究がなされており、必ずしも見解の一致をみていない。ここでは、今日、会計公準として多くの人びとから同意（承認）を得ている、企業実体、継続企業、貨幣的評価の3つの会計公準について取り上げる。

(1) 企業実体の公準

企業実体（business entity）の公準は、企業という経済主体を、企業会計上、その資本主（所有主）とは別個の存在であると考える前提である。この前提によれば、すべての会計上の判断は企業の自己の意思のもとに、企業独自の立場から行うことが要請される。ここでは、資産は企業それ自体の資産であり、負債は企業それ自体の負債である。そして資産と負債の差額が、企業財産に対する所有者、すなわち資本主に帰属するものとされる。

企業実体の考え方は、同時に会計が行われる範囲（場所的限定）について定めるものである。つまり、この公準により、会計上の記録・計算を行うための計算技術上の形式的単位（会計単位という）が設定される。かくて、法人企業は当然のことながら、個人企業においても家計と企業会計の分離が可能となり、資本という概念の成立をみることができるのである。なお企業実体の公準で意味する会計単位は、一般には法人格を与えられた法的実体を指すことが多いが、必ずしも同じでない。つまり、経済的な見地から、それが1つの企業集団とみられる場合には、この企業集団全体を会計上も1つの会計単位とみなすこともある（例：連結会計の場合）。

(2) 継続企業の公準

継続企業（going concern）の公準は、企業が継続しないという反証がない限り、企業は半永久的に継続して経営活動を営むという前提である。これは、企業の清算や解散とは対立する概念であり、今日、会計上の評価や処理は基本的

に，この継続企業の立場から行われている。

　この継続企業が現実にも成立することの対応において，企業会計では，継続する企業活動を人為的に一定の会計期間に区切り，そこにおける経営成績を明らかにするとともに，その時点における財政状態を確定している。したがって，この継続企業の公準は，形式的には，期間計算が行われるという前提でもあり，会計を行う期間について定めるものである。このことから，会計期間の公準ともいわれている。費用配分の原則や，これに基礎をおく減価償却の手続，繰延資産の計上，あるいは引当金の設定等の会計処理は，すべて企業の継続を前提とし，この思考を計算過程に反映した産物にほかならない。

(3) 貨幣的評価の公準

　貨幣的評価（monetary valuation）の公準は，企業の経済的事象を記録，測定，伝達するための共通の価値尺度として，貨幣単位（すなわち貨幣額）が用いられるという前提である。今日は貨幣経済であり，経済財を測定する尺度として貨幣を用いることにより，異質の財貨または用役を貨幣価値による評価といった同質的なものに転化し，統一的な会計数値として把握することが可能となる。

　この公準は，形式的には，記録，測定，伝達のすべての会計行為を貨幣額によって行うという前提であるが，実質的には，貨幣価値は安定しており，それは過去，現在および将来においても変わらないという前提である。しかし，過去の経験が示すように，貨幣価値は絶えず変動しており，貨幣価値が不変であるという前提は非現実的な実態を示しはじめている。したがって，この公準の実質的前提は避けることのできない崩壊的要因を含んでいるが，企業会計においては，貨幣価値水準の変化がとくに重大な影響を及ぼさない限り，これを考慮外において考えることとされている。それは，貨幣価値の変化を考慮に入れて会計上の計算を行うことが技術的に極めて困難である反面，こうした変化は，長期的にはともかく短期的にはあまり問題とならない場合が多いからであると考えられる。

3. 会計基準（および会計原則）の展開

　会計基準は，会計公準を基礎的前提としたうえで，一定の会計基準設定目的との関連において，会計の理論的な規範として，また企業会計の実践上の指針として体系化されたものである。こうした会計基準の内容を考える場合，これを，基本的・包括的な理論規範としての側面（旧来の会計原則）と，具体的・個別的な実践規範としての側面（狭義の会計基準）とに厳密に区別してとらえようとする立場もあるが[5]，今日では国際的にも，会計基準という用語法で統一する傾向にあり，両者は必ずしも明確に区別されていない。なお，わが国において馴染みのある会計原則という用語は，本来，アメリカにその起源を求めることができ，実際にも多くの影響を受けてきている。

　アメリカでは，1929年のニューヨーク証券取引所の株式大暴落にはじまる大恐慌により，一般大衆投資家が莫大な損害を被ったのを1つの契機として，投資家保護のために，会計原則設定の必要性が認識された。

　アメリカにおいて文言化された会計原則の最初のものは，アメリカ会計士協会〔American Institute of Accountants：AIA，なお1957年には，アメリカ公認会計士協会（American Institute of Certified Public Accountants：AICPA）と改称された〕とニューヨーク証券取引所協力特別委員会との間で交わされた一連の書簡に盛られた「会計5原則」（1934年）である。これは，投資家保護の観点から新たに法制化された，1933年の証券法および1934年の証券取引所法において，上場会社等に対する財務諸表の証券取引所と証券取引委員会への提出，および公認会計士による監査報告書の添付を強制したことに呼応するものであった。1938年には，AIAの委嘱を受けて，サンダース，ハットフィールド，ムーア（T.H.Sanders,H.R.Hatfield,U.Moore）の3氏がまとめた「会計原則報告書」（通常，3氏の頭文字をとって「SHM会計原則」とよばれる）が公刊された。また，AIAの会計手続委員会は，個々の会計上の問題を処理するにあたって従うべき実践的・個別的な指針ないし規範として，1939年から1959年までの間に51号に及ぶ「会計研究公報」を発表するとともに，1959年からは同委員会を会計原則審議会と改め，1962年

から1973年までに31号に及ぶ「会計原則審議会意見書」を公表した。

　一方，会計原則設定の作業は，アメリカ会計学会（American Accounting Association：AAA）によっても1936年以来試みられてきている。1936年に「会社報告諸表会計原則試案」を公表し，その後1941年に「会社財務諸表会計原則」，1948年に「会社財務諸表会計諸概念および諸基準」，さらに1957年に「会社財務諸表会計および報告諸基準」を公表した。ここで注目されるのは，1948年版から「会計原則」に替えて「会計基準」という用語が用いられていることである。なおこの間に，ペイトンとリトルトン（W.A.Paton, A.C.Littleton）の両教授による「会社会計基準序説」(1940年) が公刊され，会計原則の内容に大きな影響が及ぼされた。さらに，あるべき会計原則の基礎をなす研究報告書として，1966年には「基礎的会計理論」が，また1977年には「会計理論および理論承認」が発表されており，会計理論上も多くの検討がなされてきている。

　このように，多くの包括的な会計原則あるいは会計基準の公表ならびに検討を経て，1973年からは，AICPAの会計原則審議会を発展的に解消し，新たに会計士のみならず，官界および実業界の代表もメンバーに加えた独立機関としての財務会計基準審議会（Financial Accounting Standards Board：FASB）が会計基準設定の作業を引き継いできている。現在までに，すでに154号に及ぶ（2005年12月現在）権威ある会計基準としての「財務会計基準書」が発表され，社会の要請に応えてきている。かくて，会計実践における直接的な指針として権威ある団体によって設定された会計の基準を「一般に認められた会計原則（Generally Accepted Accounting Priciples；通常，GAAPと略称される）」と総称しており，それは，すべての企業がその会計を処理するにあたって従わなければならない基準であると考えられている。

　ところで，わが国における会計原則設定は，1934年から1937年にかけて，当時の商工省財務管理委員会によって公表された「財務諸表準則」(1934年)，「財産評価準則」(1936年)，「製造原価計算準則」(1937年) が先駆的なものといえる。これらは，第1次世界大戦後における産業合理化運動の産物として，教育的・指導的な指針としての意味をもつものにすぎなかった。したがって，今日

の基礎となっているものは，第2次世界大戦後の1949年，当時の経済安定本部（現在の経済企画庁の前身）に設けられた企業会計制度対策調査会（現在の企業会計審議会の前身）が，アメリカの会計原則を参考にして設定・発表した「企業会計原則」である。

「企業会計原則」は，1954年に部分的な修正が加えられ，また解釈上の疑義を解明するために重要事項について新たに「企業会計原則注解」（以下，「注解」と略す）が付け加えられたのをはじめとして，現在までに4回（1954年，1963年，1974年，1982年）の修正がなされている。また，1951年には「商法と企業会計原則との調整に関する意見書」，1952年には「税法と企業会計原則との調整に関する意見書」，そして1960年および1962年には全部で5つの「企業会計原則と関係諸法令との調整に関する連続意見書」がそれぞれ公表され，「企業会計原則」と商法・税法などの関係諸法令との不一致の調整が試みられた。

そこで，1962年に「企業会計原則」の趣旨を大幅にとりいれて行われた商法改正を機に，翌1963年に「企業会計原則」と「注解」の一部修正が行われた。また1974年の商法改正で，「商業帳簿の作成に関する規定の解釈に付いては公正なる会計慣行を斟酌すべし」（商法第32条第2項）という規定の新設に伴い，「企業会計原則」と「注解」は大幅に修正された。さらに，1981年の商法および「株式会社の監査等に関する商法の特例に関する法律」の一部改正における，商法の計算・公開等に関する規定の改正を機に，「企業会計原則」の見直しがなされ，その一部を修正して今日に至っている。

ところで，最近においては，金融・証券システムの改革に関する「金融ビッグバン」構想（1996年11月）を踏まえ，国際的調和等の観点から，わが国のディスクロージャー制度を個別情報中心のものから，連結情報中心のものへ大転換を図るなどの抜本的な改革がなされてきている。こうした会計情報の透明性および信頼性を高めるための改革は，具体的に，「連結キャッシュ・フロー計算書等の作成基準」（1998年3月），「研究開発費等に係る会計基準」（1998年3月），「退職給付に係る会計基準」（1998年6月），「税効果会計に係る会計基準」（1998年10月），「金融商品に係る会計基準」（1999年1月），「固定資産の減損に係る会

計基準」(2002年8月),「企業結合に係る会計基準」(2003年10月)の公表にあらわれており,順次その適用が始まったことで,わが国のディスクロージャー制度も大きな転換点を迎えたといえる。(注;わが国の会計基準の変遷の詳細については,巻末の 付録 2 を参照のこと。)

また,国際的な視点から,独立性の高い常設の会計基準設定主体の必要性が認識されたことで,従来から存在する企業会計審議会(金融庁)に代わり,2001年8月には財団法人財務会計基準機構(FASF)を母体とする民間機関の企業会計基準委員会(ASBJ)が創設された。このASBJは,一般に公正妥当と認められる企業会計の基準の中核をなす「企業会計基準」のほかに,かかる基準に対する詳細規定や解釈規定,あるいは補足・補完規定と位置付けられる「企業会計基準適用指針」と「実務対応報告」を公表してきている。

§3 「企業会計原則」の内容

1.「企業会計原則」の性格と機能

わが国の「企業会計原則」の設定目的は,その「前文」とよばれる「企業会計原則の設定について」によれば,設定当時における「我が国の企業会計制度は,欧米のそれに比較して改善の余地が多く,且つ,甚しく不統一であるため,企業の財政状態並びに経営成績を正確に把握することが困難な実情にある」との認識に立って,「我が国企業の健全な進歩発達のためにも,社会全体の利益のためにも,……又,我が国経済再建上当面の課題である外資の導入,企業の合理化,課税の公正化,証券投資の民主化,産業金融の適正化等の合理的な解決のためにも,企業会計制度の改善統一」が緊急の課題であるとして,企業会計制度の改善と統一を図る目的をもって設定されたのである。

このような経済的・社会的背景のもとに設定された「企業会計原則」に対し,「前文」では,さらに次のような性格と機能を有するものと規定している。

「1 企業会計原則は,企業会計の実務の中に慣習として発達したもののなか

から，一般に公正妥当と認められたところを要約したものであって，必ずしも法令によって強制されないでも，すべての企業がその会計を処理するに当って従わなければならない基準である。
2　企業会計原則は，公認会計士が，公認会計士法及び証券取引法に基き財務諸表の監査をなす場合において従わなければならない基準となる。
3　企業会計原則は，将来において，商法，税法，物価統制令等の企業会計に関係ある諸法令が制定改廃される場合において尊重されなければならないものである。」

このうち，第1項は「企業会計原則」の性格を明らかにしたものである。つまり，「企業会計原則」は，会計慣習を形成母体として帰納された，会計実践に密着した実務規範としての性格が強いことを示している。そしてこの原則が，「公正妥当」なものとして存在すべきことから，会計公準を前提とした会計目的から演繹される理論規範としての性格も併わせもつものであると考えられている。ところで，ここにいう「一般に公正妥当と認められた」という表現は，すでにみたアメリカでの「一般に認められた会計原則」という用語法を借用したものであるとされており，アメリカの会計原則を参考にしていることがうかがわれる。

さらに，「企業会計原則」は，法律ではないため法的強制力をもつものではないが，企業会計に関して法令を補充する実践規範であることを規定している。しかし，具体的に法律が「企業会計原則」をとり入れる場合には，その部分については当該法律と同一の立場に立つことになる。たとえば，1974年の商法改正で新設された商法第32条第2項の「公正なる会計慣行の斟酌規定」の解釈指針として，この「企業会計原則」が念頭に置かれているものと考えられている。

第2項は，「企業会計原則」の機能を述べたものといえる。つまり，「企業会計原則」は，財務諸表監査における会計士の判断の拠り所としての意味をもつことを指示している。この点は，「企業会計原則」が財務諸表作成の指針であると定義されている第1項の内容と合わせて，会計原則そのもののもつ役割として，公正な財務公開制度を支える実践規範としての機能を有していることを示している。

ところで、「企業会計原則」は設定当初から、公認会計士が財務諸表の監査を行う場合の基準として、証券取引法適用会社において遵守することが強制されていたが、1974年の商法改正を契機に、大規模株式会社に会計監査人監査が導入されるにおよんで、商法第32条第2項により、商法の会計規定を補充するものとして法律面での実践的意義をもつに至っている。

第3項は、「企業会計原則」が、商法、税法等の制定・改廃に際しての指導的な指針であることを述べている。これを具体的な提言の形で示したのが、後に公表された各種の意見書（前出）であった。実際にも、1962年の商法改正においては、資産評価の細かい規定が設けられ、繰延資産の範囲が拡大され、引当金の規定が新設される等、「企業会計原則」の主張がとり入れられている。また、1974年の商法改正での第32条第2項の新設により、「企業会計原則」が法律の場で論議されるようになってきている。

さらに、法人税法は、「内国法人の各事業年度の所得の金額は、当該事業年度の益金の額から当該事業年度の損金の額を控除した金額とする」（第22条第1項）とのべ、益金の額および損金の額は、それぞれ法人の収益および費用ないし損失の額であることを原則とし、これらの金額は「一般に公正妥当と認められる会計処理の基準」（第4項）に従って計算されるものとしているが、この規定もまた「企業会計原則」を重視している表れであるといえる。

2.「企業会計原則」の構成

会計原則の構成方法としては、AAAの会計原則のように、資産、負債、資本、収益、費用という会計計算の構成要因ごとに原則を示すもの、あるいは、AICPAの「会計原則審議会意見書」や、FASBの「財務会計基準書」のように、体系的にでなく個別的な問題ごとに指針を示すものなど、種々の形態のものがある。

わが国の「企業会計原則」は、形式も内容もアメリカの「SHM会計原則」をモデルとして、次のように、財務諸表を中心とした3部構成になっている。

第1　一般原則

第2　損益計算書原則
第3　貸借対照表原則

　「企業会計原則」には，上記の本文にあたる部分とは別に，「注解」が付されている。また，1982年の一部修正の際には，あらたに「解釈指針」（負債性引当金等に係る企業会計原則注解の修正に関する解釈指針）も発表されており，その構成内容の一環をなしている。なお，通常，会計基準という場合には，体系化された「企業会計原則」のほかに，企業会計審議会（この前身は，経済安定本部企業会計制度対策調査会，同企業会計基準審議会である）が公表している各種の意見書，および他の原則や基準等も含めたものとして理解するのが一般的である。特に近年は，個別の会計問題に関する会計基準が多く公表されてきており，それらが「企業会計原則」に優先するものとして位置づけられている。

　ところで，「企業会計原則」の冒頭に掲げられている一般原則は，損益計算書と貸借対照表に関する諸会計基準の通則をなすとともに，「監査基準」に対しても共通の原理となりうる包括的な原則である。つまり，後につづく損益計算書原則および貸借対照表原則の双方に共通する一般的，かつ全般的な基本原則が一般原則とされている。なお，損益計算書原則および貸借対照表原則は，それぞれ損益計算書および貸借対照表の作成に必要とされる，会計処理および表示に関する会計基準を明確にしたものである。また「注解」には，「企業会計原則」本文の趣旨をさらに説明して明確にするためのものと，企業会計に関する関係諸法令を補充する実践規範としてのものの，2つの性格のものが含まれている。

3．一般原則の内容

　「企業会計原則」は，一般原則として，次の7つの原則をあげている。
  1　真実性の原則
  2　正規の簿記の原則
  3　資本取引・損益取引区別の原則
  4　明瞭性の原則

5　継続性の原則
6　保守主義の原則
7　単一性の原則

（注）ここで付された原則の呼称は一般的な通称であり、「企業会計原則」の中で規定されているのではないため、人により命名の仕方に多少差異のあるものもある。

なお、一般原則としては掲げられていないが、一般原則と同様に、会計上の重要な基本原則として「重要性の原則」がある。以下では、これらの一般原則の内容についてみていくことにする。また損益計算書原則および貸借対照表原則等については、それぞれ本書のⅢ以下の関連する箇所で扱われることになるので、ここではとり上げない。

(1) 真実性の原則

「企業会計は、企業の財政状態及び経営成績に関して、真実な報告を提供するものでなければならない。」

これは真実性の原則とよばれ、企業会計における最も基本的な要請であり、最高の規範である。それは、他の6つの一般原則と、損益計算書原則および貸借対照表原則のすべての条項を遵守することを要請する中核的な原則である。

企業の財政状態および経営成績は、貸借対照表および損益計算書といった財務諸表によって示されることから、この原則は、真実な財務諸表の作成を要求する原則である。ここにいう「真実」とは、かつての旧ドイツ商法における貸借対照表真実性の原則〔これは、一定時点において企業が所有するすべての資産および負債を洩らすことなく貸借対照表に記載する（貸借対照表完全性の原則という）とともに、それを真正な客観価値、すなわち貨財については市場価格による売却時価、債権・債務については受取額・支払額で評価すること（真正価値の原則という）を要求する原則である〕による、絶対的な真実性を意味するものではない。実際にも、今日の財務諸表は「記録と慣習と判断の総合的表現である」といわれるように、記録と慣習についてはともかく、個人的な判断については絶対的真実ということはありえない。

したがって，「企業会計原則」が狙いとする真実とは，相対的な意味での真実（相対的真実性）ということになる。そして，それは，正規の簿記の原則から単一性の原則までの他の一般原則，および損益計算書原則，貸借対照表原則で定められている会計処理の原則および手続を遵守することにより，適正な財務諸表が作成されることで達成されるのである。

かくて，相対的真実は，実質的には監査上用いられる「適正性」概念と同義になり，真実性の原則とは適正な財務諸表の作成を要請する原則であるといえる。

(2) 正規の簿記の原則

「企業会計は，すべての取引につき，正規の簿記の原則に従って，正確な会計帳簿を作成しなければならない。」

この原則は通常，正規の簿記の原則とよばれるものであるが，ここでは「正規の簿記」そのものの意義，内容を定めていないため，文意からすれば，正確な会計帳簿の作成を要請する原則であるとも解される。このため，正規の簿記の原則については，これを記録に関する原則と解して狭義にとらえる立場（狭義説）と，会計処理までも含む会計全般に関する原則と解して広義にとらえる立場（広義説）がある。

狭義説によれば，この原則は，会計帳簿を作成する場合の記録に関して，つぎのことを要請する原則であるとされる。

① 網羅性のある記録：会計帳簿に記録すべき取引事実は，すべて洩れなく，かつ正しく記録されなければならない。

② 検証可能性のある記録：会計記録はすべて，取引事実を立証しうる正当な証拠資料によって検証可能なものでなければならない。これは，監査を可能にするうえでも重要な要請である。

③ 秩序性のある記録：会計記録は，一定の法則にもとづいて組織的に秩序正しく行わなければならない。

なお，網羅性および検証可能性が，記録の前提条件ともいうべき性質の要請であるのに対し，秩序性は記録の方法それ自体に関する要請といわれ，会計帳

簿とそれから誘導されて作成される財務諸表との組織的関連性を要求するものである。このような要請を満たしうる簿記法の典型は複式簿記であろうが，実質的に同じ役割を果たすものであれば，仮りに単式簿記であっても「正規の簿記」でありうることになる。かくて，記録に関する正規の簿記の原則は，真実性の原則を支える基礎的な要請であるといえる。

一方，広義説では，正確な会計帳簿の作成は，記録それ自体の形式的要件のみでは不十分であり，それが実質的にも，公正妥当と認められた会計処理にもとづく記録でなければならないとする。そして，その根拠として，「企業会計原則」第三・一の但し書き（正規の簿記の原則に従って処理された場合に生じた簿外資産及び簿外負債は，貸借対照表の記載外におくことができるとの規定），およびこれを受けての「注解」（注1）の「本来の厳密な会計処理によらないで他の簡便な方法によることも正規の簿記の原則に従った処理として認められる」といった規定を掲げて，会計処理をも含めた原則であると解している。この立場では，さらに，すべての財務諸表は会計帳簿記録にもとづいて誘導的に作成されなければならないという要請まで含められると解しており，この意味で，商法第32条第2項にいう「公正なる会計慣行」と同じ意義をもつことになる。

(3) 資本取引・損益取引区別の原則

「資本取引と損益取引とを明瞭に区別し，特に資本剰余金と利益剰余金とを混同してはならない。」

この原則は，資本取引・損益取引区別の原則，または剰余金区分の原則などとよばれるもので，本質的には，会計上，資本と利益を明確に区別することを要請する原則である。これを受けて「注解」（注2）では，資本剰余金を資本取引から生じた剰余金，利益剰余金を損益取引から生じた剰余金すなわち利益の留保額であるとし，両者が混同されると，企業の財政状態および経営成績が適正に表示されないことになるという。

そもそも剰余金とは，会社の純財産額（いわゆる資本の部）から法定資本金を

控除した金額と定義され，その性質により，資本剰余金と利益剰余金の2つに分けられる（「注解」注19）。資本剰余金は資本金と同様に，会社内部に維持すべきもので，外部に対して処分不能な剰余金であり，利益剰余金は利益を源泉とするもので，留保利益として処分可能な剰余金である。

かくて，資本取引と損益取引を区別することは，資本取引にもとづく維持すべき「資本部分」と，損益取引から生ずる処分できる「利益部分」との区別を意味する。ここに資本取引とは，元本としての資本金および資本剰余金の増減に関する取引をいい，これに対して損益取引とは，毎期の収益および費用の発生および利益剰余金の増減に関する取引をいう。

すべての取引を正規の簿記の原則に従って記録したとしても，資本取引と損益取引とを混同する場合には，資本と利益の峻別を不可能にする。そのため，資本が利益に転化される場合には，結果として資本が侵蝕されて企業の存続を危うくする。また，両取引の混同により，企業利益は過大ないし過小に示されることになり，誤った会計情報が提供されることにもなる。こうした意味で，資本取引・損益取引区別の原則は，真実性の原則を支える重要な原則の1つである。

(4) 明瞭性の原則

「企業会計は，財務諸表によって，利害関係者に対し必要な会計事実を明瞭に表示し，企業の状況に関する判断を誤らせないようにしなければならない。」

この原則は，明瞭性の原則あるいは公開性の原則とよばれるもので，会計報告，すなわち財務諸表の表示形式に関する包括的な基本原則である。つまりこの原則では，次の2つの要求，すなわち，公開性と明瞭表示を満たすことを内容としている。

公開性とは，企業の社会的責任を明らかにし，経営者の経営受託責任の遂行状況を報告するために，それに必要な会計事実を利害関係者に公開することを要求するものである。これは，今日の企業における財務内容公開制度（詳しく

は本章の§1を参照）の一環をなすものであり，法律上の制度としても具体化されている。この公開（開示）のための具体的方策としては，次のようなものがある。

(1) 重要な会計方針の注記による開示（「注解」注1-2, 注1-4）

会計方針とは，企業が損益計算書および貸借対照表の作成にあたって，その経営成績および財政状態を正しく示すために採用した会計処理の原則および手続，ならびに表示の方法をいう。会計方針の開示が要請されるのは，1つの会計事実について認められる複数の代替的な会計処理基準が存在する場合に，いずれの方法ないし基準を採用したかを明らかにして，情報の利用効果を高めるためである。したがって，代替的な会計基準が認められていない場合には，その注記を省略することができる。

会計方針の注記の具体例としては，次のようなものがある。

　　イ　有価証券の評価基準および評価方法
　　ロ　棚卸資産の評価基準および評価方法
　　ハ　固定資産の減価償却方法
　　ニ　繰延資産の処理方法
　　ホ　外貨建資産・負債の本邦通貨への換算基準
　　ヘ　引当金の計上基準
　　ト　費用・収益の計上基準

(2) 重要な後発事象の注記による開示（「注解」注1-3）

後発事象とは，貸借対照表日（決算日）後，財務諸表作成日までに発生した事象で，次期以後の経営成績および財政状態に影響を及ぼすものをいう。重要な後発事象の開示は，財務諸表の利用者が企業の将来の経営成績および財政状態をより的確に理解するための補足情報として有用となる。

重要な後発事象注記の具体例としては，次のようなものがある。

　　イ　火災，出水等による重大な損害の発生
　　ロ　多額の増資または減資，および多額の社債の発行または繰上償還
　　ハ　会社の合併，重要な営業の譲渡または譲受
　　ニ　重要な係争事件の発生または解決

ホ　主要な取引先の倒産
(3) その他の重要事項の注記（「注解」注1－4），（「企業会計原則」第三・一・C）
　財務諸表の本文に示されていない会計事実のうち，受取手形の割引高または裏書譲渡高，保証債務等の偶発債務，債務の担保に供している資産，発行済株式1株あたり当期純利益および同1株あたり純資産額等，企業の財務内容を判断するための重要な事項は注記する必要がある。
　一方，明瞭表示とは，財務諸表が真実な報告であるための条件として，財務諸表によって示される内容が明瞭に利害関係者に対して伝達されなければならないことを要求するものである。
　この明瞭表示を高める具体的方策としては，次のようなものがある。
　　イ　総額主義による記載
　損益計算書にあっては，費用・収益の総額記載ないしはその相殺の禁止（企業会計原則第二・一・B），また，貸借対照表にあっては，資産・負債および資本の総額記載ないしはそれらの相殺の禁止（「企業会計原則」第三・一・B）を通して，それぞれ企業の取引規模あるいは財政規模を明示することを要求するものである。
　　ロ　区分表示
　損益計算書では，当期の収益と費用とを発生源泉別に対応表示させ，損益計算の過程を区分して明示しなければならない。また，貸借対照表については，資産，負債および資本に3区分するとともに，一定の方法ないし基準に従って分類表示することが要求される。
　　ハ　附属明細表の作成
　財務諸表の重要項目について，その内訳明細または期中増減を示すために附属明細表を作成する（財務諸表等規則第118条）。
　　ニ　その他の明瞭表示の具体策
　財務諸表の様式として報告式を採用することや，使用する勘定科目は一般に認められているものとすること，さらに，貸借対照表での科目の配列は流動性配列法を採用すること等も，明瞭表示を満たすものである。

(5) 継続性の原則

「企業会計は、その処理の原則及び手続を毎期継続して適用し、みだりにこれを変更してはならない。」

この原則は、継続性の原則とよばれる。継続性の原則が問題とされるのは、1つの会計事実について2つ以上の会計処理の原則または手続の選択適用が認められている場合である。つまり、企業の特性に鑑みて、1つの会計事実につき複数の代替的会計処理の原則または手続が認められている場合に、そのいずれを選択するかに関しては企業の自主的判断を尊重する（これを経理自由の原則という）かわりに、いったん企業が採用した会計処理の原則または手続は、財務諸表を作成する各期間を通じて継続適用することを要請するのである。なお同原則には、上記の会計処理における実質的継続性のほか、財務諸表の表示方法に関する形式的継続性をも含むと解する場合が多い。

継続性の原則が要請される理由としては、一般に、①財務諸表の会計期間ごとの比較可能性の確保と、②会計処理に対する企業の自由裁量による利益操作の排除があげられる。このうち、後者の利益操作の排除は、経理自由の原則に一定の制約を加えることで、企業における恣意性を排除し、利益操作を封ずることにあり、相対的真実を保証するための基本的な要請である。一方、前者の財務諸表の期間比較性の確保は、「注解」（注3）においても指摘するところであるが、本原則を適用した場合であっても、経営成績の期間比較が常に可能であるとは限らない。つまり、減価償却方法における定率法が採用される場合には、毎期の減価償却費は逓減し、他のすべての条件が同じであっても毎期の利益は逓増することになり、期間比較も困難となるおそれがある。したがって、本来の趣旨からみても、利益操作の排除にこそ本原則の要請理由を求めるのが理論的であろう。

ところで継続性が問題とされる場合とは、ある認められた会計処理の方法から他の認められた会計処理の方法への変更の場合に限られるのであって、次のような場合は会計処理の変更ではあっても、継続性の原則の問題とはならない。

① 認められない方法から認められた方法への変更
② 認められた方法から認められない方法への変更
③ 認められない方法から認められない方法への変更

上記①は当然の変更であり、また②，③は継続性の原則以前の「企業会計原則」違反の事項である。

なお、継続性の原則は絶対的なものではなく、「正当な理由」がある場合には、会計処理の原則または手続の変更が認められる。（注：本則にいう「みだりに」とは、「正当な理由なく」と同義にとらえられる。）この「正当な理由」の実質的内容については必ずしも明確ではないが、一般に、①外部的要因（関係諸法令の改廃，著しい経済状態の変化等）と、②内部的要因（経営組織・経営活動の大幅な変更等）とがあると考えられる。いずれにしても、その変更により、従来に比べて、企業会計がより合理的でより適正なものとなる場合でなければならない[6]。

正当な理由によって、会計処理の原則または手続に重要な変更を加えたときは、その旨を財務諸表に注記して（「注解」注3），財務諸表利用者の注意を喚起する必要がある。

(6) 保守主義の原則

「企業の財政に不利な影響を及ぼす可能性がある場合には、これに備えて適当に健全な会計処理をしなければならない。」

この原則は、保守主義の原則，安全性の原則または慎重性の原則とよばれる。保守主義の思考は、イギリスにおける伝統的な会計慣行として「予想の利益は計上してならないが、予想の損失はすべて計上しなければならない」という格言によって表現されている。このことから明らかなように、保守主義の原則は、利益の過小表示，資産の過小評価または負債の過大評価という形で表れることになるが、企業財政の安全性を維持して企業の健全な発展に資するという点で一致している。

しかし，保守的な会計処理を無制限に認めることは企業会計の真実性を損うことにもなる。そこで本原則でも「適当に健全な会計処理」でなければならな

いと規定し、さらに「注解」(注4)でも、「過度な保守主義」についてはこれを禁止している。

　今日の企業会計は、継続企業を前提としてその理論構築がなされていることから、そこでは、将来の危険予測にあたって保守的判断が随所で要請される。しかし重要なことは、それが財務諸表の真実な報告を歪めるほどに「過度な保守主義」であってはならないこと、すなわち、期間損益計算を阻害しない範囲内で、真実性の原則の枠組の中で行われる慎重な見積りや判断であること（すなわち健全な保守主義）が確保されなければならない。

　具体的に保守主義の適用例を求めると、①棚卸資産および有価証券の評価における低価基準、②価格上昇期における後入先出法の適用、③減価償却方法における定率法、④割賦販売の収益認識基準としての回収基準または回収期限到来基準等が指摘されよう。

(7) 単一性の原則

　「株主総会提出のため、信用目的のため、租税目的のため等種々の目的のために異なる形式の財務諸表を作成する必要がある場合、それらの内容は、信頼しうる会計記録に基づいて作成されたものであって、政策の考慮のために事実の真実な表示をゆがめてはならない。」

　この原則は、単一性の原則とよばれる。企業は、法律や外部の利害関係者の要請によって、さまざまな種類の財務諸表を作成する場合がある。そこで、証券取引法にもとづく大蔵大臣提出用、商法にもとづく株主総会提出用、さらに銀行提出用や納税申告用等の諸目的に応じて、財務諸表項目の設定、区分、配列ないしは精粗等、形式面では多様であっても差し支えないが、その財務諸表で報告される内容については実質的に単一でなければならないことを要請するのである。

　このように単一性の原則は、報告目的の多様性に応じて財務諸表の形式の多様性を認めるものであり、そのために内容の単一性を強調するのである。この場合、財務諸表の内容は、「信頼しうる会計記録に基づいて作成されたもの」

でなければならず，企業経営者の政策的な配慮によって財務諸表の真実性が歪められてはならない。このことから，単一性の原則は，形式面において真実性の原則を具体的に補完するものであるといえる。

かくて単一性の原則とは，特定目的のための財務諸表に対する実質一元・形式多元を意味する原則であると一般に解されている。

(8) 重要性の原則

「企業会計原則」ではとくに指示していないが，企業会計における一般原則の1つとみられるものに「重要性の原則」がある。そこで「注解」（注1）では，その適用に関して，次のように述べている。

> 「企業会計は，定められた会計処理の方法に従って正確な計算を行うべきものであるが，企業会計が目的とするところは，企業の財務内容を明らかにし，企業の状況に関する利害関係者の判断を誤らせないようにすることにあるから，重要性の乏しいものについては，本来の厳密な会計処理によらないで他の簡便な方法によることも正規の簿記の原則に従った処理として認められる。
>
> 重要性の原則は，財務諸表の表示に関しても適用される。」

かくて重要性の原則は，有用な会計情報を提供するという立場から，会計処理および表示の両面に作用することになる。そして，重要性の高いものについては，本来の厳密かつ詳細な処理と表示を要請するとともに，重要性の乏しいものについては，簡便な処理または表示，あるいは省略を容認する原則であると解される。したがって，会計処理の面については正規の簿記の原則と，また表示の面については明瞭性の原則と密接な関係をもつとともに，それらの諸原則を制約ないし補完する関係にある。

ところで，重要性の判断基準については必ずしも明示されておらず，会計上も困難な問題の1つであるが，企業の財務内容を明らかにするものであるか否かとの関係で相対的に判断されることになろう。一般的には，金額的に判断する量的基準（たとえば，資産総額，純資産額，純利益等に対してどの程度の影響を与え

るかを金額的に判断する）と，財務諸表上の項目自体で判断する質的基準（たとえば，見積りにもとづいて計上される項目や，関係会社および役員・従業員との取引に係わる項目は重要性が高い）とがあると考えられている。しかし，重要性の判断基準を具体的に適用する場合には，この両者の基準を総合的に適用して判断することが必要である。

なお，「注解」（注1）では，重要性の乏しいものについての会計処理および表示における具体的適用例として，次のものを示している。

① 消耗品，消耗工具器具備品その他の貯蔵品等の，買入時または払出時における費用処理
② 前払費用，未収収益，未払費用および前受収益の見越・繰延処理の省略
③ 引当金の計上省略
④ 棚卸資産の取得原価決定に際しての，付随費用原価算入の省略
⑤ 分割返済の長期債権・債務のうち，期限が1年以内に到来するものの区分表示の省略

（注）
1) American Institute of Accountants, *Examination of Financial Statements by Independent Public Accountants, 1936.*
2) わが国の制度会計を論ずる場合，商法による会計および証券取引法による会計以外に，法人税法によって規制される税務会計（あるいは，税法会計）を含めて取り上げることもある。しかし税務会計の主目的は課税所得の算定にあり，財政状態および経営成績といった財務内容の公開とは主旨が異なることから，ここでは除外して考えている。
3) 商法による会計と証券取引法による会計を比較すると，次のとおりとなる。
　(1) 制度の趣旨
　　商　　　法……債権者，出資者などの保護およびそれらの者の利害関係の調整
　　証券取引法……投資者の保護
　(2) 会計規制の対象
　　商　　　法……商人全般

証券取引法……｛イ　1億円以上の株式・社債の募集または売出しを行うかまたは行った会社
　　　　　　　　ロ　証券取引所に株式が上場されている会社
　　　　　　　　ハ　店頭売買の登録銘柄株式の発行会社

(3) 会計処理基準（実質基準）
　　商　　　法……商法の会計規定
　　証券取引法……企業会計原則（なお，中間財務諸表については中間財務諸表作成基準，また連結財務諸表については連結財務諸表原則）

(4) 表示の基準（形式基準）
　　商　　　法……「商法施行規則」
　　証券取引法……「財務諸表等の用語,様式及び作成方法に関する規則」（財務諸表等則と略称される）なお，証券取引法によって作成することを要請されている中間財務諸表については「中間財務諸表等の用語,様式及び作成方法に関する規則」が，また連結財務諸表については「連結財務諸表の用語，様式及び作成方法に関する規則」がある。

(5) 会計監査
　　商　　　法……すべての株式会社について，監査役の監査が行われる（商法第281条第2項）。また，資本金5億円以上または負債の合計金額が200億円以上の株式会社については，監査役による監査のほか，公認会計士または監査法人による会計監査人の監査が行われる（商法特例法第2条）。
　　証券取引法……公認会計士または監査法人による監査が行われる（証券取引法第193条の2第1項）。（飯野利夫『財務会計論［三訂版］』同文舘，平成5年，1-12-13頁，一部修正）

4) 松土陽太郎・熊谷直樹共著『企業内容開示制度解説』税務研究会出版局，昭和53年，5頁。
5) 山桝忠恕・嶌村剛雄『体系財務諸表論〔理論篇〕改訂版』税務経理協会，昭和53年，72-74頁。
6) 日本公認会計士協会の監査委員会報告第65号「正当な理由に基づく会計方針の変更」（1999年9月7日）によれば，会計方針の変更が「正当な理由」にもとづくものであることを判断する際の留意点として，つぎの5つを示している。
　(1) 会計環境の変化に対応して会計方針の変更が行われたことが明らかであること
　(2) 変更後の会計方針が，一般に公正妥当と認められる企業会計の基準に照らして妥当であること
　(3) 会計方針の変更の理由が，会社の財政状態及び経営成績並びにキャッシュ・フローの状況等をより適正に表示することを目的としていること

(4)　変更が利益操作等を目的としていないこと
　(5)　変更が短期間に反復して行われていないこと
また，「正当な理由」に基づく事例として，次の場合が挙げられている。
(1)　従来，慣行的に採用されていた会計方針から明らかに合理的であると認められる会計方針により変更する場合（例；税法に規定する方法から他の一般に認められた，より合理的な方法への変更）
(2)　会社の財政状態に不利な影響が生じる可能性のあるときに，これに備えて健全な会計処理に変更する場合（例；棚卸資産の時価が取得原価より下落する傾向にある場合における原価基準から低価基準への変更）
(3)　親子会社間の会計方針の統一を目的として，より合理的な会計方針に変更する場合
(4)　会計処理について規制する法令の改正等に伴って変更する場合
(5)　会社の業務を監督する行政府における関係法令等の解釈，運用方針等の公表，改廃に伴って変更する場合

〔設　問〕
1　財務公開制度に関し以下の点について説明しなさい。
　(1)　意義および必要性
　(2)　会計基準との関係
　(3)　わが国の法律上の開示制度
2　会計基準（会計原則）と会計公準につき，それぞれの意義および両者の関係を説明しなさい。
3　「企業会計原則」に関し，以下の点について説明しなさい。
　(1)　「企業会計原則」の性格，および機能
　(2)　7つの一般原則と重要性の原則の，それぞれの意味内容，および要請理由
　(3)　真実性の原則と他の一般原則および重要性の原則との関係

(参考文献)
1　飯野利夫『財務会計論［三訂版］』同文舘，平成6年。
2　飯野利夫・中村忠『対談　新会計諸則の考え方・学び方』税務経理協会，昭和59年。
3　小澤康人他『会計学』法学書院，昭和62年。
4　黒澤清『解説企業会計原則』中央経済社，昭和57年。
5　黒澤清総編集『体系近代会計学1　会計学基礎理論』中央経済社，昭和55年。
6　鳥村剛堆『会計原則逐条詳解』税務経理協会，昭和57年。
7　中村忠『新稿現代会計学［七訂版］』白桃書房，平成15年。
8　広瀬義州『財務会計　第3版』中央経済社，平成14年。

Ⅲ 資産及びその評価

§1 資産の意義

　一般的に資産とは，企業の所有する有形・無形の財貨および権利等を総称するものである。しかし，その本質については，これまでも会計学上の基本問題の1つとして多くの議論の的となっている。つまり，貸借対照表の本質をどのように理解するかにより，資産の意義についても異なった定義が行われることになる。

　まず静態論のもとでは，企業会計の主要目的を債権者保護のための財産計算にあるととらえ，企業の支払能力を測定するための財産目録にもとづく貸借対照表に情報提供の中心的役割を課していた。こうした立場から，資産は，企業が所有する金銭ならびに財貨・権利等のうち換金可能性を有するもの，すなわち換金価値をもつ財産を意味していた。このように，企業が解体したときに債務の弁済に役立つ，換金処分価値をもつもののみが資産ととらえられる（つまり，貸借対照表能力をもつ）ことから，企業内部に実在する財貨や権利が換金価値ないしは処分価値を有するものであれば，有形・無形を問わず，また有償取得・無償取得の別なく，資産として認識される。しかし処分し換金できない場合には，たとえそれが企業の将来の営業活動に貢献をもたらすものであっても，資産とは認められない（貸借対照表能力をもたない）ことになる。

　これに対し，近代会計思考の中心である動態論においては，企業会計の主要目的を適正な期間損益計算に置いている。したがって，貸借対照表についても，継続企業を前提とした企業活動の一定時点における企業資本の調達源泉とその運用形態を表示することで，正しい期間損益計算実施のための橋渡し的役割を

担っている。こうした立場から，資産は企業資本の具体的運用形態を示すものとして，2つの内容のものに大別してとらえられる。その1つは，貨幣性資産といわれるもので，現金，預金のように，収益を獲得するための財貨または用役に投下されていない形態のもの（未投下資本），および受取手形，売掛金等すでにそうした投下は終了して回収され，次の新しい収益を獲得するために財貨または用役へ投下されるのを待機している形態のもの（回収済の投下待機資本）である。他の1つは，費用性資産といわれるもので，棚卸資産，固定資産および繰延資産等のように，資本の投下過程にあり，その回収可能性または当該支出の効果が持続する未回収の資本形態のもの（未回収の投下資本）である。この結果，静態論の場合と異なり，それが換金価値を有しないものであっても，将来の収益に対応される支出額であるならば，損益計算上も将来の費用として貸借対照表上の資産とみなされることになる。

　以上の考え方に対し，資産のもつ経済的な機能面を重視することから，資産を将来の企業活動に対する用役提供能力（service potentials）を期待しうる経済的資源であるとする考え方がある。これは，1950年代の終わり頃からアメリカにおいて提唱されてきたもので，「資産とは，ある特定の会計単位のなかで，経営目的のために利用される経済的資源である。すなわち，資産とは，期待される経営活動に利用可能であるか，あるいはそのために有益となる用役提供能力の総計額である。[1]」ととらえられている。しかし，損益計算重視の今日の会計においては，用役提供能力はすでに失われていても，将来の収益に対応すべき費用額が資産として計上されることになる（たとえば，繰延資産）ため，こうした考え方には問題があるといえる。

　なお，わが国「企業会計原則」では，貸借対照表に記載される資産について，次節でもみるように，これを支払能力の判定に重点を置く立場から，流動資産と非流動資産に分けてとらえている。したがって，これは資産の本質とは別個のものであり，実践面での利用を意図した分類法であるといえよう。

§2 資産の分類

1．分類の意義

　資産を適切に分類してとらえることは，有用な財務報告，とりわけ明瞭な貸借対照表の作成，あるいは利用にとって重要なことである。つまり，貸借対照表を作成する立場からは，適切な報告書を作成するまでの過程で，会計処理の原則および手続の適用の誤りを防ぐことになる。また，その利用者の立場からは，負債・資本，さらには収益・費用と同様に，資産が適切に分類されることで的確な判断が行いうる報告書として受けとることが可能となるのである。したがって，資産の分類は，基本的に貸借対照表の目的および機能との関連において考えられることが必要である。

　まず，わが国「企業会計原則」においても採用されている最も一般的な分類法としては，企業の支払能力を測定するために，資産を流動資産と非流動資産に分ける考え方である（流動・非流動分類）。これ以外にも，取引の安全および債権者保護の観点から債務弁済能力を判定する目的のもとに，金銭資産と非金銭資産に分ける考え方や，すでに資産の本質でみたように，貨幣性資産と費用性資産に分ける考え方等もある。しかしここでは，制度会計において今日実際に作成されている貸借対照表を前提に置いて考えることにするため，後者の種々の分類法についてはとくに取り上げないことにする。

2．流動・非流動分類

　前述のように，企業の支払能力を測定するために資産を流動資産と非流動資産に分け，後者をさらに固定資産と繰延資産の2つに細分するとともに，負債についても，これを流動負債と非流動負債に分け，後者を固定負債とよぶ分類方法が一般に採用されている。

　この分類法によった場合，資産を流動項目と固定項目とに区別する具体的基

準（流動・固定の分類基準）としては，1年基準（ワン・イヤー・ルールともいう）と正常営業循環基準とがある。

(1) 1年基準

　1年基準とは，通常の営業活動の過程において，貸借対照表日（決算日）の翌日から起算して1年以内に現金化ないし費用化される資産を流動資産とし，それ以外のものを固定資産とする基準である。この基準は，負債についても同様の観点から，流動負債と固定負債とに分類する基準として適用される。

　ところで，ここに「1年以内」とは，貸借対照表日の翌日から最終期限到来までの期間をいうのであって，当初の法律上の契約期間とか履行の期間（たとえば，返済期間10年の借入金とか，償還期間7年の社債）を指すのではない。したがって，社会一般にいわれる契約期間等にもとづく短期・長期という分類と，会計上の流動・固定という分類は同一の観点に立つものではない。その意味で，流動・固定の分類は，いわゆる貸借対照表の作成（表示）に関して，資産および負債を明瞭に記載する場合の基準であり，個々の勘定記入面での処理まで制約するものではない[2]。

　「企業会計原則」では，当初，棚卸資産および有形固定資産を除く債権・債務および未経過勘定項目などについて，1年基準のみを流動・固定の分類基準として採用していた[3]。しかし，現行の「企業会計原則」では，もう1つの基準である正常営業循環基準を併用した分類を行うことで，企業の正常な営業活動の進展にもとづいた財務安全性を明瞭に表示する方向へと変更がなされている。その結果，棚卸資産および企業の主目的たる営業取引によって発生した受取手形，売掛金，前払金など通常の営業循環過程にあるもの以外の，現金・預金およびその他の債権等についてのみ，この1年基準の適用を行っている。

　この点を「企業会計原則」にしたがってまとめると，下のようになる（「企業会計原則注解」注16）。

　ア　主目的たる営業取引以外の債権
　　　（貸付金，差入保証金，未収金等）

　　　　｛・入金期日が1年以内に到来のもの ……………………………流動資産
　　　　　・入金期日が1年を超えて到来のもの ……………………………固定資産
　　イ　現金預金
　　　　｛・現　　金 ………………………………………………………………流動資産
　　　　　・1年以内に期限到来の預金 …………………………………………流動資産
　　　　　・到来期限が1年を超える預金 ………………………………………固定資産
　　ウ　有価証券[4]
　　　　｛・取引所の相場のある一時的所有のもの ……………………………流動資産
　　　　　・取引所の相場のないもの ……………………………………………固定資産
　　　　　・他企業支配等の目的で長期的所有のもの …………………………固定資産
　　エ　未経過項目[5]
　　　　｛・前払費用｛1年以内の費用化のもの ………………………………流動資産
　　　　　　　　　　　1年を超えて費用化されるもの ………………………固定資産
　　　　　・未払収益 ………………………………………………………………流動資産

(2) 正常営業循環基準

　正常営業循環基準とは，現金および企業の正常な営業循環期間内に現金化または販売もしくは費消されると一般に考えられている資産をもって流動資産とし，また同じ期間内に支払の予定される債務をもって流動負債とする分類基準である。ここに「正常な営業循環期間」とは，原材料等を取得してから製品を販売して現金を回収するまでの平均的な期間をいう。この正常営業循環基準は，企業の特殊性を無視して画一的に1年という期間をもって流動項目と固定項目に分類する1年基準に替わる基準として，アメリカにおいて提唱されたものである。この場合，正常な営業循環期間が1年以下ないしは未定の場合には，従来どおり1年基準が流動・固定の分類基準として採用される。しかし，正常な営業循環期間が1年より長い場合には，当該営業循環期間が流動・固定の分類基準として，すべての債権・債務に適用されるというものである。
　すでに触れたように，わが国「企業会計原則」では，流動・固定の分類基準

の1つとして，この営業循環基準の思考を導入しているが，それはアメリカにおける主張と同じものではない。つまり「企業会計原則」では，本基準の適用対象を棚卸資産，および企業の主目的たる営業取引により発生した債権・債務に限定することで，これらを流動項目ととらえ，それ以外の債権・債務については1年基準を適用しているのである。

　この結果，販売目的の棚卸資産はもとより，通常の営業取引によって生じた受取手形，売掛金，前払金等の債権は営業循環過程の内にあるものとして流動資産とし，同様の原因によって生ずる支払手形，買掛金，前受金等の債務も，営業循環過程にあるので流動負債とされている。なお，上記の債権にあっても，それが正常の営業循環過程から外れて，破産債権や更生債権等になった場合には，1年基準が適用されることになる（「企業会計原則注解」注16）。

3．「企業会計原則」での資産の分類

　「企業会計原則」では，以下に述べるように資産を流動資産・固定資産・繰延資産の3つに大別するとともに，固定資産についてはさらに有形固定資産・無形固定資産・投資その他の資産に区分している（「企業会計原則」第三・四・(一)・B）。そして，流動項目と固定項目の分類基準として，まず棚卸資産と企業の主目的に係わる営業上の債権に対して正常営業循環基準を採用したのち，それ以外の債権等に1年基準を適用している。ただし，取引所の相場のある有価証券のように，さらに所有目的により流動資産または固定資産に分類するもの（所有目的基準），あるいは，前払費用を除いた経過項目のように，上記のいずれの基準の適用も受けずにすべてを流動資産とするものなどもある。

(1) 流動資産

　流動資産とは，通常，現金および比較的短期間のうちに現金化あるいは費用化される資産をいう。そして，流動資産はその性質上，(a) 当座資産（Ⅳ参照），(b) 棚卸資産（Ⅴ参照），および (c) 1年以内に費用となる前払費用，1年以内に回収予定の未収金や貸付金・立替金および未収収益などの，その他流動資産

の3つに分けることができる。こうした区分は，貸借対照表を用いた財務分析（とくに流動性の分析）などの情報として役立つことを意図したものである。

(2) 固定資産（詳しくはⅥを参照）

　固定資産とは，企業において長期間にわたって使用または保有され，収益獲得に貢献をもたらす資産である。このなかには，長期間にわたる使用あるいは利用を目的とするもの，長期的な利殖を目的とするもの，あるいは，他企業等の支配ないしは円滑な取引関係の維持を目的とするものなどがある。なお，「企業会計原則」では，固定資産を存在形態，構造などの違いを基礎に，(a) 有形固定資産，(b) 無形固定資産，および (c) 投資その他の資産の3つに分けている。

(3) 繰延資産（詳しくはⅧを参照）

　繰延資産とは，「すでに代価の支払が完了し又は支払義務が確定し，これに対応する役務の提供を受けたにもかかわらず，その効果が将来にわたって発現するものと期待される費用」（「企業会計原則注解」注15）を期間に配分するために繰り延べたものである。したがって，流動資産および固定資産のいずれにも属さないもので，適正な期間損益計算の確保といった会計特有の見地から計上が認められる資産である。なお「商法」では，これに属するものとして，8つの繰延資産を列挙してその計上を制限している。

§3　資産の評価

1. 資産評価の意義

　会計上，評価とは，記録の対象となる資産・負債・資本・収益および費用の各項目に対して，一定の金額を付することをいう。しかし収益および費用については，損益計算上とくにその認識および測定（評価）にあたり，別途の基準

にもとづいて扱われるのが一般的である（XI参照）。また，負債については，通常，契約等により返済額ないしは債務額が確定しているため，引当金等一部の項目を除いて評価の問題は生じない。さらに，資本は資産の額と負債の額の差額として決定されるので，両者の額が決まれば自動的に定まることからとくに評価の問題は生じない。したがって，会計上，評価という場合は，資産の評価を意味するのがふつうである。

　ところで，資産の評価の問題は次の2つの側面でとらえられる。1つは，資産を取得した時に，その資産の帳簿への記帳価額（入帳価額）を決定することであり，もう1つは，決算貸借対照表上の繰越価額（期末貸借対照表価額）を決定することである。資産の評価基準については，決算時にだけしか適用されないものもあるため，資産評価の問題を後者の貸借対照表価額の決定として論ずる場合も多い。しかし，入帳価額と貸借対照表価額は密接に関連している場合も多く，評価を決算時だけの問題と考えてはならないことに留意することも必要である。

　資産の評価のうち，とくに重要と考えられるのは費用性資産についてである。貨幣性資産のうち現金以外のものは，原則として現金回収可能額で評価されるが，費用性資産については，取得原価（入帳価額）をその会計期間に費用化した部分と次期以降に費用化する部分とに区分し，後者をもって貸借対照表価額と評価される。したがって，こうした区分を適正に行うことは，期間損益計算のうえからも極めて重要な意味をもつことになる。つまり，かかる区分の適否は，純損益の計算に対して直接重大な影響を及ぼすことになるからである。このため，適正な期間損益計算の確保に重点をおく今日の会計のもとでは，資産の評価と期間損益の計算は表裏一体の関係にあるものとしてとらえることができる。

　資産の評価，すなわち貸借対照表上の資産価額の決定が，当期純利益に及ぼす影響は次頁の図によっても明らかである。

　残高試算表（甲）で示した資産評価額においては，Aの大きさの部分が当期純利益となる。しかし，同じ資産についてその評価額を残高試算表（乙）のよう

III 資産及びその評価 53

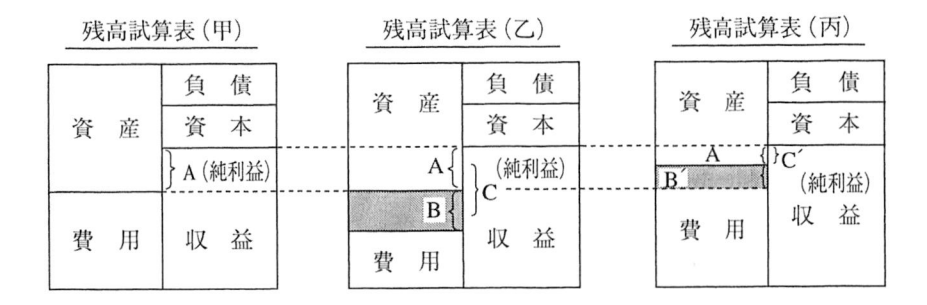

[残高試算表（甲）／残高試算表（乙）／残高試算表（丙）の図]

に，Bの大きさだけ過大に評価すると，同額だけ当期の費用の過小をもたらし，結果として当期純利益もその分だけ過大となりC（A+B）の大きさになる。一方残高試算表（丙）のように，B′の大きさだけ過小に評価すると同額だけ，当期費用の過大をもたらし結果として当期純利益もその分だけ過小となりC′（A−B′）の大きさになる。いずれの場合においても期間損益計算を歪めるものであり，適正な経営成績および財政状態の表示につながらないものである。この意味から，資産評価の問題は企業会計上極めて重要な問題の1つと考えられている。

2．費用配分の原則

「企業会計原則」第三貸借対照表原則の五では，資産の評価原則として「貸借対照表に記載する資産の価額は，原則として，当該資産の取得原価を基礎として計上しなければならない」としたうえで，「資産の取得原価は，資産の種類に応じた費用配分の原則によって，各事業年度に配分」することにより，資産の貸借対照表価額を決定すべきことを規定している。ここに費用配分の原則とは，費用性資産の支出額（取得原価）を当期の費用分と次期以降の費用分とに期間配分する手続を支える根本思考をいう。

費用性資産の場合，いずれ費用となる支出額は，通常，取得原価であり，この取得原価を当期の収益に対応させて計上した部分（当期の費用）と，次期以降の収益に対応する部分（次期以降の費用）とに配分することにより，適正な期間

損益計算を確保しようというものである。このため，費用配分の原則により，当期の費用として配分されたものは損益計算書に計上され，また，次期以降の費用として配分されたものは次期繰越額として貸借対照表に計上される。この次期以降の費用として貸借対照表に計上された金額こそが，当該資産の評価額になる。したがって，費用性資産の評価とは，費用配分の原則を適用した結果，当期の費用として損益計算書に計上されなかった部分を，貸借対照表価額として決定することにほかならない。このことから，費用配分の原則は，一方で損益計算の基本原則であるとともに，他方では貸借対照表価額決定の原則であるといえる。

費用性資産の典型である棚卸資産，および償却対象となる資産（有形固定資産，無形固定資産，繰延資産）における費用配分の具体的手続については，以下の各章でとり上げられる。

なお，無形固定資産および繰延資産については，通常，有形固定資産の場合に準じて費用配分の手続として償却計算がなされるが，この場合，残存価額は零として帳簿価額がなくなるまで繰り返される。

3. 資産評価の基準

資産評価の原則としては，今日，原価主義，時価主義および低価主義の3つの考え方が存在する。これらの考え方を具体的に適用するための評価基準は，それぞれ，原価基準，時価基準および低価基準と名づけられている。ただし，低価基準については，これを前2者の応用ないしはその選択基準と考える場合もある。

(1) 原価基準

原価主義は，資産をその取得のために支出した金額，すなわち取得原価にもとづいて評価する考え方であり，費用性資産の基本的な評価原則となっている。「企業会計原則」でも資産の評価基準として，「貸借対照表に記載する資産の価額は，原則として，当該資産の取得原価を基礎として計上しなければならない

III 資産及びその評価　55

（前出）」と規定して原価基準を採用している。この結果，原価基準のもとでは各資産の取得原価，またはそれにもとづいて算定された額（たとえば，費用性資産であれば，費用配分の原則の適用によって次期以降の費用額として計算された期末の資産価額）を基礎に資産が評価され，貸借対照表価額が算定されることになる。

　今日の財務会計において，基本的に，この原価基準が採用される理由については種々のものが考えられる。そのなかでも，次の3つが重要な根拠として指摘できる。第1は，取得原価は独立した第三者との取引にもとづいて決定されるため，客観的にして検証可能な証拠によって裏付けられているという点である。これは，資本の具体的運用として取得した資産に対して，企業経営者の経営受託責任を明確にするとともに，財務諸表監査の要請にも合致するものである。第2は，貨幣性資産の裏付けをもたない利益，すなわち評価益の計上を回避できるという点である。収益認識の基本原則である実現主義によれば，財貨等が販売された時（実現時点）に企業の外部者との客観的な取引価額によって収益を計上することになるが，このことは，原価は実現の時点まで据え置かれることを意味している。つまり，当該資産の価格（時価）が取得した時よりも騰貴していても，時価の値上りによる評価益の計上は行わず，未実現の利益を排除しているのである。したがって，原価基準は，実現主義と理論的関連性を有するものとして，適正な損益計算を支える根拠ともなっている。第3は，今日の会計は継続企業の公準，および貨幣価値は実質的に安定しているという前提に依拠しているという点である。つまり，継続企業の前提に立った場合，固定資産の貸借対照表価額は決算日の売却時価を付するのではなく，取得原価を基礎に減価償却額控除後の未だ費用とならない額である。また，売却処分価値をもたない繰延資産については，当初の支出額である原価部分に資産性を認めている。これらはすべて，企業が継続するという前提にもとづいているからにほかならないのである。さらに，貨幣価値が一定であるという前提に従うかぎり，原価以外の価額をもって評価する必要はないことになる。

　このように，原価基準はいくつかの理論的根拠ないしは長所を有するものの，その反面，欠点についての指摘もある。まず原価基準では，資産の現在価値を

表わしにくいという欠陥がある。価格変動の幅が小さいときはともかく，物価上昇時には，この欠陥は名目利益の計上による企業資本の侵蝕，資産の過小表示となって表面化してくるため，貸借対照表の表示内容に対して読者の誤解を招く恐れがある。また，期間損益の計算にあたり，収益については現在の数値で計上されるのに対し，費用については過去の支出額が基礎となるため，両者の間に測定上の歪みが生ずることになる。つまり，期間利益のほかに資産保有中の物価値上りによる利益（保有利得）が混在してしまい，営業活動による損益との区分ができないということである。これは，期間損益の適正な把握という観点からは問題が多い点である。

(2) 時価基準

　時価主義とは，すべての資産をその評価時点における時価，すなわち市場価格によって評価しようとする考え方である。原価は，取得時点での資産の価値を反映する評価額であるが，その後のある一定時点における真の資産価値を表わす評価額ではない。そこで，貸借対照表が期末時点での正しい財政状態を表示するためには，当該時点での市場価格（時価）によって資産を評価することが求められる。この場合の時価には，いま市場で売却したならばいくらかという価格（売却時価）と，この市場で購入したならばいくらかという価格（再調達原価）の２つが考えられる。時価基準として採用される前者を売却時価基準といい，後者を再調達原価（または取替原価）基準という。

　売却時価基準では，売却時価からアフター・コストを差引いた価額，すなわち正味実現可能価額によって資産を評価することになる。これは，性質の異なる資産であっても，一様に売却（換金）を前提とした評価であり，継続企業を前提とする考え方とは合致しない。したがって，この基準は，企業の解散や清算の場合，または企業資産の担保力を測定する場合に採用されるものである。

　一方，再調達原価基準では，決算時における購入または取得予想価額，すなわち再調達原価（または取替原価）を資産の評価額とするものである。この基準は，継続企業を前提とする評価方法であるが，市場価格の決定に客観性が乏し

いことや，再調達原価が取得原価を上回る場合には未実現利益計上の余地もあることから，必ずしも決算時の評価基準としては一般的なものとはいい難い。

なお，「金融商品に係る会計基準」(1999年1月) の公表により，売買目的有価証券，その他有価証券，特定金銭信託，デリバティブ等の金融商品に対して時価評価が採用されるようになり，わが国でも，時価評価の会計が行われるようになってきている。

(3) 低価基準

低価基準とは，決算の時に原価と時価とを比較して，いずれか低い方の価額をもって資産の評価額とする方法をいい，原価時価比較低価法ともよばれている。この基準が適用されるのは，棚卸資産，および取引所の相場のある有価証券で子会社の株式以外の有価証券の評価の場合である（「企業会計原則」第三・五・A，B)。しかし，「金融商品に係る会計基準の設定に関する意見書」において，「資産の評価基準については『企業会計原則』に定めがあるが，金融商品に関しては，原則として，本基準が優先して適用される。」との規定に照らすならば，取引所の相場のある有価証券については時価評価が適用されることになり，実質的には，低価基準の適用はなくなったといえる。なお，低価基準では，評価益の計上は排除するが，評価損の計上についてはこれを容認する立場にあり，結果として，企業の財政状態および経営成績は控え目に表示されることになる。したがって，これは，企業財政の健全性の保持を目的とする保守主義の要請によるものと一般に考えられている[6]。

低価基準適用に際して，原価と比較されるべき時価としては，正味実現可能価額と再調達原価の2つが考えられる。したがって，低価基準を適用して期末評価額を決定する方法としては，具体的に次の3通りの方法があることになる。

(1) 取得原価と正味実現可能価額を比較する方法
(2) 取得原価と再調達原価を比較する方法
(3) 取得原価，正味実現可能価額，再調達原価の3つを比較し，最低の価額

をとる方法

この低価基準の適用方法としては，次の2通りの方法がある。1つは，切放法ないしは最低価法とよばれる方法で，評価切下げ後の帳簿価額を次期における取得価額とみなして，それと期末の時価とを比較する方法である。もう1つは，洗替法ないしは比較低価法とよばれる方法で，一旦切下げた評価額を再び切下げ前の取得原価に戻して，常に原始取得原価と時価とを比較する方法である。後者の方法によった場合，時価の反騰に応じて，前期以前に期間費用に配分された原価の一部または全部（つまり，評価損として計上済みの分）を当期の収益に戻し入れる結果となり，保守主義の思考からして妥当な方法とは考えられない。なお，いずれの方法を採用するにしても，低価基準を採用した場合には，それ以後の決算時の評価には，それを継続して適用しなければならない。さらに，低価基準を具体的に適用するにあたり，対象品目をどのような範囲でとらえるかといったグルーピングの問題がある。これには，①各品目ごとに原価と時価とを比較する方法（品目法），②各品目を適当なグループにまとめて，グループごとに原価と時価とを比較する方法（グループ法），③全品目を一括して原価と時価とを比較する方法（一括法）の3つがある。このうち，いずれの方法を採用するかは，企業の事情，対象資産の性質等にもとづいて，期間損益を最も適正に表現する方法を考慮して選択されるべきである。ただし，全品目を一括して原価と時価の比較を行う方法は，低価基準の建て前からいって，多くの場合妥当な方法とはいえない（「連続意見書」第四・第一・三参照）。

(注)
1) American Accounting Association, *Accountig and Reporting Standards for Corporate Financial Statements,* 1957 Revision.
2) 「商法施行規則」第33条では，営業取引によって生じた金銭債権以外の金銭債権（これを営業外金銭債権といい，具体的には，金融取引によって生じた預金および貸付金の他，営業取引以外の原因による未収金，立替金，金融目的の手形債権，あるいは，前払費用や未収収益等がある。）については，その履行期が決算日後1年以内のものでも，例外的に当該金銭債権が発生した当初の日（取引日）を基準にした1年を判定基準として容認している。

3) 商品・製品・半製品・原材料・仕掛品等，販売目的で所有する棚卸資産については，それが販売されるまでの長短にかかわらず，正常営業循環基準により，すべて流動資産とされる。また，長期使用目的で所有する有形・無形の固定資産は，その性質上，残存耐用期間が1年未満のものであっても所有期間中は，すべて固定資産に含められることとされ，1年基準の例外となっている。
4) 有価証券については，取引所の相場のあるもののうち一時所有目的のものを流動資産とし，それ以外の目的にれるものは固定資産とする。いわゆる所有目的基準の考えがとられている。
5) 未経過勘定項目のうち，前払費用以外のもの，すなわち未収収益（すべて流動資産），ならびに，未払費用および前受収益（すべて流動負債）については，とくにいずれの分類基準とも関係なく扱われている。
6) 「連続意見書第四（棚卸資産の評価について）第一の三，低価基準」では，低価主義を原価主義に対する例外的評価原則ととらえ，保守主義の見地から認められるとの立場をとっている。これに対し，低価基準を原価基準の1つの適用形態であるとする見解もある。この見解によると，原価時価比較低価法による期末評価額を，投下資本のうち次期以降における回収可能額，ないしは，次期以降へ繰越し可能な残留有用原価とするもので，これは原価基準での評価の枠内のものととらえることができると考えるのである。

〔設　問〕
1　資産の意義について，貸借対照表の本質との関係を明らかにしながら説明しなさい。
2　資産の分類の意義および分類基準について説明しなさい。
3　資産の評価と費用配分の原則との関係について説明しなさい。
4　低価基準の意義および内容について説明しなさい。

（参考文献）
1　飯野利夫『財務会計論［三訂版］』同文舘，平成6年。
2　小澤康人他『会計学』法学書院，昭和62年。
3　武田安弘『現代会計学入門［新版四版］』税務経理協会，平成12年。
4　中島省吾『増訂A.A.A.会計原則』中央経済社，昭和48年。
5　中村忠『新稿現代会計学［七訂版］』白桃書房，平成15年。
6　広瀬義州『財務会計　第3版』中央経済社，平成14年。

Ⅳ 当　座　資　産

§1　当座資産の意義

　当座資産とは，迅速資産（quick asset）または支払資産（Zahlungsvermogen）ともいわれ，現金および短期間に容易に支払手段として利用しうる即時換金性資産をいう。

　企業の短期支払能力を知るための分析としては流動比率（流動資産÷流動負債の商）が用いられるほかに，より一層厳密かつ厳格に企業の短期支払能力を知る目的を充たすものとして，当座比率（当座資産÷流動負債の商）がある。当座比率の算出にあたっての第1の特色は，流動比率算出の構成要素としての流動資産から棚卸資産を除外したこと，第2には，流動負債に対してすみやかに直接の支払にあてることのできる現金および即時換金性資産に限定していることにある。

　したがって，当座資産の範囲は当座比率算出の構成要素との関連性において決定されるべきであるとともに，財務流動性の見地からも決定されるべきであることは明瞭である。ただし，わが国の制度会計のもとでは，流動資産を当座資産・棚卸資産・その他の流動資産に分類するようには要求されていない。以下では，当座資産に含めるべきかどうかについていくつかの項目を検討してみよう。

　たとえば，商品・原材料等の購入のための前渡額である前渡金を当座資産の範囲のなかに含めるとする見解がある。その根拠は，前渡金が将来の支払を節約するもの，あるいは買掛金の相殺項目であるとするのが理由である。しかしながら，企業の短期支払能力をはかる迅速性・支払性との関連において，2つ

の理由から当座資産の範囲のなかに含めるべきではないと思われる。第1に，前渡金は通常資金循環過程のなかで商品に転化され販売の過程を経てから現金化されるものであること，第2に，前渡金は確かに将来の支出の節約であるけれども，その節約は商品の購入代価の支払に結びついているものであること，すなわち商品を購入したときの代価にたいして将来に充当される項目であって，直接に流動負債の支払のために換金され支出されることを予定していないのである。当座資産が迅速資産・支払資産ともいわれるのは，このような考え方の表れに他ならないのである。

このことは短期前払費用にもあてはまる。短期前払費用は，通常，換金を意図するものではなく，時の経過とともに費消された費用にたいして対応されるべき項目であるとともに，流動負債にたいしては直接の支払資金にあてることを予定することのできない項目であるとする理由により，当座資産の範囲から除外されるべきである。

さらに，短期貸付金・立替金・仮払金などもすみやかに現金化されないという意味で，当座資産のなかに含めるべきではないであろう。ただし，厳密にいうならば，短期貸付金のなかに含められる金融手形（手形貸付金）を当座資産の範囲のなかに含めることは理論上妥当と考えられる。しかしながら，財務諸表の外部利用者が短期貸付金のなかにこうした金融手形が含まれているかどうかを知ることは困難であろう。実際上の見地から除外するほうが合理的であると思われる。

したがって，当座資産のなかには現金および預金，受取手形，売掛金および市場性のある一時所有の有価証券が含まれることになる。

当座資産をこのように企業の短期支払能力との関連性から財務流動性の見地に立って理解することは，厳格な清算基準に重きをおいた債権者保護の見地から重要であったことは否めない事実である。しかしながら，継続企業にもとづく今日の損益計算の見地からすれば，現金化の迅速性を問うことによって企業の短期支払能力を表示しようとすることは，次のような理由から，かつてよりもその重要性が薄れてきている。

1 他の計算書，とくに損益計算書およびキャッシュ・フロー計算書が支払能力の予測によりすぐれた情報を提供する。
2 外部報告のための財務諸表は債権者よりも投資家およびその他のグループによって，より多く利用されている[1]。

などである。

なお，当座資産については，自由市場で価格表の価格で即時に販売できる商品を当座資産に含めるべきかどうかなどと[2]，損益計算との関連性から当座資産の意義を明らかにするという議論も行われている[3]。

§2 現金および預金

「現金及び預金」として貸借対照表に表示される科目の現金のなかには，通貨としての現金のほかに，小口現金，手許にある他人振出小切手，送金小切手，送金為替手形，郵便為替証書，振替貯金払出証書，期限の到来した公社債の利札その他金銭債権と同一の性質を有し銀行に預金できるものが含められる。

先日付小切手を決算時点において保有している場合には，小切手に記載されている振出日まで預け入れることができないので「現金及び預金」のなかに含めて表示してはならない。先日付小切手は経済的実質性の見地からすると手形に似ているので，理論上は手形に含めるべきであろう。簿記処理上は先日付小切手勘定で処理をしておいて，振出日が到来した時点で現金勘定に振り替えることが理論上妥当である。

現金の管理にあたっては，現金出納帳による帳簿記録と現金の実際有高を実地に調査した記録とを日常的に突き合わせて，誤謬や不正行為が発生しないようにつとめなければならない。しかしながら，その際に過不足が発見されれば，暫定勘定あるいは仮勘定ともいわれる現金過不足勘定で処理しておいて，その後の調査の結果，不一致の原因が明らかになった時点で，現金過不足勘定から当該判明科目に振り替える。それにもかかわらず決算時点においてもなお不明の場合には，それが借方残高（不足）のときには雑損勘定に，貸方残高（過剰）

のときには雑益勘定に振り替えて，明瞭に表示しなければならない。

　外国通貨で保有している現金については，決算日の為替相場にもとづいて邦貨に換算する。ただし，邦貨に換算した場合には，その旨および外貨による金額を貸借対照表に注記するか，または当該科目の内書として付記しなければならないが，その金額が重要でないものについてはこの限りではない。また邦貨換算にあたって採用した換算の基準については，利益処分計算書又は損失処理計算書の次に記載しなければならない（財務諸表等規則第8条の2）。

　「預金」については，金融機関に預け入れた預金，貯金及び掛金，郵便貯金，郵便振替貯金，金銭信託のなかか，その契約期間の長短にかかわらず，貸借対照表日の翌日から起算して1年以内に支払期限の到来するものがここに含められる。したがって，1年を超える定期預金であっても，その満期日が1年以内に到来する預金については，固定資産の部から削除して流動資産としての「預金」に含めて表示しなければならない。

　預金，とくに当座預金は当方で記録した当座取引の記録がいまだ銀行側で記録されていないなどの理由から，定期的に受け取る銀行残高と会社の帳簿残高とが一致しないことが多い。決算に際しては，銀行に預金残高証明書を要求し，証明書記載残高と当方の当座預金勘定残高との差額を銀行勘定調整表によって調整しなければならない。

　なお，なんらかの理由により小切手を相手先に渡していない未渡小切手は，当座預金として処理をし，預金のなかに含めて表示しなければならない。

　なお，外貨建の預金は，邦貨に換算して「預金」に含めて表示するが，その取り扱いについては，外国通貨で保有する現金と同じである。

§3　受取手形と売掛金

　「受取手形」として貸借対照表に表示される科目の範囲のなかには，得意先との間において，通常の取引にもとづいて発生した営業取引に関する手形債権，たとえば商品売上代金および売掛金にたいして他人振出の約束手形もしくは他

人振出の為替手形で受け取った手形が含まれる。

　通常の営業取引以外の取引にもとづいて発生する手形債権，たとえば固定資産・有価証券などの一時的な売却により発生した手形債権は，流動資産・受取手形に含めて表示することができる（財務諸表等規則ガイドライン17－1－2）。ただし，これは原則を述べているのにすぎないのであって，このような通常の営業取引以外の取引にもとづく受取手形の金額が資産の総額の100分の1を超えるときには，「営業外受取手形」というように内容を明瞭に示す名称を付して表示しなければならない（財務諸表等規則第19条）が，100分の1以下の場合には受取手形に含めて記載することもでき，注記の必要性も求められていない。

　なお，金銭の貸付けにあたって借用証書の代わりに受け取った金融手形（手形貸付金）は「短期貸付金」として表示され，その額が100分の1以下の場合の取扱いについては上述と同じである。

　関係会社との取引にもとづく手形債権については，次に述べる関係会社との取引にもとづく売掛金と合計した額が資産の総額の100分の1を超えた場合には，当該受取手形の金額を注記しなければならない。ただし，関係会社に対する手形債権・売掛債権のいずれかの金額が資産総額の100分の1以下である場合には，これらの合計額のみを注記することができる（財務諸表等規則第39条）。

　なお，商法施行規則では，子会社または親会社（支配株主）に対する手形債権は通常の手形債権から区分して「子会社受取手形」，「親会社受取手形」として記載するか，注記することを要求している（商法施行規則第34条）。

　このように，表示科目を区分して別途に表示する理由は，それらの会社が法的に独立した経済主体であっても，経済的見地からすれば，実質的には資本が統合された企業集団を構成していると考えられているためである。このような企業集団の諸関係を適切に示さなければ，財務諸表の利用者が財政状態に関してより正しい判断をくだせなくなってしまうと考えられるからである。

　受取手形を割引したりあるいは裏書譲渡したときには，偶発債務の存在を明らかにするために対照勘定もしくは評価勘定を用いて処理するのが原則的方法である。いずれの方法を採用するにしても一般の受取手形金額のなかから割引

した手形金額および裏書譲渡した手形金額を控除した結果を受取手形の額とし，控除額を受取手形割引高または受取手形裏書譲渡高の名称を付して財務諸表の末尾もしくは次の頁に注記しなければならない（財務諸表等規則第58条の2）。しかしながら，特別の理由により通常の債権回収期間内に回収されないことが明らかである手形債権については「受取手形」のなかから控除して投資その他の資産の大区分のもとに表示しなければならない。

「売掛金」のなかには，当該企業の主目的たる営業活動との関連において，得意先との間の通常の取引にもとづいて発生する営業上の未収金額，たとえば販売を目的として所有している商品・製品等の売上取引から生ずる営業上の未収金が含まれる。

商品の概念については，有形財貨（商品・製品など）のほかに用役（サービス）も含めて広く解されているから，商品売買業・サービス業にかかわらず，売掛金の用語を使用することができる。しかしながら，主目的たる営業活動以外の活動，たとえば有価証券・備品などの一時的売却から生じる代価の未収額を処理する未収金勘定と混同してはならない。

なお，関係会社との取引にもとづいて発生した受取手形および売掛金の合計額が資産の総額の100分の1を超える場合には，当該受取手形・売掛金の金額を注記する（財務諸表等規則第39条）。また，関係会社にたいする資産割合の構成を考慮して，合計額が100分の1以下である場合の表示については，先に述べた関係会社にたいする受取手形の取扱いと同じである。

子会社・親会社（支配株主）にたいする売掛金の扱いについて，商法は，受取手形と同じように，科目ごとに区分表示するかまたは科目ごとあるいは2以上の科目を一括注記することを要求している（商法施行規則第34条）。

§4 貸倒引当金

受取手形，売掛金，短期貸付金またはこれらに準ずる債権の貸借対照表価額は，当該各債権の帳簿価額から回収不能見積額を控除した回収可能見積額をも

って表示しなければならない。

　このような回収不能見積額は「貸倒引当金」の科目をもって貸借対照表に当該各債権科目の帳簿価額から控除するかたちで表示される。したがって，貸倒引当金は控除的評価勘定あるいは相殺的評価勘定ともよばれ，評価性引当金に属する。他方，損益計算書においてはこの回収不能見積額は「貸倒引当金繰入額」の科目をもって販売費及び一般管理費の区分に販売費を構成する科目として表示しなければならない。

　以上は，通常の取引にもとづいて発生した債権に対する一般原則をのべたにすぎない。厳密にいえば，一時的に生じた貸付金，立替金などの債権にたいする貸倒引当金は，通常の取引債権ではないという理由から，「営業外費用」に表示されなければならない。ただし，その金額が小さい場合は販売費として含めて記載しなければならないが，これとは反対に，通常の取引にもとづいて発生した債権のうちでも，回収不能見積額が異常である場合には「営業外費用」に記載されなければならない（財務諸表等規則第87条，第93条，財務諸表等規則ガイドライン87）。

　回収不能額の見積りは，各債権の期末残高について個々の債権者ごとに検討して回収不能と見積られる金額を決定することが比較的正確であると思われる。しかしながら手数がかかることおよびそうした場合でも回収不能になることが経験的に証明されているので必ずしも十分な方法ではないことなどの理由から，過去の経験を基礎にして総括的に税法に定める貸倒引当金の割合を債権残高に乗じた積を回収不能見積額とする方法がとられる。

　回収不能見積額は，当該各債権科目の期末残高にたいして「貸倒引当金」の科目をもって個々に控除するかたちで表示するのが原則である。しかしながら，次の方法によることも認められている（財務諸表等規則第20条）。

　1　2以上の債権科目について貸倒引当金を一括控除して表示する方法
　2　各債権から貸倒引当金を控除した回収可能額で個別に表示し，貸倒引当金を各債権ごとに注記する方法
　3　各債権から貸倒引当金を控除した回収可能額で個別に表示し，貸倒引当

金を総額で注記する方法

〔設 例〕
　東京商店の期末における受取手形と売掛金の残高はそれぞれ¥2,000,000, ¥1,500,000 であった。これらの金銭債権に対して4％の貸倒れを見積った場合，貸借対照表にはどのような表示が行われますか。

① 受取手形　　2,000,000
　　貸倒引当金　80,000　1,920,000
　　売　掛　金　1,5000,000
　　貸倒引当金　60,000　1,440,000

② 受取手形　　2,000,000
　　売　掛　金　1,500,000
　　貸倒引当金　140,000　3,360,000

③ 受取手形　　1,920,000（注1）
　　売　掛　金　1,440,000（注2）
　（注1）このほかに貸倒見積額
　　　　　　　　　　　¥80,000
　（注2）このほかに貸倒見積額
　　　　　　　　　　　¥60,000

④ 受取手形　　1,920,000
　　売　掛　金　1,440,000
　（注）受取手形と売掛金については，このほかに貸倒見積額が¥140,000ある。

§5　有　価　証　券

　有価証券は財産権を証券化したものとして広く解されているから，一般には船荷証券，貨物引換証，小切手などもそのなかに含められる。しかしながら，会計上の有価証券は，『証券取引法』に掲げる有価証券，たとえば株式，社債，国債，地方債，証券投資信託または貸付信託受益証券などに限られる（第2条第1項）。

　貸借対照表・流動資産の「有価証券」には，時価の変動により利益を得ることを目的として保有する株式（売買目的有価証券）および1年以内に満期の到来する有価証券（国・公社債）が含められる。したがって，有価証券の取得目的が満期保有目的であったり，あるいは他の会社の支配などを意図して取得した場合には，流動資産の「有価証券」から除外して投資その他の資産の区分のもとに記載されなければならない。

有価証券を購入した場合の取得原価は，購入代金に購入手数料のほか購入のために直接要した付随費用を加算した金額である。同一銘柄の有価証券を数次に渡って購入し，そのつど購入単価が異なる場合には，平均原価法等の方法を適用して単価を算出する（企業会計原則第三・五・B）。

　しかしながら，これは貸借対照表価額決定の基本原則を一般的に述べたのにすぎないのであって，平均原価法等の方法によって取得原価を決定した売買目的有価証券の時価が上昇もしくは下落したときは，時価をもって貸借対照表価額としなければならない。なお，金融商品に係る会計基準によれば，従来有価証券の時価が取得原価よりも下落した場合に，その時価を貸借対照表価額とする低価基準を適用することはできなくなった。売買目的有価証券に発生した保有損益については，切放法によって処理される。

　流動資産として表示される有価証券を営業との関連で担保などの代用として相手先に差し入れたときには，帳簿価額で有価証券勘定から差入有価証券勘定に振り替え記入して管理し，その残高については「その他の流動資産」に記載することを原則とする。しかしながら，その旨および金額を注記すれば「有価証券」の科目に含めて表示することができる。なお，自己株式は，平成13年6月の商法改正以前によれば，自己株式は取得の制限あるいは取得後なんらかの形で遅滞なく処分することが義務付けられていたため，自己株式資産説が採用されていた。ところが商法の改正により，資本控除説が採用され，自己株式は資本の部に別に自己株式の部を設けて控除する形で記載され，自己株式処分差益については資本剰余金の部のその他資本剰余金に記載されることになり，会計学の理論的立場が採用されるに至った（商法施行規則第69条4項，第70条）。

§6　その他の流動資産

　前渡金および前払費用は，資産構成金額の比率にかかわらず，独立した科目をたてて表示することが要求されている（財務諸表等規則第17条）。したがって，これらの項目は「その他の流動資産」という科目のなかに含めて表示すること

ができない。

　前渡金および前払費用を当座資産のなかに含めるべきでないことについては，すでに述べたとおりである。前渡金は，正常な投下資本の循環過程のなかにおいて，非貨幣性資産に転化されてから貨幣性資産として回収されることが予定されている資産であり，前払費用は，一定の契約に従い，継続して役務の提供を受ける場合，いまだ提供されていない役務に対し支払われた対価をいう。したがって，この未回収の投下資本たる対価は役務の提供を将来において受けることが予定される非貨幣性資産と解されなければならない。

　なお，外貨建で記録してある前渡金についても，その金額が重要である限りにおいて，決算時の為替相場による円換算額を付する（外貨建取引等会計処理基準2－①）。このことは，すでに述べた現金及び預金のほか，受取手形・有価証券などの資産にも適用しなければならない。

　未収収益，未収金，立替金，短期貸付金などは，貸借対照表の「その他の流動資産」の科目のもとに，原則として一括表示されることになっている。しかしながら，これらの資産のうち，株主，役員もしくは従業員に対するもので，その金額が資産の総額の100分の1を超えるものについては当該資産を示す科目をたてて表示しなければならない（財務諸表等規則第19条）。さらに，関係会社との取引により発生した債権（受取手形，売掛金および第32条第1項の規定により区分掲記されるものを除く），前払費用または未収収益で，その金額が資産の総額の100分の1を超えた場合には，その金額を注記しなければならない（財務諸表等規則第39条）。

　その他の流動資産項目のうち，重要なものについて述べれば，次のとおりである。

1．未収収益

　未収収益とは，一定の契約に従って，継続して役務の提供をする場合，すでに提供した役務にたいして，いまだ，その対価の支払を受けていないものをいい，未収利息，未収地代，未収家賃などがその例である。

未収収益は，会計上，すでに提供した役務にたいする対価の回収が予定されている貨幣性資産と解されている。したがって，その経済的実体からすれば，近い将来において現金による回収が予定されているので，理論上，当座資産に含まれるものと考えることができる。しかしながら，未収収益は，通常，独立科目として表示されるほどには金額的に重要性が低いこと，さらに重要性の乏しいものについては，経過勘定項目として処理しないことができる（企業会計原則注解・1 (2)）から，財務諸表の外部利用者は，そのような資産がどの程度含まれているかを知ることは容易なことではない。実際上の見地から当座資産の範囲のなかに含めるべきではないと考えられる。

2．未収金

未収金については，売掛金との関連で先に述べたように，主目的たる営業活動以外の活動，たとえば有価証券，備品などを一時的に売却することから生じる代金の未収額を処理する勘定である。未収金を当座資産のなかに含めるべきでないのは，上記 (1) に述べた実際上の見地によるものである。

3．立替金

立替金とは，取引先，役員，従業員等の債務を一時的に立替えて支払った場合の金銭債権を処理する勘定である。ただし，得意先にたいする運賃などの立替額は，通常，売掛金勘定に加算して処理し，立替金として処理してはならない。立替金を当座資産に含めるべきでないのは，1・2に同じである。

4．短期貸付金

短期貸付金とは，証書による貸付，手形による貸付等の受取期限の到来日が貸借対照表の翌日から起算して1年以内に到来するものをいう。すみやかに現金化されないという意味から，当座資産のなかに含めるべきでないことは上記に同じである。

前渡金あるいは当該会社の営業の必要性にもとづいて経常的に生じる短期貸

付金，立替金等の債権については，貸倒引当金を設定することができる。

〔注〕
1) Eldon S. Hehdriksen, Accounting Theory, 1970, pp.288−289.
2) Kohler, Eric L., A Dictionary For Accountants, 1970, p.349.
3) 小澤康人著『財務会計』社団法人日本証券アナリスト協会編・第4回。

〔設　問〕
1　当座資産の意義について述べ，その科目をも列挙しなさい。
2　受取手形，売掛金，短期貸付金等の貸借対照表価額に対する考え方と表示の方法について説明しなさい。
3　売掛金と未収金の違いについて述べなさい。

V 棚卸資産

§1 棚卸資産の意義と分類

　棚卸資産は，将来それ自体が販売される，または生産活動，販売活動および一般管理活動に関連して費消されることを主要な目的として，短期間保有される流動資産である。したがって，それは費用性資産であり，また通常，棚卸によりその有高が確認される。

　棚卸資産の範囲に含まれる資産は，次のいずれかに該当する財貨または用役である（連続意見書第四・第一・七）。

① 通常の営業過程において販売するために保有する財貨または用役
② 販売を目的として現に製造中の財貨または用役
③ 販売目的の財貨または用役を生産するために短期間に消費されるべき財貨
④ 販売活動および一般管理活動において短期間に消費されるべき財貨

　上記①に属する典型的なものは商品および製品であるが，不動産業者が販売目的で保有する不動産，証券業者が販売目的で保有する有価証券，立木竹のうち販売の目的で短期間に伐採される部分等もこれに属する。同じく②の典型的なものは半製品および仕掛品であり，その他材料を支給され加工のみを委託された場合の加工費または労務費，間接費のみからなる仕掛品または半成工事も，無形の用役ではあるが，これに属する。また，③の典型的なものは原材料および貯蔵品であるが，工場事務用消耗品，消耗工具・器具・備品，製品の一部を構成する包装用品，原材料として生産目的で保有する，廃棄された長期性資産等もこれに属する。最後に，④に属するものとしては，販売活動または一般管

理活動で使用される事務用消耗品，荷造・包装用品等がある。

(注)「財務諸表規則等ガイドライン」(十五－五～十五－十)には，棚卸資産に属する各項目についての定義が示されている。

棚卸資産の会計において重要な事項は，つぎの3つである。

① 取得原価の決定
② 払出原価（売上原価または消費原価）の決定
③ 期末有高の計算

上記①～③はそれぞれ本章の§2, 3・4, 5で取り扱われるが，棚卸資産の多くは，売上高という収益に直接的・個別的に対応する費用である売上原価として，損益計算の重要な要素となるものであるから，棚卸資産会計の主要目的は売上原価の合理的な計算方法の探求であるといえる。

§2 棚卸資産の取得原価

棚卸資産の取得原価の決定方法は，その取得方法の相違に応じて異なる。ここでは，棚卸資産の取得方法を (1) 購入, (2) 生産, および (3) 贈与・交換等に分類して，それぞれの場合における取得原価の決定方法について述べる。

1. 購入による場合

購入した棚卸資産の取得原価は，購入代価に付随費用を加えて算定される。

この場合，購入代価は，送状価額から値引額，割戻額等を控除した金額とする。ただし，仕入割引は，営業外収益であり，購入代価から控除してはならない。

他方，付随費用すなわち副費には，企業の外部活動で発生する外部副費（引取運賃，運送保険料，購入手数料，関税等）と同じく内部活動で発生する内部副費（購入事務費，検収費，保管費，移送費等）とがある。これらの副費のうち購入代価に加算される項目を，外部副費のうち容易に加算しうる引取費用のみとしたり，外部副費の全体としたり，あるいはさらに内部副費をも含める場合がある。

「企業会計原則注解」も，付随費用のうち重要性の乏しいものについては棚卸資産の取得原価に算入しないことができるとしている（「注解」注1・(4)）。すなわち，加算する副費の範囲をすべての企業に対して一律に規定することは実際上困難であり，各企業の実情に応じ，収益費用対応の原則，重要性の原則，継続性の原則等を考慮して，各企業がこれを適正に決定しなければならない（連続意見書第四・第一・五・1）。

なお，外貨建取引により棚卸資産を購入した場合には，原則として，当該取引発生時の為替相場による円換算額を取得原価とする（「外貨建取引等会計処理基準」一・1）。

2．自己の生産による場合

(1) 完成品の取得原価

自らの生産により取得された棚卸資産は，適正な原価計算の手続（「原価計算基準」の規定内容等）により算定された正常な実際製造原価をその取得原価とする。したがって，販売費および一般管理費は通常これに算入されないが，しかし，長期請負工事を営む企業の場合，半成工事へのその賦課または配賦を通じて，完成工事の取得原価への算入が認められる（企業会計原則第二・三・F，連続意見書第四・第一・五・2・(1)）。

予定価格を用いた実際原価（予定価格×実際消費量），予定原価（予定価格×予定消費量）または標準原価（予定価格（または正常価格）×標準消費量）の適用により算定された製品原価も，予定または標準が適正に決定され，その適用に際して発生した原価差額が合理的に僅少な場合，これを製品の取得原価とすることができる（企業会計原則注解注21(2)，連続意見書第四・第一・二・2および五・2・(1)）。

連産品については，等価係数によりジョイント・コストを各製品に分割した原価額を各製品の取得原価とする（連続意見書第四・第一・五・2・(1)）。

(2) 副産物等の取得原価

副産物の取得原価は，適正な評価額によるものとする。場合によっては，主

副製品分離後における副産物加工費のみ，あるいは，一定の名目的評価額をその取得原価とすることもできる。作業屑の取得原価の決定も，副産物のそれに準じる（連続意見書第四・第一・五・2・(2)）。

(3) 仕掛品の取得原価

未完成の製造指図書により代表される仕掛品については，個別原価計算の手続により当該指図書に集計された製造原価をその取得原価とする。総合原価計算の手続を適用する仕掛品については，完成品換算量にもとづき，先入先出法，平均法等を適用することにより算定された製造原価を，その取得原価とする（連続意見書第四・第一・五・2・(3)）。

3．贈与・交換等による場合

贈与，交換，現物出資，合併等により取得した棚卸資産については，適正時価（現金買入価格，現金売却価格等），相手方の帳簿価額等を基準にしてその取得原価を決定する（連続意見書第四・注解・注10）。

§3　払出数量の計算

棚卸資産は，費用性資産であるから，その販売または費消に伴い損益計算上の費用に計上される。また，適正な期間損益計算のためには，一般に，棚卸資

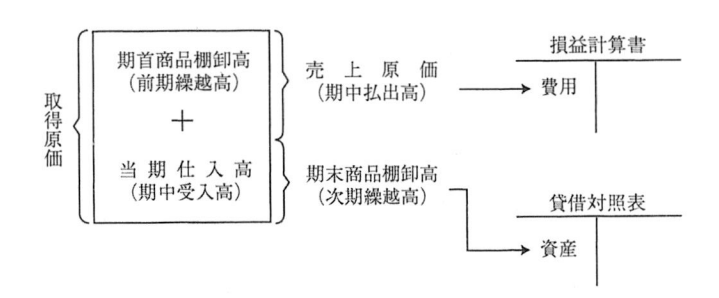

産の取得原価を一期間の実現収益に合理的に対応させなければならない。実現収益に対応する棚卸資産原価の確定のためには，棚卸資産の取得原価を払出された棚卸資産部分と未払出しの棚卸資産部分とに分離する手続により，払出された棚卸資産に相応する取得原価部分を把握しなければならない。この原価部分を当期の実現収益に対応する費用とし，未払出しの棚卸資産に相応する残りの取得原価部分を次期以降の費用（期末棚卸資産価額）として繰り越すのである。つまり，棚卸資産の取得原価を，当期の費用（売上原価等）と次期以降の費用（期末商品棚卸高等）とに期間配分しなければならない。このような資産原価の期間配分手続を支える根本思考を費用配分の原則という。

　このような費用配分を，商品を例にして，図であらわすと，前頁の図のようになる。

　このような期間配分を合理的に行うためには，受入（購入または完成）のほか払出（売上または消費）および期末有高のそれぞれに関する数量計算と単価計算を適切に行わなければならない。すなわち，払出原価および期末有高（または期末棚卸高）は，次のように算定されるからである。

　　払出原価 ＝ 払出単価 × 払出数量
　　期末有高 ＝ 単　　価 × 期末数量

　したがって，上記の式および図により，棚卸資産の費用配分とは，より具体的にいえば，棚卸資産の取得原価（前期繰越高と期中受入高との合計額）を，払出数量と期末数量との割合で，当期費用額と次期繰越額とに配分する過程である（ただし原材料等の払出原価は一たん製品，仕掛品というような資産の原価を構成する）。その際，払出数量と期末数量の計算には，継続記録法および定期棚卸法が適用される。また，その過程で問題となるのは，同一品目の棚卸資産であるにもかかわらず，取得時の単価が異なる場合である。すなわち，払出された部分や期末の残高部分をいかなる単価で取得されたものとして計算すべきかが問題となる。この計算には，先入先出法，後入先出法，各種の平均法等が適用される。

　本節では，以下，払出数量（および期末数量）の計算について述べる。

払出数量の基本的な計算方法としては，次のように継続記録法と定期棚卸法の2つがある。

1．継続記録法（または帳簿棚卸法，恒久棚卸法）

継続記録法は，棚卸資産の入出庫に関する帳簿（商品有高帳，材料元帳等）を設けて，その受入れ・払出しのつどそこに記録し，常にその有高（在庫量）を明らかにしておく方法である。この方法は，棚卸資産の払出しを個別的・原因別に記録する方法であるから，一定期間の払出数量を直接的に把握することができる。したがって，これは，最も優れた払出数量計算の方法であると言えるが，他方で記録・計算等の事務作業に手数を要する。

継続記録法を計算式で表せば，次のとおりである。

$$（前期繰越数量＋\underline{当期受入数量}）－\underline{当期払出数量}＝\overline{次期繰越数量}$$

（下線部：直接的把握の部分／上線部：間接的把握の部分）

上記の式から，この方法は，実際に棚卸を行わなくとも，帳簿記録により，棚卸資産の在庫量とくに次期繰越数量（期末帳簿棚卸数量）を間接的に把握することができる。

2．定期棚卸法（または実地棚卸法，棚卸計算法）

定期棚卸法は，前期繰越数量のほか期中の受入れのみを記録しておき，期末に在庫品を実地棚卸して実際の有高（在庫量）を求め，これを前期繰越数量と当期受入数量の合計から差し引いて算定された数量を，当期払出数量とみなす方法である。この方法は，期末残高を実際に棚卸して，次期繰越数量（期末実地棚卸数量）を直接的・個別的に把握する一方，一定期間の払出数量を間接的・総括的に把握する方法である。また，事務作業も簡便なものである。

定期棚卸法を計算式であらわせば，次のとおりである。

$$\underbrace{(前期繰越数量 + 当期受入数量) - 次期繰越数量}_{直接的把握の部分} = \overset{間接的把握の部分}{当期払出数量}$$

　継続記録法と定期棚卸法を比較するとつぎのことがいえる。すなわち，前者は，払出数量の把握方法としてはより優れているが，受払記録を誤ったり，在庫中に減耗や盗難があったりすると，間接的に把握される期末帳簿棚卸数量と実際の数量とが通常異なることとなる。他方，後者では，実際の数量である期末実地棚卸数量を把握するものの，棚卸資産の期中における増減過程が明らかにされず，間接的に把握される当期払出数量には，正当な払出しのほかに在庫中の減耗や盗難の部分も含まれてしまう。たとえば，前期繰越数量＝20，当期受入数量＝100，次期繰越数量（実際の期末数量）＝15とすると，定期棚卸法により，当期払出数量は (20＋100)－15＝105と計算される。減耗が5だけ実際にはあったとすると，105－5＝100あるいは (20＋100)－(15＋5)＝100が実際の当期払出数量である。この (15＋5) は，期末帳簿棚卸数量をあらわす。同じ例で，継続記録法によれば，(20＋100)－100＝20と期末帳簿棚卸数量が計算される。この20には，逆に，減耗分が5だけ含まれている。

　したがって，より優れた払出数量把握の方法である継続記録法を主として適用し，その不備を実地棚卸によって補完するのが望ましく，実務上も広く行われている。すなわち，継続記録法により把握された期末の帳簿数量は，実地棚卸により確認された実際数量と比較され，両数量が異なる場合，その原因を解明すると共に，前者を後者に合わせて修正しなければならない。両数量の差異は，適切な単価を乗じられた上，一般に棚卸減耗費（損）として計上される。このように，継続記録法と共に実地棚卸を補完的に適用すると，棚卸資産の管理あるいは内部統制に極めて有効である。

　（注）継続記録法には，帳簿に受払の数量および金額を記録する方法と，その数量のみを記録する方法とがある。後者の場合，原価の（払出部分と未払出部分への）配分は，定期的に行われる。次節で述べる移動平均法は，数量および金額（原価）によ

る継続記録法とのみ結び付く。また，§5で述べる売価還元原価法は，金額（売価）のみによる継続記録法を利用する特殊なものであり，原価の配分は定期的に行われる。実地棚卸は，定期棚卸法を可能にさせるための不可欠の手段であると共に，継続記録法の不備を補完するための手段でもある。実地棚卸の方法には，定期実地棚卸の方法と循環実地棚卸の方法とがある。両者とも継続記録法を補充する手段と成りうるが，定期棚卸法には前者を採用しなければならない。

§4 払出単価の計算

棚卸資産の払出単価を計算する方法としては，原価法のほか，予定価格法，標準原価法等がある。

1. 原　価　法

この方法は，取得原価を払出単価とする方法である。しかし，同一品目の棚卸資産であっても，取得時の単価がそのつど異なる場合，払出された部分をいかなる単価で取得されたものとして計算すべきかが問題となる。そこで，原価法は，さらに，個別法，先入先出法，後入先出法，単純平均法，総平均法，移動平均法等に分類される。各企業は，適正な期間損益の算定を目的とし，企業の性質，棚卸資産の性質・種類，採用する原価計算の方法等を考慮に入れて，それらの具体的方法のうちから選択しなければならない。しかし，合理的判断にもとづいて一度選択した方法は，著しい事情の変化がない限り，継続的に適用されるべきである。

以下で原価法の具体的な方法を説明するために，次のような共通の具体例を示しておく。7月中のA商品の受払は次のとおりであったとする。

```
7/1   繰越高   100個   @¥120   ¥12,000
  7   仕 入   150〃   〃130    〃19,500
 15   売 上   100〃
 20   仕 入    50〃   〃138    〃6,900
 31   売 上   150〃
```

(1) 個別法

　この方法は，取得した棚卸資産ごとにそれぞれ取得原価（数量および単価）を分かるようにしておき，それらの払出時には，その個別的に把握された単価を払出単価とするものである。これは，具体的な個々の払出事実に即して計算するので，最も厳密な方法であるともいえるが，個別的な在庫管理に手数を要するため，棚卸資産を大量に取引する場合，事実上その適用が困難であるし，また，同一品目の棚卸資産を多数保有する場合，払出部分の恣意的な選択による利益操作の余地もある。したがって，その適用は，貴金属や高級家具のような個別性や単価の高いものに限られる。

　上記の例示では，まず15日売上分の対象を個別に調べて，たとえば1日繰越分であれば単価￥120（売上原価￥12,000），7日仕入分であれば単価￥130（同￥13,000）であると確認し，次に31日売上分についても，1日繰越分・7日仕入分のうち未払出部分と20日仕入分との両者のうち，払出対象の部分を調べて確認する。

(2) 先入先出法 (first-in first-out method, Fifo)

　この方法は，先に取得されたものから先に払出されるという仮定のもとに，払出単価を決定する方法であり，買入順法ともいう。これによると，多くの場合，棚卸資産の物的な流れに合致した払出単価の計算が行われる。また，価格変動時にも，期末有高は，時価に近い価額で評価される。しかし，他方，払出原価は前期繰越分を含むことになり，時価から離れたものとなる。とくに，貨幣価値下落時には，名目的利益が計上されやすい。

　上記の例示に対しては，次のような結果となる。

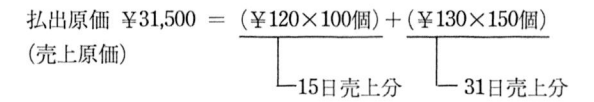

　　払出原価　￥31,500　＝　（￥120×100個）＋（￥130×150個）
　　（売上原価）　　　　　　　　　└─15日売上分　└─31日売上分

　　取得原価合計￥38,400－売上原価￥31,500＝期末帳簿有高￥6,900

(3) 後入先出法 (last-in first-out method Lifo)

　この方法は，先入先出法とは反対に，より最近取得されたものから先に払出されるという仮定のもとに，払出単価を計算する方法であり，買入逆法ともいう。これによると，払出原価は時価に近いものとなり，特に貨幣価値下落による架空利益は排除される。しかし，この仮定は棚卸資産の物的な流れに反するだけでなく，期末有高も時価から離れた価額で評価されることとなる。

　上記の例示に対しては，次のような結果となる。

払出原価 ¥32,400 ＝ (¥130×100個) ＋ (¥138×50個＋¥130×50個＋¥120×50個)
(売上原価)　　　　　└ 15日売上分　└ 31日売上分

取得原価合計 ¥38,400 － 売上原価 ¥32,400 ＝ 期末帳簿有高 ¥6,000

(注) 後入先出法には，さらに，棚卸資産の払出のつど後入先出計算を行う方法（その都度後入先出法），同じく月末に一括して行う方法（月別後入先出法）および期末に一括して行う方法（期別後入先出法）の3つがある。

(4) 単純平均法

　この方法は，棚卸資産の受入単価のみを合計し，これを受入単価の個数で除した値を払出単価とするものである。これは，簡単な払出単価の計算方法であるが，受入数量を無視して単純に単価の算術平均を求めるだけであり，理論的には無意味である。

　上記の例示に対しては，次のようになる。

払出単価 ＝ $\dfrac{¥120＋¥130＋¥138}{3}$ ＝ ¥129

払出原価 ¥32,250 ＝ ¥129 × (100個 ＋ 150個)
(売上原価)

取得原価合計 ¥38,400 － 売上原価 ¥32,250 ＝ 期末帳簿有高 ¥6,150

(5) 総平均法

　この方法は，払出時に数量のみを記録し，期末に前期繰越高と当期受入高の合計金額を，前期繰越数量と当期受入数量の合計数量で除して，平均単価を求

め，この値を期中の払出単価（および期末有高の単価）とする方法である。これによると，期中の払出単価は均一であるが，それが期末でなければ算定できない。したがって，期中には，各時点の払出原価のほか現在有高も把握できないこととなる。

上記の例示に対しては，次のような結果となる。

払出単価 $= \dfrac{¥12,000 + ¥19,500 + ¥6,900}{100個 + 150個 + 50個} = ¥128$

払出原価 ¥32,000 $= ¥128 \times (100個 + 150個)$
（売上原価）

取得原価合計 ¥38,400 − 売上原価 ¥32,000 = 期末帳簿有高 ¥6,400

(6) 移動平均法

この方法は，棚卸資産の取得のつど，その取得金額と直前の残高金額との合計金額を，その取得数量と直前の残高数量との合計数量で除して，新たな平均単価を求め，これをつぎの取得時までの払出単価とする方法である。これによると，期中にも払出単価は計算できるが，計算に手数がかかる。

上記の例示に対しては，つぎのような結果となる。

7日　仕入直後の払出単価 $= \dfrac{¥12,000 + ¥19,500}{100個 + 150個} = ¥126$

20日　〃 $= \dfrac{(¥12,000 + ¥19,500 − ¥126 \times 100個) + ¥6900}{(100個 + 150個 − 100個) + 50個} = ¥129$

払出原価 ¥31,950 $= \underbrace{(¥126 \times 100個)}_{15日売上分} + \underbrace{(¥129 \times 150個)}_{31日売上分}$
（売上原価）

取得原価合計 ¥38,400 − 売上原価 ¥31,950 = 期末帳簿有高 ¥6,450

上記①～⑥のうち，①個別法，②先入先出法，および③後入先出法を総称して口別法といい，残りの④単純平均法，⑤総平均法，および⑥移動平均法を総称して平均原価法という。前者は，取得時の単価を異にする口ごとに区分して把握し，払出時には，ある単価を払出単価として用い，その口の数量が尽きて後に，他の単価を用いる方法である。したがって，1回の払出しについて，

2つ以上の異なる単価で払出原価を計算することが多い。後者は，取得時の単価あるいは金額にもとづいて計算された何らかの平均単価を，払出単価とするものである。したがって，総平均法のように期末でなければ払出単価が計算できないとか，移動平均法のように計算が繁雑であるとか，それぞれ何らかの短所がある一方，一回の払出しに用いられる払出単価は，常にある一つの単価に統一されている。

2．予定価格法

予定価格法とは，将来の一定期間における実際の取得価格を予想することにより定めた価格，あるいは，過去における平均価格などを払出単価として適用する方法である。この方法によると，一定期間の払出単価として，同一の価格が用いられることになる。これが採用される理由は，原価法によると，棚卸資産の受入単価が変動することにより払出単価も変動し，製造原価からは経営活動の能率を把握できず，原価管理を有効に遂行できないこと，さらに，棚卸資産の取得原価にもとづく実際原価計算の厳格な適用には，計算の時間がかかることなどである。

原価差額（原価差異ともいい，ここでは予定価格に基づく原価と実際発生額との差額）については，次のように処理する（「原価計算基準」四七・(一)，連続意見書第四・注解・注1）。

(a) 合理的に僅少な原価差額は，原則として当期売上原価に賦課する。
(b) 予定価格等が不適当なために発生した比較的多額の原価差額は，当期売上原価と期末棚卸資産に科目別に配賦する。

(注) (a)の場合，損益計算書に売上原価の内訳科目として，次の形式で原価差額を記載する（企業会計原則注解・注9）。

売上原価
　1　期首製品棚卸高　　　　×××
　2　当期製品製造原価　　　×××
　　　合　　計　　　　　　×××
　3　期末製品棚卸高　　　　×××

	標準（予定）売上原価	×××	
4	原価差額	×××	×××

3. 標準原価法

　この方法は，標準原価計算制度を採用する企業において，標準原価を払出原価とする方法である。この標準原価とは，財貨の消費量を，科学的，統計的調査にもとづいて，経営活動の能率尺度となるように予定し，これに予定価格または正常価格を乗じて計算した原価である。

　原価差額（ここでは標準原価と実際発生額との差額）については，原則として予定価格法の場合と同様に処理するが，異常な状態にもとづくと認められるものは，非原価項目（原価に算入しない項目）として処理される（「原価計算基準」四七・(二)）。

　（注）「連続意見書第四」（第一・二・2）は，予定または標準が適正に決定され，原価差額が合理的に僅少であるという要件を満たす原価を製品の取得原価（さらに貸借対照表価額）とする場合，予定を用いた実際原価法，予定原価法または標準原価法は，取得原価基準に属するとしている。

§5　期末有高の計算

1. 期末有高の基本的計算方法

　棚卸資産の期末有高を計算する基本的な方法は，原則として取得原価で評価した単価に，期末数量を乗じて求める方法である。この場合，期末単価の計算については，原価法等の，4で論じた払出単価計算の諸方法が適用される。しかし，期末実際有高の一部または全部について，時価の下落，品質低下または陳腐化等が認められる場合，低価基準等の適用により，それらの単価を切下げ，別に評価損を計上することがある。他方，期末数量とは，原則として期末実地棚卸数量のことであり，継続記録法による期末帳簿棚卸数量との差異は，原価

法等による単価を乗じられ，棚卸減耗費として別に処理される。

2．期末有高の特殊な計算方法

期末有高を計算する特殊な計算方法として，売価還元原価法，最終取得原価法，修正売価法および基準棚卸法等がある。

(1) 売価還元法

これは，取り扱う棚卸資産の種類が非常に多い小売業（百貨店等）や卸売業等で適用される方法であり，小売棚卸法または売価棚卸法ともよばれる。

この方法は，一品目ごとの単位原価による棚卸資産評価が困難な，その種の企業において，棚卸資産のグループごとに，その売価合計額から取得原価の合計額を概算する方法である。すなわち，種類の異なる商品を値入率，回転率の類似性に従って適当なグループにまとめ，一グループに属する期末商品の売価合計額に原価率を適用して求めた原価額を，その貸借対照表価額とする方法である（連続意見書第四・第一・二・4）。

また，同じグループの期首繰越商品原価と当期受入原価総額との合計額から，この期末商品原価を差し引くことにより，商品の当期払出原価，すなわち，売上原価が求められる。したがって，売価還元法においては，売価による払出高と残高は帳簿記録により常時明らかにされるが，原価の配分は定期的に行われる。

原価率は，次の算式で求められる。その分母は，複雑なものに見えるが，期首繰越商品と当期受入商品の売価合計額を意味する。

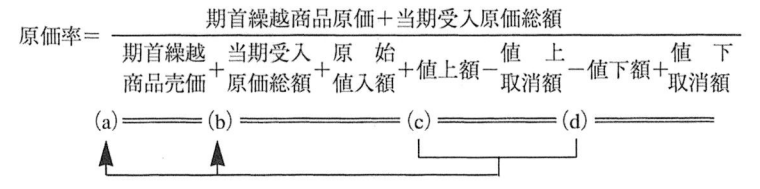

$$原価率 = \frac{期首繰越商品原価 + 当期受入原価総額}{\underbrace{期首繰越商品売価}_{(a)} + \underbrace{当期受入原価総額}_{(b)} + \underbrace{原始値入額 + 値上額 - 値上取消額}_{(c)} - \underbrace{値下額 + 値下取消額}_{(d)}}$$

(c)・(d) は，(a) に含まれる値入額（販売益）および (b) の原始値入額に対する調整額である。(b) は，当期受入売価総額ともいえる。

上記の原価率を適用する売価還元法は，期末商品の総平均原価に相当する評価額を求めるので，売価還元（平均）原価法とよばれ，取得原価基準に属する評価方法である。上記の算式から分母の(d)を除外して算定された原価率を適用する売価還元法は，低価基準の評価額を求めるので，売価還元低価法とよばれ，低価基準に属する評価方法である。ただし，原価時価比較低価法は，実行されていない。(連続意見書第四・第一・三・2，同注解・注3)。

(注) 税法では，売価還元法に用いる原価率を，次の算式で求める。会計学上の売価還元法では，継続記録法による売価を用いるのに対して，税法では，実際売上高を用いるので，売上とならないで消滅した商品の売価が分母から除外され，原価率が過大に算定されることとなる。また，売価還元低価法も認められていない（「税法と企業会計との調整に関する意見書」注八）。

$$原価率 = \frac{期首商品棚卸高（原価）＋当期仕入高}{当期売上高＋期末商品棚卸高（売価）}$$

〔設　例〕
　次の資料にもとづき，(a) 売価還元原価法，(b) 売価還元低価法および (c) 税法の売価還元法のそれぞれによって，期末商品棚卸高（原価）を求めなさい。

資料
期首商品棚卸高（原価）	¥140,000	期首商品棚卸高（売価）	¥200,000
当期純仕入高（原価）	〃700,000	原始値入額	〃320,000
値上額	〃 40,000	値上取消額	〃 10,000
値下額	〃 60,000	値下取消額	〃 10,000
期末商品棚卸高（売価）	〃300,000	当期純売上高	〃850,000

(a) 原価率＝
$$\frac{¥140,000＋¥700,000}{¥200,000＋¥700,000＋¥320,000＋¥40,000－¥10,000－¥60,000＋¥10,000} = 0.7$$

　　期末商品棚卸高（原価）＝¥300,000×0.7＝¥210,000

(b) 原価率＝$\frac{¥140,000＋¥700,000}{¥200,000＋¥700,000＋¥320,000＋¥40,000－¥10,000}=0.672$

　　期末商品棚卸高＝¥300,000×0.672＝¥201,600

(c) 原価率＝$\frac{¥140,000＋¥700,000}{¥850,000＋¥300,000}=0.73$

　　期末商品棚卸高（原価）＝¥300,000×0.73＝¥219,000

(2) 最終取得原価法

　最終取得原価法（購入品の場合，最終仕入原価法または最近仕入原価法。生産品の場合，最終製造原価法または最近製造原価法。税法では，最終仕入原価法とよぶ。）は，最終取得原価で棚卸資産の期末有高を評価する方法であり，これを期首繰越原価と当期受入原価との合計額から差し引くことにより，当期の払出原価を算定する。また，とくに最近取得原価法では，払出時の最近取得原価により払出原価を算定するとともに，期末における最近取得原価により期末有高を算定する。

　最終取得原価法によれば，期末有高の一部だけが実際取得原価で評価され，残りの部分は時価に近い価額で評価される可能性が高い。すなわち，期末有高の数量が最終仕入（製造）数量以下である場合，先入先出法による評価と同じ結果となり，取得原価基準に属する評価方法とみなすことができる。しかし，前者が後者を超える場合，最終仕入数量を超過する期末有高部分は，時価に近い価額で評価されることになる。

　わが国では，非常に多数の企業が，課税所得計算目的のために最終取得原価法を利用しているが，この方法は，多額の評価損益を計上する可能性をもつので，無条件に採用することは妥当でない（連続意見書第四・第一・二・5，同第一・六，同注解・注4）。

(3) 修正売価法

　修正売価法は，その取得原価の算定が原価計算技術上不可能な副産物，同じくその取得原価の算定が困難で売価の確定している農産品（米麦等），安定的な市価による確実な市場が存在する鉱産品（貴金属）等，特殊な棚卸資産に対してその適用が認められた期末有高の評価方法である。これは，この種の棚卸資産の取得時または期末における（正常）売価からアフター・コストを差し引いた価額（正味実現可能価額），またはこの額からさらに正常利益を差し引いた価額を取得原価とみなす方法である（連続意見書第四・第一・二・3）。

　修正売価法は，上で述べたような一定の前提が存在する限り，本質的には時価法に属さないものとみなされる（連続意見書第四・注解・注4）。

(4) 基準棚卸法

　基準棚卸法（恒常在高法，正常在高法，基準在高法，固定在高法などともいう）は，著しく価格変動の危険にさらされる棚卸資産を多く取り扱う業種において，その適用が認められている。したがって，これは,棚卸資産の価格変動により発生する損益の影響を，損益計算から取り除くことを目的とする評価方法である。

　企業の円滑な経営活動のために保有しなければならない，棚卸資産の一定数量を基準有高または正常有高という。この基準有高は，正常販売（製造）量にもとづいて定めた，材料，製品等の最低必要在庫量（基準量）に，過去のデータおよび将来の見込みにもとづいて決定した基準価格を乗じて求められる。

　各年度末において，基準量は，常に基準価格で評価される。期末の棚卸数量が基準量を超える場合，その超過量は通常の取得原価で評価され，基準有高に加算される。逆に，期末棚卸数量が基準量を割っている場合，その不足量を再調達原価等で評価した金額を基準有高から控除して，期末有高を求めるとともに，同金額を払出原価に加算する。したがって，この場合，基準棚卸法は，取得原価基準の評価方法から逸脱する（「連続意見書第四」第一・二・6，同第一・六，同注解・注5）。

3．棚卸減耗の処理

　継続記録法により記録された帳簿棚卸数量は，実地棚卸により把握された実地棚卸数量と比較され，もし過不足がある場合には，実地棚卸数量と合致するように修正されなければならない。

　通常，可能性が高く，問題となるのは，実地棚卸数量が帳簿棚卸数量よりも少ない場合であり，その不足数量を取得原価による単価に乗じて得た額は，棚卸減耗費（または棚卸減耗損，棚卸差損，棚卸損失）とよばれる。

　継続記録法の適用に際しても，商品の場合，帳簿上および損益計算書における売上原価の計算は，期首商品棚卸高＋当期仕入高－期末商品棚卸高＝売上原価という内容で構成されている。この式の期末商品棚卸高には，取得原価による単価に期末帳簿棚卸数量を乗じて得たもの（期末帳簿棚卸高）を必ず用いる

（財務諸表等規則第81条）。それは，期末実地棚卸数量や次に4で論じる評価損を控除した単価を用いる場合，棚卸減耗費や評価損が売上原価に混入し，それだけ売上総利益が過小となるためである。

棚卸減耗費は，原価性の有無により，費用としての項目が異なる。この場合，原価性が有るものとは，正常なもの，すなわち，正常な状態のもとにおける経営活動を前提として経常的に発生したものを意味する。他方，原価性がないものとは，異常な状態を原因として発生したものを意味する。

原価性のあるもののうち，原材料等については，間接経費として製造原価に算入され（「原価計算基準」十），商品，製品等については，売上原価または販売費として表示される。他方，原価性のないものは，営業外費用または特別損失として表示される（連続意見書第四・第一・六）。

4．評価損の処理

棚卸減耗が期末有高の数量に関する問題であったのに対して，評価損はその単価に関する問題である。両者とも発生している場合，まず棚卸減耗費を算定し，つぎに評価損を算定する。棚卸資産について評価損が計上されるのは，次の3つの場合である（企業会計原則第三・五・A，企業会計原則注解・注10）。

① 低価基準を適用する場合
② 時価が取得原価よりも著しく下落し，かつ回復する見込みがないと認められる場合または回復するか否か不明の場合
③ 品質低下，陳腐化等の原因による場合

（注）2002年5月29日改正商法は，（原価基準を原則とし，例外則として，上記①，②の場合の時価評価を規定する）旧第285条ノ2を削除し，法務省令の定めるところによるとしている（第285条）が，該当する法務省令はいまだに定められていない。

棚卸資産評価の一般原則である原価主義に対する例外的な評価原則として，低価主義が存在し，広く採用されている。任意適用であるが，継続性の原則の制約を受ける。①における低価基準は，低価主義を具体的に適用するための評価基準である。②における時価の著しい下落とは，棚卸資産の種類・品目によ

り価格変動の態様が異なるので，各資産の経常的な価格変動幅を超える時価の下落を意味すると考えられ，また回復する見込みの有無は，各資産の平均在庫期間について判断されるべきであろう。該当する場合，かならず時価評価しなければならない。

　①〜③のような事態が発生した場合，期末実地棚卸数量のうち該当する部分について，（原価法による単価－時価等で評価替えされた単価）×当該数量という計算により求めた評価損を，期末有高から控除するとともに，適切な費用項目に分類して表示する。

　①の，低価基準の適用にもとづく評価損は，金額の多少に応じて，原則として，売上原価の内訳科目または営業外費用として表示されなければならない。②の場合における評価損は，金額の多少や部分的な回復の見込みに応じて，原則として，営業外費用または特別損失として表示されなければならない。③の，品質低下，陳腐化等の原因による評価損は，3でのべた棚卸減耗費におけると同様に処理される（企業会計原則注解・注10，連続意見書第四・第一・六）。

　ここで，払出原価（売上原価），期末有高（期末商品棚卸高），棚卸減耗費および商品評価損等を求める計算例を示しておく。

資料：期首商品棚卸高　¥100,000　　　　当期純仕入高　¥2,000,000
　　　期末商品棚卸高　期末帳簿棚卸数量1,100個　　原価 ¥100
　　　　　　　　　　　期末実地棚卸数量1,000 〃　　時価 〃 95
　　　ただし，低価基準により評価し，また商品評価損を売上原価の内訳科目とし，棚卸減耗費を営業外費用とするものとする。

期末帳簿棚卸高　¥100×1,100個＝¥110,000
棚 卸 減 耗 費　¥100×（1,100個－1,000個）＝¥10,000
商 品 評 価 損（¥100－¥95）×1,000個＝¥5,000
売 上 原 価　¥100,000＋¥2,000,000－¥110,000＋¥5,000＝¥1,995,000
商品の貸借対照表価額　¥110,000－（¥10,000＋¥5,000）＝¥95,000

　上記①の低価基準を前期末に適用している場合，当期に繰り越された当該棚卸資産の期首棚卸高については，前期末における評価替後の帳簿価額を採用する方法（切放方式）と，評価替前の原始取得原価を採用する方法（洗替方式）と

がある（連続意見書第四・第一・六）。前期末の記帳に際しては，一般に，前者の場合，繰越商品勘定から商品評価損を直接控除する方法を採用するのに対して，後者の場合は，当期における原始取得原価への振り戻しを容易なものにするため，評価勘定を設定してそれを間接的に控除する方法を採用する。

〔設　問〕
1　資産の過大評価が当期および次期以降の利益額に対してどのような影響を及ぼすのかを，商品の期末棚卸高および売上総利益を例にして，具体的に説明しなさい。
2　継続記録法と定期棚卸法とを比較論述しなさい。
3　原価法に属する各種の方法について，インフレ期にあらわれる各特徴を具体的に比較論述しなさい。

（参考文献）
1　新井清光『新版財務会計論［第五版］』中央経済社，平成12年。
2　　〃　　『現代会計学［第五版］』中央経済社，平成12年。
3　飯野利夫『財務会計論［三訂版］』同文舘，平成11年。
4　黒澤清主編『近代会計学体系　Ⅳ資産会計論』中央経済社，昭和45年。

VI 固定資産

§1 固定資産の意義と分類

　固定資産は，企業の経営目的のために長期にわたって使用する建物や機械のような有形固定資産，主に法的に保護されている無形固定資産および投資有価証券や長期貸付金のような投資その他の資産に分類される。
　固定資産は，流動資産と対比され投下資本が長期間（1年基準により1年以上）にわたって企業内に固定化される。
　資産を使用目的からみれば，たとえば，営業に使用される建物や船舶は固定資産に属し，建築業における販売用の建物，造船業における販売目的の船舶は棚卸資産となる。
　飯野教授によれば，「固定資産には，通常の営業過程において使用または利用することを目的として長期的に所有する資産，長期の利殖のために所有する資産，他の会社を支配統制しまたは取引上の便宜を得る目的で所有する有価証券，貸借対照表作成日の翌日から1年を経過しなければ償還期限が到来しない債権（ただし営業循環過程にあるものを除く）などが含まれる[1]」と述べておられる。
　固定資産の分類については，固定資産を分類するさいの基準として何を用いるかによって異なってくる。
　固定資産の分類方法には，外形の違いによる形態別分類，用途または目的の違いによる機能別分類などが考えられる。
　固定資産は，制度会計上は形態別分類により，有形固定資産，無形固定資産および投資その他の資産に分類される（財務諸表等規則第14条）。ただし，投資その他の資産は，「商法施行規則」上は投資等として示される。その他の固定資

産には，決算日の翌日から起算して1年を超える長期の前払費用が含まれる。

§2　有形固定資産の意義と種類

1．有形固定資産（Tangible Fixed Assets）の意義

　有形固定資産は，具体的な形態を有する固定資産であり，原則として企業内で長期（1年以上）にわたって使用する目的で所有する資産である。したがって，これらの資産が賃貸等のように使用目的以外の他の用途に供されている場合には，投資不動産（投資その他の資産（財務諸表等規則），投資等（商法施行規則））としてあつかわれ，有形固定資産項目には含まれない。

　なお，使用目的で保有している資産であれば，現に営業の用に供している資産のほか，将来営業の用に供する目的をもって所有する資産例えば遊休施設，未稼動設備等を含むものとする（ガイドライン22・1）。

　また，自社の営業目的のために他の会社に貸与している建物・機械等の設備，たとえば，当該会社の製品の加工又は部品の製作等の下請を専業としている会社等に対し当該作業に必要な設備を貸与している場合または製品の販売会社として設立されている関係会社に対し，当該販売設備として使用せしめるため貸与している場合における当該設備は，営業の用に供するものに含まれるものとする（ガイドライン22・3）。

2．有形固定資産の種類

　有形固定資産は，①償却資産，②非償却資産，に大別できる。

(1) 償却資産

　有形固定資産のうち，使用または時の経過などによって資産価値が次第に減少していくために，一定の減価償却方法によって全耐用期間に取得原価の配分をしなければならない資産をいう。

(イ) 建　　物

　用途別に分類すれば，営業用の家屋・店舗，工場用・倉庫用の建物などがあり，冷暖房，照明，通風等の建物の付属設備も含まれる。また，社宅その他の経営付属設備も含む。

(ロ) 構　築　物

　ドック，橋，岸壁，さん橋，軌道，貯水池，坑道，煙突その他土地に定着する土木設備または工作物をいう（財務諸表規則第22条）。

(ハ) 機 械 装 置

　工作機械，各種装置，コンベヤー，ホイスト，起重機等の搬送設備その他の付属設備も含む。

(ニ) 船　　舶

　海上ならびに水上の運搬具であって，構造上からは鉄鋼船，木造船などに分けられる。また，利用目的からは，貨物船，専用船（自動車運搬専用，LPG運搬専用など），漁船などにわける。

(ホ) 車両運搬具

　鉄道車両のほかに，自動車（乗用自動車，貨物自動車）や自転車，荷車，トロッコ，陸上運搬具としての牽引用牛馬も含む。

(ヘ) 工具器具備品

　工具は，工場等において製造に使用する小型の道具であり，器具備品は主に営業用に使用される。いずれも耐用年数が1年以上で，相当価額以上のものをいう。

　耐用年数が1年未満または相当価額未満のものは消耗品として流動資産に示される。

(2) 非償却資産

　減価がみられない資産としては，土地が典型的なものである。税法は，書画・骨董品などを非償却資産に含めている。

(イ) 土　　地

　工場および事務所の敷地のほか，社宅用敷地，運動場，農園等の経営付属用

の土地を含む。

(ロ) 建設仮勘定

　建設途上の固定資産に対する支出および材料を一時的に建設仮勘定という未決算勘定で処理する。完成後は，当該固定資産勘定に振り替える。

　設備の建設のために支出した手付金もしくは前渡金又は設備の建設のために取得した機械等で保管中のものは，建設仮勘定に属する（財務諸表規則取扱要領第67）。

〔取引例〕
① 建物を建設するため，前渡金として￥500,000を小切手を振り出して支払った。
　　（建設仮勘定）　　500,000　　（当座預金）　500,000
② 建物が完成し，引渡しが終了した。前渡金を差し引いて，残額￥4,500,000を小切手で支払った。
　　（建　　物）　5,000,000　　（建設仮勘定）　500,000
　　　　　　　　　　　　　　　　（当座預金）4,500,000
　なお，建設仮勘定は減価償却の対象とはならない。

　建物，器具，造作などについては固定資産台帳を設けて記録する必要がある。固定資産台帳には，什器のうちで，たとえば金庫の口座でも１口買入れるごとに数行の余白をおき，各口ごとに償却または破損の事実を記録する。用具に番号をつけるのは，物品の整理に便利なためである。

土　地　台　帳

所得年月日	所有番号	坪数	購入先	所在地	登録番号	課税標準額	帳簿価額			譲渡		備考
							価額	加工費	総額	年月日	価額	

建　物　台　帳

所有地_____　構造_____　建坪_____　登記番号_____　耐用年数_____

所得年月日	摘要	所得価額	改良費	総原価	減価償却費			現在価額	備考
					率	金額	累計		

備品台帳

品名 _____

年月日	摘要	番号	買入単価	買入額	売却または償却			残高	備考
					償却高	破損減失	売却高		

§3 有形固定資産の取得原価と原価配分

1. 有形固定資産の取得原価

　現行の会計構造のもとでは，有形固定資産の取得原価は，支出額を価額基礎として測定する。

　固定資産の取得形態によって，取得原価の計算も次のように異なる（連続意見書第三・第一・四）。

(1) 購入による場合

　購入によって固定資産を取得した場合には，購入代金に買入手数料，運送費，荷役費，据付費，試運転費等の付随費用を加えて取得原価とする。購入に際して値引又は割戻を受けたときには，これを購入代金から控除する。

(2) 自家建設による場合

　固定資産を自家建設した場合には，適正な原価計算基準に従って製造原価を計算し，これにもとづいて取得原価を計算する。建設に要する借入資本の利子で稼働前の期間に属するものは，これを取得原価に算入することができる。

(3) 現物出資

株式を発行しその対価として固定資産を受け入れた場合には，出資者に対して交付された株式の発行価額をもって取得原価とする。

(4) 交　　換

自己所有の固定資産と交換に固定資産を取得した場合には，交換に供された自己資産の適正な簿価をもって取得原価とする。

自己所有の株式ないし社債等と固定資産を交換した場合には，当該有価証券の時価又は適正な簿価をもって取得原価とする。

(5) 贈　　与

固定資産を贈与された場合には，時価等を基準として公正に評価した額をもって取得原価とする。なお，「企業会計原則」によれば，「贈与その他無償で取得した資産については，公正な評価額をもって取得原価とする」（企業会計原則第三・五F）とのべられている。

また，「企業会計原則」は，国庫補助金，工事負担金等で取得した資産については，国庫補助金等に相当する金額をその取得原価から控除することを認め，その場合の貸借対照表の表示方法について，次の2つの方法を示している。

① 取得原価から国庫補助金等に相当する金額を控除する形式で記載する方法。
② 取得原価から国庫補助金等に相当する金額を控除した残額のみを記載し，当該国庫補助金等の金額を注記する方法（企業会計原則注解・注24）。

2．有形固定資産の原価配分

建物，機械装置などの固定資産は，使用ないし時の経過などの原因によって経済価値が次第に減少する。このため，固定資産の価値の減少額を算定し，これを費用として適正に各会計期間に配分する手続をとる。これを減価償却（Depreciation）という。

「企業会計原則」によれば，「資産の取得原価は，資産の種類に応じた費用

配分の原則によって，各事業年度に配分しなければならない。有形固定資産は，当該資産の耐用期間にわたり，定額法，定率法等の一定の減価償却の方法によって，その取得原価を各事業年度に配分」すると述べられている。

減価償却については，次章で詳しく述べられるので，本章では，定額法のみについて簡単に説明することにする。

定額法は，毎期，一定の減価償却費を計上する方法であり，次式によって算定される。

$$減価償却費＝\frac{取得原価－残存価額}{耐用年数}$$

取得原価：支出額を価額基礎とする。

残存価額：固定資産の耐用年数到来時において予想される当該資産の売却価格または利用価格である。この場合，解体，撤去，処分等のために費用を要するときには，これを売却価格または利用価額から控除した額をもって残存価額とする（連続意見書第三・第一・四）。

耐用年数：固定資産の耐用年数は，物質的減価と機能的減価の双方を考慮して決定しなければならない。耐用年数には，一般的耐用年数と企業別の個別的耐用年数がある。一般的耐用年数は，耐用年数を左右すべき諸条件を社会的平均的に考慮して決定されたもので，固定資産の種類が同じであれば，画一的に定められる。個別的耐用年数は，各企業が自己の固定資産につきその特殊な条件を考慮して自主的に決定したものである（連続意見書第三・第一・九）。

なお，減価償却の手続を例題によって説明すれば，次のとおりである。

① 期首に建物1,000,000円を購入し，小切手を振り出した。
② 決算日（1年後）が到来したので，減価償却を行った。
③ 決算日（2年後）が到来したので，減価償却を行った。

減価償却は，定額法（残存価額10%，耐用年数30年）による。

直接法と間接法による仕訳および勘定記入を示せば，次のとおりである。

◎直接法

〈仕　訳〉

①	(建　　　物)	1,000,000	(当座預金)	1,000,000
②	(建物減価償却費)	30,000	(建　　物)	30,000
③	(建物減価償却費)	30,000	(建　　物)	30,000

〈勘定記入〉

建物減価償却費（第1期）

建　物	30,000	損　益	30,000

建物減価償却費（第2期）

建　物	30,000	損　益	30,000

建　物

(第1期初)		(第1期末)	
当座預金	1,000,000	建物減価償却費	30,000
		次期繰越	970,000
	1,000,000		1,000,000
(第2期初)		(第2期末)	
前期繰越	970,000	建物減価償却費	30,000
		次期繰越	940,000
	970,000		970,000
(第3期初)			
前期繰越	940,000		

◎間接法

〈仕　訳〉

①	(建　　　物)	1,000,000	(当　座　預　金)	1,000,000
②	(建物減価償却費)	30,000	(建物減価償却累計額)	30,000
③	(建物減価償却費)	30,000	(建物減価償却累計額)	30,000

〈勘定記入〉

建　物

(第1期初)		(第1期末)	
当期預金	1,000,000	次期繰越	1,000,000
(第2期初)		(第2期末)	
前期繰越	1,000,000	次期繰越	1,000,000
(第3期初)			
前期繰越	1,000,000		

建物減価償却累計額

(第1期末)		(第1期末)	
次期繰越	30,000	建物減価償却費	30,000
(第2期末)		(第2期末)	
次期繰越	60,000	前期繰越	30,000
		(第2期末)	
		建物減価償却費	30,000
	60,000		60,000
		(第3期初)	
		前期繰越	60,000

建物減価償却費（第1期）

建物減価償却費累計額	30,000	損　益	30,000

建物減価償却費（第2期）

建物減価償却費累計額	30,000	損　益	30,000

なお，上記の取引例によれば，建物の取得原価は1,000,000円，帳簿価額は940,000円（1,000,000円 − 600,000円）となる。
　　　　　　　　　　取得原価　　　減価償却累計額

減価償却は，合理的な期間損益計算を行うために必要とされる原価配分の具体的な手続である。原価配分は，固定資産の取得から廃棄までの耐用年数をよりどころとし，時間を基準として配分することが多い。

減価償却の方法には，期間を基準として配分する定額法，定率法，級数法，償却年金法と生産高を基準として配分する生産高比例法がある。

有形固定資産は，次第に経済価値を減少させていくが，その原因は物質的減価と機能的減価とからなり，いずれ廃棄更新される状態となる。物質的減価は，利用ないし時の経過による固定資産の磨滅損耗を原因とするものであり，機能的減価は，物質的にはいまだに使用に耐えうるが，外的事情により固定資産が陳腐化し，あるいは不適応化したことを原因とするものである。

減価原因と減価償却の方法との関連について，「連続意見書」は，「減価が主として時の経過を原因として発生する場合には，期間を配分基準とすべきである。これに対して，減価が主として固定資産の利用に比例して発生する場合には，生産高を配分基準とするのが合理的である」と述べている。

有形固定資産の原価配分は，一般的には減価償却の方法によるが，特殊な場合には取替法を適用することもある。取替法は，同種の資産が多数集合して1つの全体を構成し，老朽品の部分的取替を繰り返すことにより全体が維持されるような固定資産に適用される。取替法は，部分的取替に要する原価を取替費用として処理する方法である。取替法が認められる取替資産には，軌条，信号機，送電線，需要者用ガス計量器などがある。

また，減価償却に類似する方法として減耗償却がある。減耗償却は，減耗性資産に対して適用する方法であり，鉱山業における埋蔵資源あるいは林業における山林のように，採取されるにつれて漸次減耗し涸渇する天然資源を表わす資産である。その全体としての用役をもって生産に役立つものではなく，採取されるに応じてその実体が部分的に製品化されるものである。したがって，減耗償却は減価償却とは異なる別個の費用配分法であるが，手続的には生産高比

例法と同じである（連続意見書第三・第一・六）。

§4　無形固定資産の意義と種類

　無形固定資産（Intangible Fixed Assets）は，有効年数が1年を超えるもので，具体的な形態を有しない固定資産（無形財）をいう。

　無形固定資産は，通常，特許権，実用新案権，意匠権，商標権，鉱業権，漁業権，地上権，電話加入権等の法律上の権利と，法律上の特権ではないが，超過収益力を示す営業権（暖簾──good will）からなる。

　無形固定資産の主な内容は，「特許権や実用新案権等の法律上の権利であり，この権利の内容は排他権ないし独占使用権であって，収益活動を有利に展開するための重要な手段である。

　営業権（暖簾）は法律上の権利ではなく，企業の超過収益力の存在を示す資産である。超過収益力（平均以上の利益をあげる力）は，企業の経営努力によって創出されることもあれば，他企業を合併または買収することによって備わることもある。しかし，会計上資産として扱われる営業権は後者つまり有償取得のばあいにかぎられる。[2]」

1．法律上の権利

　　特許権（patent）……新たな発明または発見による新製品または新製法の独占的・排他的権利を認める勘定である。
　　借地権（leasehold）……他人の所有する土地を利用するため，土地の賃貸借契約に際して支払った対価をいう。賃借した土地の地盛り，地ならし，埋立て等の整地のために要した費用も借地権の取得原価に含める。
　　地上権（superficies）……建物その他の建造物を所有するため他人に地代を支払うことによって認められた民法上の物権である。
　　商標権（trade marks）……商品に使用する文字，図形，記号もしくはこれらの結合からなる営業標識で独占的・排他的な使用の権利をいう。

実用新案権（utility models）……新たに発明した物品の形状・構造またはそれらの結合に関して取得した法律上の権利をいう。

意匠権（designs）……新たに発明した物品の形状，色彩もしくは模様またはこれらの組み合わせにより創り出された意匠に関する法律上の権利をいう。

ソフトウェア（soft ware）……コンピュータのソフトウェアが完成する迄に要した製作費をいう（研究開発費意見書）。

2. 営 業 権

営業権については，つぎの規定がみられる。

「営業権は，有償で譲受けまたは合併によって取得したものに限り貸借対照表に計上し，毎期均等額以上を償却しなければならない」（注解25）。

「暖簾ハ有償ニテ譲受ケ又ハ合併ニ因リ取得シタル場合ニ限リ貸借対照表ノ資産ノ部ニ計上スルコトヲ得此ノ場合ニ於テハ其ノ取得価額ヲ附シ其ノ取得ノ後5年内ニ毎決算期ニ於テ均等額以上ノ償却ヲ為スコトヲ要ス」（商法第285条ノ7）と規定されている。

以上のことから，暖簾は有償で譲り受けたもの，あるいは合併により取得したものに限って貸借対照表に計上し，取得価額を5年間毎期均等額以上で償却することになる。

営業権（暖簾）は，将来において超過収益力を受けるという期待にもとづいてあらわれるといわれている。黒澤清教授によれば，「会計学における暖簾は，設立後長い期間を経過した現存企業が有利な条件や特権などを有し，同種の他企業より大なる収益力をもつものと予想されるばあい，その超過収益力を資本還元した現在価値である[3]」と述べている。超過収益力の要因は，次のようなさまざまな経済的状況の複合からなる。

① 営業上の信用（品質の良い商品，良好な得意先，長期間の経営にもとづく得意先の好意ないし愛顧関係等）
② 経営者および従業員の才能，技術等
③ 営業所および工場の立地条件等

以上のように営業権として包括的にあらわれる個々の要因は，企業の内外の優位な諸状況の複合の結果とみることができ，この点に資産性を求めている。これらは，企業の収益獲得活動にとって効果的であるが，資産計上は有償取得のみに限られ自己創設の営業権は資産としては計上されない。

　自己創設営業権を資産として計上しない理由は，上記の各種要因が，過去の支出（販売費および一般管理費の一部）にもとづくものであるが，「支出時にそのような将来の収益効果期待が不確実であること，およびそのような効果は諸要因の複合によるものであって個別的認識が不可能であるなどの理由により，インビジブルな収益力要因として，一般には資産計上されないのである[4]。」

　つまり，「暖簾そのものの性質が不確実なものであり，自然発生の暖簾の評価はたんなる推定の域を脱しないからである[5]」と考えられている。

§5　無形固定資産の評価

　無形固定資産も取得原価で評価し資産計上される。すなわち，無形固定資産を取得するために要した支出額が取得原価となる。法律上の権利は，企業をとりまく諸条件の変化にともなう経済的陳腐化を考慮し，法定の期限内に償却計算する。

1．特　許　権

　　特　許　権……特許権の取得形態により取得原価も異なる。
　　① 自己の試験研究により取得した場合は，繰延資産として計上されている試験研究費の類プラス出願料，登録費用等。
　　② 特許権を他人から買収した場合は，買収に要したすべての費用。
　　③ 贈与その他無償で取得したばあいには，公正な評価額をもって取得原価とする（企業会計原則第三・五・F）。

　特許権も費用性資産であり，効果の存続期間も限られているので，その期限内に原価配分（償却計算）される。特許権は，出願公告の日から15年以内（法人税は10年）に償却する必要がある。

勘定処理の例を示せば，次のとおりである。
(1) 取得した時
　　（特　許　権）×××　　（試験研究費）×××
(2) 償却した時
　　（特許権償却）×××　　（特　許　権）×××
(3) 譲渡した時
　　（未　収　金）×××　　（特　許　権）×××
　　　　　　　　　　　　　（特許権売却益）×××

無形固定資産の貸借対照表への表示は，次のように指示されている。

各無形固定資産に対する減価償却累計額は，当該無形固定資産の金額から直接控除し，その控除残高を各無形固定資産の金額として表示しなければならない（財務諸表等規則第30条）。したがって，特許権も取得原価から減価償却累計額を控除した未償却残高をもって無形固定資産区分に「特許権」として表示する。

2. 営 業 権

「有償取得の暖簾は将来の超過収益の獲得のために前払された費用であると考えられる。だから，その取得原価が一定の期間にわたって償却される。……暖簾の本質は本来の超過収益に対応されるべき前払費用であると考えられる[6]。」営業権の取得原価は，一定の企業評価にもとづく企業の譲受価額が受入純資産額を超過するばあいの差額として算定される。

買収または合併に伴う企業評価の方法には，次のものがある。
(1) 財産価値評価法
　　再調達価額による資産合計－負債合計＝評価額
　　または
　　帳簿価額による資産合計－負債合計＝評価額
(2) 資本価値評価法
$$\frac{過去数年間の平均利益}{同業種の平均資本還元利率} = 収益還元価値評価額$$
(3) 財産価値評価額と資本価値評価額との平均法
$$\frac{①の評価額＋②の評価額}{2} = 評価額$$

〔取引例〕
下記の資料を参考にして，企業買収に伴う営業権の処理を示しなさい。

貸借対照表（被買収企業）

	千円		千円
諸 資 産	60,000	諸 負 債	40,000
		資　　本	20,000
	60,000		60,000

　被買収企業の過去の平均利益　5,000千円
　同種企業の平均利益率10％
　買収金額は収益還元価値とする。
①収益還元価値は，次のようになる。
　5,000千円÷10％＝50,000千円
②収益還元価値で買収（小切手振り出し）すれば，次のような処理となる。
　(諸資産)　60,000　(諸 負 債)　40,000
　(営業権)　30,000　(当座預金)　50,000

以上の処理によれば，企業買収の金額50,000千円と受入純資産額（60,000千円－40,000千円＝20,000千円）との差額30,000千円が営業権として資産計上されることになる。

営業権の原価配分については，理論上償却必要説と償却不要説がある。

① 償却不要説──営業権の特質が企業の信用を基礎としているため，その価値は時の経過ないし利用により減損が生ずるものではないという考え方である。

② 償却必要説──過去に取得された営業権の価値は，激烈な経営の競争により超過収益力も減退することにより一定期間の後には平均化する。

現行会計制度上は，5年内に均等額以上の償却を行う（商法第285条ノ7）。

営業権の表示は，無形固定資産区分に取得原価から減価償却累計額を控除した残高を示す。

なお，無形固定資産のうち，土地の上に存する権利である借地権および電話加入権は償却資産の範囲に入っていない。ただし，電話加入権については，時価が下落した場合に評価減を行うこともある。

§6　投資その他の資産の意義と種類

1. 投資その他の資産の意義

投資その他の資産(「商法施行規則」では投資等)には，投資有価証券，関係会社株式等の長期外部投資の他に，通常1年内には回収できない破産債権や更生債権および長期前払費用が含まれる。

一般に投資は，企業内部の非貨幣資産への投資と企業外部への企業資金の投資という2つの形態にわけられる。

前者は，貨幣等を商品・製品・建物・機械装置・備品等に投下し企業の本来の営業活動のために運用されている。

後者は，外部の企業への資金の投下の形態であり，他社の株式・社債等への投資関係会社または親会社，子会社に対する投資に分けられる。後者の投資が投資その他の資産として扱われ，投資先の他の企業が稼得した収益の一部を付加価値の分配として受け取ることになる。

2. 投資その他の資産の種類

投資その他の資産について「財務諸表等規則」は，次のように指示している。

1. 投資有価証券，ただし，関係会社株式および関係会社社債を除く。2. 関係会社株式，3. 関係会社社債，4. 出資金，5. 関係会社出資金，6. 長期貸付金，7. 株主，役員または従業員に対する長期貸付金，8. 関係会社長期貸付金，9. 破産債権，更生債権その他これらに準ずる債権，10. 長期前払費用，11. その他(第32条)。なお，「その他」には，投資不動産(投資の目的で所有する土地，建物その他の不動産をいう)，1年以内に期限の到来しない預金，契約解除の際に返還される敷金，短期に返却されない差入保証金(代用有価証券を含む)等が含まれる。

(1) 投資有価証券 (investment securities)

売買目的有価証券および1年内に満期の到来する社債その他の債権は,流動資産に属するから,それ以外の有価証券は,投資その他の資産に属するものとする(「金融会計基準」第三7)。

(2) 出資金 (investment in capital)

資金の提供による出資者の持分が有価証券の発行を伴わないものを処理する勘定である。主に,信用金庫,信用組合,または有限会社,合名会社,合資会社等に対する資本拠出が含まれる。

(3) 長期貸付金 (long-term receivable)

金銭消費貸借契約等にもとづく企業資金の貸付のうち,回収期限が貸借対照表日の翌日から起算して1年を超えて到来するものを処理する勘定である。

(4) 投資不動産 (real estale held for investment)

自社所有の不動産で,通常の営業に使用せず他人に貸与することを目的としたもの,または投機目的のものを処理する勘定である。投資不動産には,土地,建物が含まれる。

(5) 長期滞り債権 (slow-moving receivables)

倒産会社等に対する債権で回収に長期間を要すると思われるものを処理する勘定で,「固定化売上債権」,「長期営業債権」,「破産債権」,「更生債権」等で処理してもよい。

(6) 敷　　金 (rental deposits)

不動産を賃借する場合に,賃借人が賃貸人に担保目的で支払う金銭を処理する勘定である。契約解除のさいに返還される敷金は投資その他の資産として示される。敷金は,通常は貨幣請求権を有しないので,貸倒引当金の設定対象に

はならない。

(7) 長期前払費用

　長期前払費用は,「企業会計原則」および「財務諸表等規則」では,投資その他の資産区分に,「商法施行規則」では,投資等区分に表示される。

　長期前払費用は,継続して役務の提供を受ける場合,未経過の期間が1年をこえる支払済の対価である。繰延資産は,費消済みの用役に対する対価であるが,長期前払費用は,未費消の用役に対する対価である。

§7　投資その他の資産の貸借対照表価額

　貸付金,出資金等は,投資額がそのまま回収額となるのが通常であるから価額決定上はあまり問題とされない。投資その他の資産のうちで,価額決定において問題となるのは有価証券である。

　有価証券は,売買目的有価証券,満期保有目的の債権,子会社及び関連会社株式,その他有価証券に分類される(「金融商品会計基準」1999年1月)。

　売買目的有価証券は,流動資産の部に属するので,それ以外の項目をここで取り上げる。

　投資その他の資産に計上される投資有価証券は,長期にわたって所有される有価証券のうち,関係会社株式及び関係会社社債を除いた部分になる。投資有価証券の取得原価は,購入代価に附随費用を加算した金額となる。

　満期保有目的の債権は,取得原価で評価される。ただし,債権金額より低い価額または高い価額で取得した場合において,取得価額と債権金額との差額が金利の調整と認められるときは,償却原価法に基づいて算定された価額をもって貸借対照表価額とする(「金融商品意見書」Ⅲ四2 (2))。

　償却原価法は,債権金額または債権金額よりも低い価額または高い価額で債権ないし債権を取得した場合,両者の差額を弁済期または償還期までに毎期一定の方法で貸借対照表価額に加減する方法をいう(「金融商品意見書」Ⅲ四2

(2))。

　子会社株式及び関連会社株式は，取得原価で評価される（「金融商品意見書」Ⅲ四2 (3)）。その他有価証券は，期末の時価で評価され，原価と時価の評価差額は，次のいずれかの方法により処理される。

① 評価差額（評価差益及び評価差損）の合計額を資本の部に計上する方法（全部資本直入法）。
② 時価が取得原価を上回る銘柄の評価差額は，資本の部に計上し，時価が取得原価を下回る銘柄の評価差額は，損益計算書に計上する方法（部分資本直入法）。

〔注〕
1) 飯野利夫『財務会計論』同文舘，昭和53年，157頁。
2) 嶌村剛雄『財務諸表論の学び方』税務経理協会，昭和50年，153頁。
3) 黒澤清『会計学』育林書院新社，昭和48年，265頁。
4) 嶌村剛雄『体系会計諸則精説』中央経済社，昭和52年，283頁。
5) 黒澤清，同上書，66頁。
6) 黒澤清，同上書，266頁。

〔設　問〕
1　固定資産のうち，償却を要しない資産を2つあげて説明しなさい。
2　有形固定資産の評価について，取得形態別に説明しなさい。

Ⅶ 減 価 償 却

§1 減価償却の意義

 有形固定資産は，一般に土地を除いて，時の経過，使用，陳腐化などの原因によって漸次その価値を減じ，一定期間後には使用できなくなり，ついには廃棄される。このような資産価値の低下に着目し，その資産の取得原価をその資産を使用した会計期間に費用として割りふってゆく手続を減価償却といい，このような手続によって会計期間に割りふられた費用は減価償却費とよばれる。

 しかしながら，固定資産の価値の低下額を測定することは極めて困難であり，恣意性の介入する余地が多分にある。このため，今日では，減価償却は固定資産の取得原価を一定の計算方法によってその使用期間にわたって費用として割りふる手続であると理解されている。このように，取得原価を費用として，いくつかの会計期間に割りふることを費用配分という。減価償却はその典型的な例である。企業会計原則の貸借対照表原則五の二が，「資産の取得原価は，資産の種類に応じた費用配分の原則によって，各事業年度に配分しなければならない。有形固定資産は，当該資産の耐用期間にわたり，……その取得原価を各事業年度に配分し，……」と述べているのは，以上のような考え方を示したものである。

 このような費用配分の原則にもとづいた減価償却の目指すところは，適正な期間損益計算の確保にある。このためには，減価償却は所定の減価償却方法にしたがい，その計算を計画的・規則的に実施することが必要である。したがって，ある期間に多数の減価償却費を計上したり，逆に他の期間にそれを軽減させたりする恣意性は排除されなければならない。こうした意味において，利益

の多少に応じて毎期の減価償却費を計上する，いわゆる利益比例償却説は否定される。

ところで，取得原価をその耐用期間にわたって配分すれば，取得原価が商品や製品の販売収益によって回収される。このことは，固定資産に投下された資本が，減価償却によって流動資産として回収されることを意味する。すなわち減価償却は，有形固定資産の形態をとる資本を流動化するものであるといえる。したがって，このように回収された流動資産はただちに新しい固定資産に投じられることもあるし，あるいはまたそのまま蓄積されて，将来，同一の固定資産の再投資に利用されることもある。つまり減価償却は，自己金融機能をもっているのである。あるものは，減価償却のこのような面を強く前面におしだし，残留資金の利用可能性の面から減価償却の本質を考えている。

しかしながら，財務会計の立場からは適正な期間損益の計算が強調されなければならないから，すでに指摘したように費用配分的減価償却観こそがまさにその本質でなければならず，自己金融機能は，この結果であり，したがって減価償却の効果であると考えなければならない。

§2 減価の原因

有形固定資産はいろいろな原因でその価値を減ずるが，こうした減価はその原因によって次の2つに大別される。

1. 物質的減価原因

物質的減価とは，使用による摩滅，自然的作用による減耗などにもとづく減価をいう。機械や設備などは，これを使用することによってその一部が摩滅したり破損したりする。これは一般に使用の強弱によって，また維持・修繕の程度によって異なるものである。また使用しないで放置しておいても，長年の間には錆をだすとか，風化作用によって老朽化する。

さらにこれ以外に，火災・事故などによって，いっきょに減耗してしまうこ

ともある。このような原因から，固定資産はその価値を減じ，ついには廃棄されるようになる。これを物質的減価原因とよぶ。

2. 機能的減価原因

　機能的減価とは，技術の進歩や経済状況の変化などによって，物質的には使用可能な状態にある有形固定資産が廃棄されることをいう。これは一般に不適応化と陳腐化に大別される。不適応化とは，経営規模の変更，需要の変化，法律その他の強制命令により，固定資産が物質的にはまだ使用できる状態にあっても，その固有の目的を十分に発揮できなくなることをいう。また陳腐化とは，新しい機械の発明や新しい生産方式の発見などにより，これまで使用してきた固定資産が旧式なものとなり，これを継続的に使用することが経済的にみて不利な状態になることをいう。このような原因による減価を機能的減価原因とよぶ。

　有形固定資産は以上のような原因から価値が低下し廃棄されるが，物質的減価のうち，天災・事故などによる減価は偶発減価とよばれ，それ以外の減価は通常減価とよばれる。かつては機能的減価は偶発減価としたこともあったが，今日のような技術の進歩，経済状態の変化の著しい状況のもとでは，これを偶発減価とみることは適切でない。そこで現在では機能的減価も通常減価と考えるようになった。

　通常減価は予測できるものであるから，その減価額を一定の方法によって計算し，各年度の減価償却費として計上しなければならない。これに対して，偶発減価は予測できないものであるから，物質的減価が発生したときには臨時損失として，また予見しえない機能的減価が発生したときには通年度の減価償却不足が生じたと考え，臨時償却しなければならない（Ⅶの6参照）。

§3　減価償却の計算要素

　通常減価が予測できるものであるとしても，その減価の測定は商品・製品・

原材料といった棚卸資産の費用を測定するほど容易ではない。棚卸資産が販売または消費された部分と販売または消費されなかった部分とに数量的に明確に区別できるのに対し，固定資産は消費した部分と消費されなかった部分とをこのように明確に区別できないからである。このため，減価償却費の計算は固定資産について，次の3つの計算要素を決定し，これにもとづいて一定の方法によって行われるのである。

1．償却基礎価額

償却基礎価額とは，減価償却額あるいは減価償却率を算定するための基準となるべき金額であって，償却すべき最大限度の金額を示す。原価主義の立場からすれば，償却基礎価額は取得原価である。しかしながら貨幣価値の変動，とくに貨幣価値が下落する場合には，原価主義では名目資本を回収するにすぎず，したがって貨幣購買力や実体資本の維持ができず，資本が実質的に侵蝕されるので，取得原価のかわりに，修正原価，取替原価を基礎価額とすべきであるという意見もある。

この場合には，修正原価，取替原価によって帳簿価額を修正する方法と，帳簿価額は原価で据置き，減価償却費のみを修正原価，取得原価によって計算する方法とがある。しかしながら，わが国の企業会計原則や商法による限り，償却基礎価額としては取得原価以外は採用されない。

2．残存価額

残存価額とは，固定資産が廃棄されるときに，これを売却することから得られる手取額から，その売却処分に必要とされる諸費用を控除した正味手取額をいう。固定資産を売却せず，これを他に転用する場合には，転用（利用）価値が残存価額になる。鉄筋コンクリートの建物などは，その取りこわしに多大の費用を必要とし，転用価値もないから，残存価額がマイナスになることもある。残存価額がマイナスとなることが予想される場合には，そのマイナス部分を当初から償却基礎価額に加算して償却することも考えられる。

しかしながら，わが国の現行法規のもとでは，帳簿価額は取得価額または製作価額，すなわち取得原価でなければならないから，このようなマイナス予想額を帳簿価額に加算することはできない。そこでこのようなときには，残存価額を1円という備忘価額としておくとよい。なお，わが国の税法では，減価償却の計算にあたり，原則として取得原価の10%を残存価額とするとしている。いずれにしても，取得原価からこの残存価額を控除した金額が，使用期間にわたって配分されるべき減価償却総額（または要減価償却額）となる。

3. 償却基準

償却基準とは，減価償却総額を各年度に配分する基準である。この償却基準には，利用度（または生産高）と耐用年数の2つがある。利用度を用いるほうが合理的であるが，総利用可能量を物理的に測定することは困難な場合が多いから，一般には耐用年数が用いられている。

耐用年数とは通常の状態・条件のもとで，有形固定資産が廃棄処分されるまで使用できる年限である。これには自然年数と有効年数とがある。自然年数は物質的減価原因によって固定資産が廃棄処分されるまでの年限をさすが，有効年数は物質的減価原因のほかに機能的減価原因をも考慮した年限である。

機能的減価を通常減価と考え減価償却計算を行う場合には，当然に有効年数が耐用年数として使用される。このため一般には，過去に資産の物質的な使用年数についての統計資料があればそれによって，もしない場合には工学的な研究によってまず自然年数を決定し，ついで機能的減価の発生を予想してそれだけ年数を短縮して有効年数を定めている。

実務では多くの企業が，大蔵省の省令として決定した耐用年数を使用している。これは，耐用年数を左右する諸条件を社会的平均的に考慮して決定したもので，固定資産の種類が同じであれば，個々の資産の置かれた特殊な条件にかかわりなく画一的に定められた耐用年数で，一般的耐用年数とよばれている。しかしながら，固定資産はそれが同種のものであっても，操業度の大小，技術水準，修繕維持の程度，立地条件の相違などによってその耐用年数は異なるべ

きものであるから，企業を単位とする個別的耐用年数を使用すべきである。企業会計原則もこの立場をとっている（連続意見書第三参照）。

§4 減価償却費の計算方法

減価償却は，減価償却総額を耐用年数または利用度を基準として各年度に配分する手続である。耐用年数を基準とする方法には，定額法，定率法，級数法などが，利用高を基準とする方法には生産高比例法がある。

1. 定 額 法

定額法とは，次の式で示すように，償却総額を耐用年数で割ることによって毎年度の減価償却費を計算する方法である。

$$減価償却費 = \frac{取得原価 - 残存価額}{耐用年数}$$

〔設 例 1〕
　取得原価¥1,000,000，残存価額¥100,000，耐用年数5年の備品について，定額法で減価償却費を計算した場合の減価償却費表を作成しなさい。ただし，決算は年1回とする。

定 額 法

年割	減価償却費	減価償却累計額	帳簿価額
1	180,000	180,000	820,000
2	180,000	360,000	640,000
3	180,000	540,000	460,000
4	180,000	720,000	280,000
5	180,000	900,000	100,000
	900,000		

（注） $\dfrac{¥1,000,000 - ¥100,000}{5年} = ¥180,000$

定額法によって計算された各年度末の帳簿残高，償却費，償却累計額はグラフで示すと直線で示される。このため直線法ともよばれる。定額法は計算が簡単であるばかりではなく毎年度の償却額が均一であるから，費用の配分，各製品に対する原価の配分が平均化されるという長所をもっている。しかしながら，とくに後でのべる直接法（Ⅶの§5参照）によって処理した場合には，減価償却費の計算にたえず取得原価を参照するという不便さがあり，また固定資産の維持修繕費が逓増する場合には，能率の悪くなる後年度に固定資産に関する費用の負担が大となるといった短所をもっている。

2. 定率法

定率法とは，次の式で示すように，毎年度末の未償却残高に，一定の定率を掛けて減価償却費を計算する方法である。

減価償却費＝未償却残高×定率

未償却残高＝取得原価－減価償却累計額

$$定率 = 1 - \sqrt[耐用年数]{\frac{残存価額}{取得原価}}$$

〔設例2〕

設例1で示した備品について，定率法で減価償却費を計算した場合の減価償却費表を作成しなさい。

定率法

耐用年数	減価償却費	減価償却累計額	帳簿残高
1	369,000	369,000	631,000
2	232,800	601,800	398,200
3	146,900	748,700	251,300
4	92,700	841,400	158,600
5	58,600	900,000	100,000
	900,000		

（注）

(1) $定率 = 1 - \sqrt[5]{\frac{100,000}{1,000,000}} = 36.9\%$

(2) 償却費の計算は，¥100未満を切捨てまたは切り上げている。

定率法は，能率の高い初年度に多額の償却を行い，能率が低下し，維持修繕費が逓増する後年度に償却額を少なくするという特徴をもっている。したがってこの方法は，各年度における固定資産に関する費用を平均化するばかりではなく，機能的減価が生じたときの損失を免れしめるという長所をもっている。しかしながらこの方法によれば，各年度の償却額があまりにも相違するので，かえって各年度の費用負担が不公平になることもある。

3. 級 数 法

級数法とは，次の式で示すように，耐用期間中，毎期一定額を算術級数的に逓減して減価償却費を計算する方法である。

$$減価償却費 = (取得原価 - 残存価額) \times \frac{各年度初めにおける残存耐用年数}{1+2+3+\cdots\cdots+耐用年数}$$

〔設 例 3〕

設例1で示した備品について，級数法で減価償却費を計算した場合の減価償却費表を作成しなさい。

級 数 法

耐用年数	減価償却費	減価償却累計額	帳 簿 残 高
1	300,000	300,000	700,000
2	240,000	540,000	460,000
3	180,000	720,000	280,000
4	120,000	840,000	160,000
5	60,000	900,000	100,000
	900,000		

(注) 各年度償却率：

第1年度＝$\frac{5}{15}$　第2年度＝$\frac{4}{15}$　第3年度＝$\frac{3}{15}$

上の減価償却費表から明らかなように，級数法は定率法ほど急激に償却費が逓減しない。したがってこの方法は，各年度の費用負担を不公平にする可能性

のある定率法の短所を除去し，その長所を生かそうとするものである。上でみた級数法はコール（Cole）が提案したことから，コール氏法といわれることもある。

4. 生産高比例法

生産高比例法とは，償却基準として利用度を用い，固定資産の利用の度合に比例して減価償却費を計算する方法である。利用度の測定基準としては，当該固定資産の生産量，運転時間数などがある。この方法によれば，各年度の減価償却費は次の式によって計算される。

$$減価償却費 = \frac{取得原価 - 残存価額}{総利用高} \times 当期利用高$$

〔設 例 4〕
　取得原価¥1,000,000，残存価額¥100,000の機械について運転時間によって減価償却を行うこととした。なお，この機械の使用可能な運転時間は8,000時間で，当期における運転時間は800時間であった。当期の減価償却費はいくらになりますか。

$$当期減価償却費 = \frac{¥1,000,000 - ¥100,000}{8,000時間} \times 800時間 = ¥90,000$$

固定資産がその利用高に比例して減価する場合には，利用高を基準とするこの生産高比例法が合理的である。しかしながらこの方法では，総利用高が正しく見積られなければならない。また減価が利用度に比例して生じなければならない。このため，適用される資産の範囲は著しく限られている（注解20参照）。

§5　減価償却の記帳と表示

　減価償却の記帳法には，直接法と間接法の2つがある。直接法には，減価償却額を減価償却費勘定の借方に記入すると同時に，同じ金額を当該固定資産勘定の貸方へ直接記入して，その固定資産の帳簿価額を償却額だけ毎期減少させる方法である。これに対して，間接法は，減価償却額を減価償却費勘定の借方に記入する点では直接法とまったく同じであるが，償却額を資産価額から直接控除せず，したがって資産価額は取得原価のままで据えおいて，毎年度の償却

額は別個に設けられた減価償却累計額勘定の貸方に記入する方法である。この場合の減価償却累計額勘定は，固定資産勘定に対する相殺的な評価勘定である。

〔設例5〕
　取得原価¥3,000,000，残存価額¥300,000，耐用年数30年の建物について定額法によって減価償却を行った。直接法と間接法によって，その仕訳と勘定記入を示しなさい。ただし，決算は年1回とする。

＜仕　訳＞
（直　接　法）
　　（借）減価償却費　　90,000　　（貸）建　　物　　90,000

（間　接　法）
　　（借）減価償却費　　90,000　　（貸）建　　物　　　　　　　90,000
　　　　　　　　　　　　　　　　　　　　減価償却累計額

＜勘定記入＞
（直　接　法）

減　価　償　却　費

| 建　物 | 90,000 | 損　益 | 90,000 |

建　　　　物

当座預金	3,000,000	減価償却費	90,000
		次期繰越	2,910,000
	3,000,000		3,000,000
前期繰越	2,910,000		

（間　接　法）

減　価　償　却　費

| 建物減価償却累計額 | 90,000 | 損　益 | 90,000 |

減価償却累計額

| 次期繰越 | 90,000 | 減価償却費 | 90,000 |
| | | 前期繰越 | 90,000 |

建　　　　物

| 当座預金 | 3,000,000 | 次期繰越 | 3,000,000 |
| 前期繰越 | 3,000,000 | | |

前の例から明らかなように，直接法は記帳手続が極めて簡単である。しかしながら，この方法によれば，償却額が固定資産勘定から直接控除されるため，この勘定から当該資産の取得原価および現在までの償却累計額を知ることができないという欠点がある。こうした意味において，間接法は取得原価と償却累計額とを区別しているので，直接法よりすぐれている。有形固定資産の減価償却の記帳方法として間接法が広く一般に使用されているのはこのためである。

間接法を使用した場合には，貸借対照表では減価償却累計額は次のように固定資産の各科目から個々に控除する形式で記載することが，明瞭性の原則からいって望ましい。

貸借対照表
資　産　の　部

　　　　：
Ⅱ　固　定　資　産
　　…………　　　　　　　　　×××××
　　建　　　物　　3,000,000
　　減価償却
　　累　計　額　　　90,000　　2,910,000

なお，企業会計原則は，上記の表示の方法以外に，①2以上の科目について減価償却累計額を一括表示する方法，②取得原価から償却累計額を控除した残額を記載し，償却累計額を注記する方法も認めている（注解17参照）。

§6　正規の償却と臨時償却

連続意見書第三は，「減価償却の最も重要な目的は，適正な費用配分を行うことによって，毎期の損益計算を正確ならしめることである。このためには，減価償却は所定の減価償却方法に従い，計画的，規則的に実施されねばならない。利益におよぼす影響を顧慮して減価償却費を任意に増減することは，…損益計算をゆがめるものであり，是認しえないところである。」と述べている。これが正規の減価償却とよばれるものであり，いままで述べてきた事柄がこれ

に照応する。しかしながら，ときには，減価償却の設定にあたって予見することのできない新技術の発見などの外的事情により，固定資産が機能的に著しく減価することがある。この場合には，この事実に対応して臨時に減価償却を行うことが必要である。これが臨時償却である。臨時償却は正規の減価償却ではないから，通年度の償却不足の修正と考えなければならない。

〔設 例6〕
　　取得原価￥1,500,000，残存価額￥150,000，耐用年数10年とみこんで定額法により償却してきた機械が，新機械の発明により機能的に減価したので，5年目の決算日にあと1年しか使用しないと決定した。

　　(借) 減 価 償 却 費　　　225,000　　(貸) 機　　　　　械　　　585,000
　　　　　機 械 臨 時 償 却　　 360,000　　　　　減価償却累計額

　　(注) 減 価 償 却 費＝(￥1,500,000－￥150,000)÷6＝￥225,000
　　　　　機械臨時償却＝{￥225,000－(￥1,500,000－￥150,000)÷10}×4＝￥360,000

　固定資産が天災・事故など偶発的な事情により物質的に減価した場合には，その減価部分の金額だけ当該資産の簿価を切り下げなければならない。この切下は臨時償却ではなく臨時損失であるから，減価償却とは区別しなければならない。

〔設 例7〕
　　火災のため建物の一部が焼失したので，その金額を見積り，建物について￥2,000,000の臨時損失を計上した。

　　(借) 建物臨時損失　　2,000,000　　(貸) 建　　　　物　　2,000,000

§7　修繕と改良

　企業は有形固定資産が損傷した場合，破損箇所を復旧したり，当該資産の一部を新品と取り替えるか補充したりする作業をほどこす。すなわち，耐用状態を回復し，原能力を維持するための作業を行う。この作業は一般に修繕とよばれ，その費用は修繕費として処理される。

　通常の修繕は各年度ほぼ均等に行われる。しかしながら設備の種類によっては，大規模な修繕が周期的に予想される場合がある。かかる大修繕の費用は，これを行った年度だけの費用として計上することは理論的に正しくない。支出

の原因が通年度にまでさかのぼるだけに、期間負担を不公平にするからである。そこでこのような場合には、あらかじめ生ずる大修繕の費用を合理的に見積り、この金額を設備の利用期間にわたって費用として割り当てるとともに、割り当てた金額を毎期、特別修繕引当金勘定の貸方に記入してゆく。そして数年後に引当金の対象となった大修繕を行ったとき、この引当金を取り崩して充当する。

〔設 例8〕
(1) 5年後に行われる定期大修繕の費用を¥2,000,000と見積り、¥400,000を特別修繕引当金に繰り入れた。
(2) 定期大修繕を行い、¥2,100,000を小切手を振り出して支払った。なお、これまで特別修繕引当金が¥1,600,000引当ててあった。

(1) （借）特別修繕引当金繰入　400,000　　（貸）当 座 預 金　400,000

(2) （借）特別修繕引当金　1,600,000　　（貸）当 座 預 金　2,100,000
　　　　修 繕 費　　　　500,000

修繕引当金の設定は、周期的大修繕に限ったものではない。企業の資金の都合とか、修繕作業を次期に行うほうが有利であるなどの理由から、当期に必要とされる修繕を次期に見送った場合にも、修繕を行う原因は当期に発生しているので、次期で行う修繕額を合理的に見積り、修繕引当金を設定することがある。なお引当金については、Ⅸ負債のところで詳細にとり上げられているので、それを参照されたい。

ところで、修繕を行う場合、たんに資産の機能を従来どおり回復させるだけではなく、積極的にその能力を増大させたり、耐用年数を延長させることがある。これを改良とよぶ。改良を行って資産価値が増大した場合には、支出額のうちそれに相当する金額を見積って、これを固定資産の帳簿価額に加算しなければならない。

〔設 例9〕
建物について補修を行い¥2,000,000を小切手を振り出して支払った。このうち¥1,500,000は改良支出とみられた。

（借）建　　物　　1,500,000　　（貸）当 座 預 金　2,000,000
　　　修 繕 費　　　500,000

固定資産についての支出に関連して，資本的支出・収益的支出という用語がしばしば用いられる。資本的支出は固定資産の原価となる支出であり，収益的支出はその支出が行われた期間の費用となる支出である。したがって，ある支出を資本的支出とすれば，その支出は当該資産の耐用年数にわたって費用化されることになるから，ある支出を資本的支出とするかどうかは，その支出の効果が支出した期間ばかりではなく，次期以降にも及ぶかどうかによって決定しなければならない。固定資産を購入した場合，取得とそれを使用の状態に至らしめるために要した支出は，その資産の耐用年数にわたって効果が及ぶから資本的支出となる。したがってそこでは，資本的支出と収益的支出の区別は問題とされない。しかしながら，設例8・設例9のように，現に所有している資産に対する支出については，これを資本的支出とするか，あるいは収益的支出とするかの問題が生ずる。両支出を区別する基準は，すでにみたように，その支出が資産価値を増大させ，その効果が次期以降に及ぶかどうかにある。しかし実際には，この両支出を区別することが困難な場合が多い。このような場合には，金額が比較的少額であれば収益的支出とする保守的な実務がとられている。

　改良によって耐用年数が延長すると見込まれる場合には，その延長年数を見積り，減価償却率を変更しなければならない。

〔設　例10〕
　取得原価￥10,000,000，残存価額￥1,000,000，耐用年数10年の機械を定額法によって償却してきたが，7年経過後に補修を行い，￥6,000,000を小切手を振り出して支払った。
　この結果，残存耐用年数が5年に延長することが見込まれた。この場合，改良前と改良後の償却率はそれぞれいか程になるか。ただし，補修支出のうち￥5,000,000は資本的支出相当額で，残存価額は改良前とかわらないものとする。

$$改良前償却率 = \frac{取得原価 - 残存価額}{耐用年数} \div 取得原価$$

$$= \frac{￥10,000,000 - ￥1,000,000}{10年} \div ￥10,000,000 = 9\%$$

$$改良後償却率 = \frac{\left\{\left(\begin{matrix}取得\\原価\end{matrix} - \begin{matrix}残存\\価額\end{matrix}\right) - \begin{matrix}償却\\累計額\end{matrix}\right\} + \begin{matrix}改良\\支出額\end{matrix}}{残存耐用年数 + 延長年数} \div (取得原価 + 改良支出額)$$

$$= \frac{\{(¥10,000,000 - ¥1,000,000) - ¥6,300,000\} + ¥5,000,000}{3年 + 2年}$$
$$\div (¥1,000,000 + ¥5,000,000) ≒ 10.27\%$$

§8 除却と売却

　有形固定資産が耐用年数の終了，予想できない物質的または機能的減価の発生などの理由で使用できなくなった場合には，取り除かなければならなくなる。これを除却という。資産を除却した場合には，その資産に関する記録を元帳からなくするために，減価償却を直接法で処理している場合はその帳簿価額を当該勘定の貸方に，また間接法で処理しているときには，その取得原価を当該勘定の貸方に記入するとともに，その資産の減価償却累計額を減価償却累計額勘定の借方に記入する。そして除却した資産の未償却残高を除却損として処理する。

　除却した資産に売却価値または利用価値がある場合には，これを一時，除却資産または貯蔵品勘定の借方に記入すると同時に，未償却残高との差額を除却損益として処理する。

　固定資産の耐用年数終了時点に当該資産が除却され，また残存価額が除却資産の価値と一致していれば，上で述べたような除却損益は生じない。このことは，耐用年数と残存価額の見積りに，あるいはそのいずれかの見積りに誤りがあったことを意味する。したがって，次の4つの場合に分け，誤りの調整を行うことが必要になる[1]。

〔A〕耐用年数の見積りに基因する除却上の誤差（残存価額の見積りによる誤差はないと仮定）

(1) 見積耐用年数が実際耐用年数より短く測定されていた場合

　　この場合には，帳簿残高として示された残存価額をもって貸借対照表に計上し，脚注または括弧挿入的説明によって償却済であることを明示することが必要である。

(2) 見積耐用年数が実際耐用年数より長く測定されていた場合

この場合には，過年度の減価償却の計算上の不確実性に基因するのであるから，その損失は前期損益修正として処理しなければならない。

〔B〕残存価額の見積りに基因する除却上の誤差（耐用年数の見積りによる誤差はないと仮定）

(1) 残存価額の見積額がスクラップの実際処分額より低く見積られている場合

　これは，(イ)取得時に行う残存価額の見積りが過小であり，それが減価償却上の期間配分額の誤差として現われたものとみられる場合と，(ロ)取得時に基因するものではなく，除却時の物価騰貴により，償却資産のスクラップ実際額が見積処分額（残存価額の見積額）より高くなった場合に分けられる。(イ)の場合，生じる利益は通年度における過大償却に基因するので，前期損益修正として処理しなければならない。また(ロ)の場合に生じる利益は，物価騰貴による利益として処理しなければならない。

(2) 残存価額の見積額がスクラップの実際処分額より高く見積られている場合

　これは上記①とは逆に取得時における残存価額の超過見積りを意味し，(1)の場合と同様に2つの場合が生じる。すなわちその1は，過年度における過小減価償却費を除却時に前期損益修正として処理する場合であり，その2は，物価下落による損失として処理する場合である。

　除却資産を売却したときは，その帳簿価額と売却価額との差額は，固定資産売却損益として処理する。固定資産売却損益が生じるのは，除却時の除却資産の価額見積りに誤りがあったのであるから，この損益は除却損益を修正する性格をもつ。

　なお，固定資産を会計年度末に除却または売却した場合は問題がないが，もし会計期間の途中で除却または売却した場合には，経過日数または月数（1ヵ月未満の日数は1月とする）に応じて減価償却費を計上しなければならない。このことは，資産を取得した年度末の減価償却計算にもあてはまる。

§9　個別償却と総合償却

　減価償却は，それを個々の資産について行うか，あるいは2以上の資産を1つのグループとして行うかによって，個別償却と総合償却に分けられる。
　個別償却は，企業の所有する個々の資産について個別に減価償却費を計算し，記録する方法である。企業の使用する資産は，その構造や用途が多種多様であり，それぞれ条件も異なるから，減価償却は個々の資産について行うべきであるとするのである。個別償却のもとでは，資産の原価は個々の資産に対するものと考えられるから，すでにみたように，資産を除却したときは未償却残高を除却損として処理する。また除却した資産に価値がある場合にはこれを除却損から控除して除却資産または貯蔵品勘定に記入しておき，これを売却したとき除却資産価額と売却価額との差額を固定資産売却損益として処理する。
　しかしながら，企業が所有する固定資産が非常に多い場合には，個々の資産ごとに減価償却費を計算することは多くの手数と費用を要する。また，いくつかの資産が総合されて一体となって1つの用役を提供していることもある。ここに資産をいくつかのグループに分け，グループごとに減価償却費を計算することが考えられる。これを総合償却という。総合償却は，償却単位となる資産グループの選定の仕方によって2つの方法に分けられる。その1つは耐用年数が同じ資産か，あるいは耐用年数は異なるが物質的性質ないし用途などにおいて共通するものをグループとする方法であり，もう1つは耐用年数のいかんを問わず，異種資産をグループとする方法である。前者は一般に，組別償却あるいは分別償却とよばれている。これも総合償却の1つである。これに対して後者は，狭義の総合償却とよばれている。これが本来の総合償却である。
　総合償却では，同種資産グループを除けば償却単位を構成する個々の資産の耐用年数が異なるから，新たに償却単位についての耐用年数（平均耐用年数という。）を算定しなければならない。平均耐用年数の計算は，次のいずれかの方法による。

(1) 償却単位の個々の資産の償却費を定額法で計算する。次に個々の資産の償却総額を計算し，この合計額を償却費の合計額で除して平均耐用年数とする。
(2) 構成単位の個々の資産の耐用年数の最小公倍数を求め，この期間における個々の資産の回転数を，それらの資産の償却すべき原価に乗じてえた金額の総和を計算する。次にこの総和を最小公倍数の年数で割って平均積数（一期間の償却費）を求め，これで償却すべき原価の総額を割って平均耐用年数とする。この方法はアメリカでは積数法あるいはドル年法とよばれている。

〔設 例11〕

いま，A，B，Cという3つの資産を1グループとして総合償却を行うこととし，平均耐用年数を計算すれば，つぎのようになる。

	取 得 原 価	残 存 価 額	耐 用 年 数
A機械	¥1,000,000	¥100,000	10年
B建物	2,000,000	200,000	9
C備品	1,500,000	150,000	5

(1)の方法による場合

$$A機械償却費 = \frac{¥1,000,000 - ¥100,000}{10年} = ¥90,000$$

$$B建物償却費 = \frac{¥2,000,000 - ¥200,000}{9年} = ¥200,000$$

$$C備品償却費 = \frac{¥15,000,000 \quad ¥150,000}{5年} = ¥270,000$$

償却費合計＝¥90,000＋¥200,000＋¥270,000＝¥560,000
償却総額合計＝（¥1,000,000－¥100,000）＋（¥2,000,000－¥200,000）
　　　　　　＋（¥150,000－¥150,000）＝¥4,050,000

∴ 平均耐用年数＝¥4,050,000÷¥560,000＝7.2年

(2)の方法による場合

各資産の耐用年数の最小公倍数＝90
A機械回転数＝90÷10年＝9回
B建物回転数＝90÷9年＝10回
C備品回転数＝90÷5年＝18回

A機械積数＝（¥1,000,000－¥100,000）×9回＝¥8,100,000

B建物積数＝（¥2,000,000－¥200,000）×10回＝¥18,000,000
　　C備品積数＝（¥1,500,000－¥150,000）×18回＝¥24,300,000
　　平均積数＝（¥8,100,000＋¥18,000,000＋¥24,300,000）÷90＝¥560,000
　　　　　　　（償却総額合計）
∴平均耐用年数＝¥4,050,000÷¥560,000＝7.2年

　上の設例から明らかなように，①の方法でも②の方法でも，算出される平均耐用年数には変わりがない。この平均耐用年数は償却単位を構成する個々の資産の内容が変わってくれば，当然計算しなおさなければならない。償却単位を構成する資産が除却されたとき，それと同等の資産が補充されることを前提としてのみ，同じ耐用年数を使用し続けることが許されるのである。したがって，補充した資産の取得原価や耐用年数が除却した資産のそれと大きく異なるときは，平均耐用年数を計算しなおす必要がある。

　総合償却のもとでは，償却単位の資産グループについての未償却残高は明らかであるが，それを構成する個々の資産についての未償却残高は明らかではない。このため，平均耐用年数到来以前に資産の一部が除却されたとき，どのように処理するかが問題になる。これについては，次の2つの方法がある。

(1) 除却資産の取得原価を当該資産勘定の貸方に記入し，除却時までの経過年数を考慮した償却累計額を減価償却累計額勘定の借方に記入し，未償却残高と見積価額との差額を除却損益とする方法。これは総合償却をもって個別償却の便法と考え，総合償却を適用しても個別償却と同じ計算結果がえられるとするものである。

(2) 除却資産の取得原価を当該資産勘定の貸方に記入し，取得原価と残存価額との差額を減価償却累計額勘定の借方に記入し，除却損益を計上しない方法。これは総合償却をもって個別償却とは異なる計算原理にたつ独自の方法であるとし，未償却残高は資産グループ全体についてのみ問題となるのであるから，個々の資産を除却した場合には除却資産は予定どおり償却済であると考えるのである。したがってその結果は，個別償却とは一致しない。

〔設 例12〕
　さきの資産グループについて定額法による総合償却を行ってきたが，償却開始3年後にC機械を除却したと仮定する。この機械の見積価額は¥450,000で，とりあえず貯蔵品勘定で処理することとすれば，次の処理が行われることになる。

(1) の方法による場合
　　（借）減価償却累計額　　810,000　　（貸）機 械 装 置　　1,500,000
　　　　　貯　蔵　品　　　　450,000
　　　　　固定資産除却損　　240,000

(2) の方法による場合
　　（借）減価償却累計額　1,350,000　　（貸）機 械 装 置　　1,500,000
　　　　　貯　蔵　品　　　　150,000

なお，企業会計原則はこれら2つの方法のうち，(2)の方法をとっている（連続意見書第三参照）。

§10　減　耗　償　却

　涸渇性資産または減耗性資産とよばれる天然資源は，それを構成する物理的な単位を採取し売却するにつれて，漸次減耗していく。鉱山業における埋蔵資源，林業における山林などがその例である。このような天然資源の採取という事実にもとづいて，その原価を減少させることを減耗償却という。減耗償却は，次の点で減価償却と区別される[2]。

(1) 減耗償却が天然資源の面に生じた数量的な認識であるのに対して，減価償却は有形固定資産項目に生じた用役の費消の認識である。
(2) 減耗償却は当該資産が涸渇した場合に，同種の資産と直接に取り替えることができない特殊な資産に対する償却であるが，減価償却はそれが費消された場合に，一般に取り替えられる資産に対する償却である。
(3) 減耗償却では償却相当額だけ当該資産の実体が部分的に製品化するのに対し，減価償却では償却相当額が製品に価値的に転化するか，あるいは期間費用化する。

減耗償却の計算にあたっては，(1)採取のための準備費とみなされるすべての開発費を含む資産の取得原価，(2)天然資源の減耗後における資産の残存価額および(3)資産から採取して利益をあげることのできる推定供給量の3つの要素が考慮される。すなわち一会計期間における減耗償却費は，取得原価から残存価額を控除した残額を，推定供給量で除して単位当り減耗償却費を求め，これにその期間の供給量を乗じて計算されるのである。

§11　償却不要資産

　固定資産のなかには，減価償却を必要としないものがある。これには次のようなものがある。

1. 永久資産

　永久に使用できる資産は永久資産とよばれる。永久資産の代表的なものは土地である。土地は原則として減価しないから，減価償却しないで取得原価のまま帳簿に据えおいておくのがふつうである。そしてこれを売却したときに，帳簿価額と売却価額との差額を固定資産売却損益として処理する。
　しかしながら，交通関係などによって機能的減価が発生したり，風水害などによって物質的に減価した場合には，他の有形固定資産と同じように減価償却や臨時償却を行わなければならない。逆に，貨幣価値の下落によって物価が著しく騰貴した場合には，法令によって増価しなければならないこともある。

2. 取替資産

　鉄道のレールや枕木，ガス会社や電力会社の計量器，あるいはある種の機械設備のように，同じ種類の小単位の物品が集まって全体を構成し，老朽品の部分的な取替えによって全体が維持されるような固定資産は取替資産とよばれる。取替資産については減価償却を適用せず，老朽品を部分的に取り替えたとき，新部品の取得原価を収益的支出として処理する取替法の採用が認められて

いる。したがって，取替法を採用すれば，帳簿上，取得原価がそのまま帳簿価額として繰り越されることになる。

〔設例13〕
　取替法によって処理していた鉄道の枕木1,000本が老朽化したため新品と取り替え，代金は小切手を振り出して支払った。なお，旧枕木の単価は￥2,000，新枕木の単価は￥5,000である。

　(借) 取　替　費　5,000,000　　(貸) 当　座　預　金　　5,000,000

　取替法は，棚卸資産会計における後入先出法と同じような意味で，インフレ時における資本の実質的な維持にとって有効であり，しかも簡便な方法である。なお，税法で認められている取替法は，いわば半額法ともいうべき方法で，資産を取得してからその取得原価が半額になるまで定額法や定率法による償却と取替償却を行い，半額になれば一般の減価償却はとりやめ，以後は取替償却のみを行う方法である。集合財としての取替資産を構成している個々の資産には取替直前のものもあれば取替直後のものもあり，したがってその価値はほぼ50パーセントになると考えているからである。したがってこの方法によれば，固定資産の帳簿価額は，取得原価の半額のまま繰り越されていくことになる。

(注)
1) 増谷裕久『減価償却会計』中央経済社，昭和43年，312〜318頁。
2) カーレソブロック・サイモンズ，新井清元訳『会計学詳論』ダイヤモンド社，昭和36年，232頁。

〔設　問〕
1　減価償却の会計上の意義について述べなさい。
2　資本的支出と収益的支出の相違と，それが区別されなければならない理由について述べなさい。
3　（狭義の）総合償却の本質について論じなさい。

Ⅷ 繰 延 資 産

§1 繰延資産の意義と分類

1. 繰延資産の意義

　繰延資産とは，すでに代価の支払が完了しまたは支払義務が確定し，これに対応する役務の提供を受けたにもかかわらず，その効果が将来にわたって発現するものと期待される費用で，その効果が及ぶ諸期間に合理的な配分をするため，経過的に貸借対照表上資産として計上したものをいう（企業会計原則第三・一・D，企業会計原則注解・注15）。この場合の「効果」とは，収益の増加または費用の節減を意味する。

　繰延資産は，ある支出額の全部を，その生じた期間のみが負担する費用とすることなく，数期間にわたる費用として取り扱う場合に生じる。しかも，前払費用とは異なり，支出が完了しているだけでなく，すでに役務の提供を受けているものである。このような支出額を当期のみの費用として計上せず，諸期間の費用として処理しようとするとき，ここに繰延経理という考え方が適用され，この結果，次期以降の費用とされた金額は，繰延資産として，貸借対照表に計上される。

　このような支出額を繰延経理する根拠は，支出または役務の効果が当期のみならず，次期以降にわたるものと予想される場合，当該支出額を効果の及ぶ諸期間にわたる費用として配分することにより，当期および次期以降にわたる効果の発現という事実またはこれによりその間に発生する収益との対応関係を，損益計算において考慮し，再現する必要があるためである（連続意見書第五・第一・二）。

企業の損益計算は，期間の収益からこれに対応する費用を差し引くことにより行われる。この場合，収益と費用は，その収入および支出にもとづいて計上されるのみでなく，それらが発生した期間に正しく割り当てられなければならない（企業会計原則第二・一・A）。繰延資産も，基本的にはこれに従ったものであり，費用収益対応の原則および費用配分の原則という期間損益計算原則に，その繰延経理の根拠をもつ。

　そもそも静態論的あるいは法律的な思考のもとでは，資産は，企業が期末時点で保有する，何らかの換金可能性または売却価値を備えた，有形，無形の財貨および権利として規定されていた。他方，繰延資産においては，すでに代価が支払われまたは支払義務が確定し，これに対して提供された役務もほとんど即時に消費されているのであるから，その効果が将来にわたり発現するという状況が創出されたにすぎず，あくまでも費用の発生という事実が存在するのみである。したがって，繰延資産には換金可能性が認められず，保有の観念さえも適合しない。しかし，正しい期間損益計算を主要目的とする動態論的な思考のもとでは，換金可能性や売却価値の有無にかかわらず，将来の収益に貢献しうるあらゆる支出額が資産としてみなされる。したがって，繰延資産は，このような動態論的な資産の概念規定により初めて，その資産性が認められることとなったものである。

2．繰延資産の種類

　会計理論上は，1で述べた内容のものであれば，すべて繰延資産として認められ，貸借対照表に計上しなければならない。しかし，企業会計の実務に対し強制法規の一つとして有効な商法施行規則は，繰延資産を，創立費（第35条），開業費（第36条），研究費及び開発費（第37条），新株発行費等（第38条），社債発行費（第39条），社債発行差金（第40条）および建設利息（第41条）の8項目に限定し，しかも，それぞれ貸借対照表の資産の部に計上することができると規定している。「企業会計原則」も，同様の内容となっている（企業会計原則第三・四・（一）・C，同注解・注15）が，大蔵省（現在の金融庁）企業会計審議会が1998

年3月31日に設定，公表した「研究開発費等に係る会計基準」を受けて，1998年11月24日改正の「財務諸表等規則」は，繰延資産の範囲から試験研究費を削除した内容となっている。

(注) 1962年の商法改正時点まで，商法上の繰延資産は，創立費，新株発行費，社債発行差金および建設利息の4つのみであった。しかし，同改正にあたり，経済安定本部企業会計基準審議会（後の大蔵省企業会計審議会，現在の金融庁企業会計審議会）の意見（「商法と企業会計原則との調整に関する意見書」(1951年) 第九および第十）を取り入れて，開業費，試験研究費，開発費および社債発行費の4つを追加した。なお，法人税法上の繰延資産には，商法上の繰延資産以外のものも含まれる。

2002年5月29日改正商法では，改正前の繰延資産8項目に関する規定（旧第286条ないし第287条，第291条第4項）を削除し，貸借対照表，損益計算書，営業報告書，附属明細書に記載または記録すべき事項およびその方法を法務省令に定めるとし（第281条第5項），削除された繰延資産に関する規定は，その後，法務省令「商法施行規則」の2003年2月28日改正により定められた（第35条ないし第41条）。

商法は，債権者保護の見地から，資本維持の原則を要請しており，原則として，換金可能性や売却価値を備えたものにのみ資産性を認める。したがって，これらの欠如した繰延資産の資産としての容認規定は，例外的なものであるといえる。しかし，他方で，商法は，開業費，研究費及び開発費の合計額が法定準備金（その期に積立を要する利益準備金の額を含む）の額を超える場合，配当可能利益限度額の計算にあたり，その超過額を貸借対照表の純資産額より控除（結局，配当可能利益限度額＝純資産－資本金－法定準備金－当該超過額）すべきであるという規定（商法第290条第1項第4号，商法施行規則第124条第1項第1号。中間配当については，商法第293条ノ5第3項第4号，商法施行規則第125条第1項第1号）は，債権者保護を目的とする資本維持の原則が具体的に要請するものである。

費用でありながら，収益の増加または費用の節減という効果の，将来にわたる発現が期待される点に資産性を認める会計理論の見地からは，商法が認める繰延資産は，あまりに狭く限定しているという点とともに，何よりも資産性の不明確なあるいは疑わしい項目の包含という点で，問題があるといえる。すなわち，まず，社債発行差金には，本章§6で後述するように，負債に対する評価勘定としての性質が認められる。また，建設利息には，本章§9で後述する

ように，資本に対する評価勘定としての性質が強く認められる。この両者とも，貸方に対する評価勘定項目とみなされるが，とくに後者は，資本の減少事実を示すのみであり，資本調達の便宜を求める財務政策的要請から，その資産性が認められたものと考えられる。

　企業会計原則注解・注15は，繰延資産と並んで，次の条件を備えた臨時巨額の損失を，経過的に貸借対照表に資産として計上することを認めている。

① その損失が，天災等により，固定資産または企業の営業活動に必須の手段たる資産の上に生じたものであること
② その損失額が，その期の純利益または当期未処分利益から当期利益処分予定額を控除した後の金額では負担できない程度に，巨額であること
③ その繰延経理が，とくに法令で認められた場合

　上記①により，繰延経理された臨時巨額の損失が，資本の減少事実を示す項目であり，資本の評価勘定であることは，建設利息の場合よりも，明白である。したがって，会計理論上は元より，企業会計原則による繰延資産の定義に照しても，その繰延経理の容認は，全く不合理なものである。しかし，これは，上記②からもわかるように，主な利益処分内容を成す利益配当を可能にし，これにより株価低落ひいては株式市場の混乱を防止し，資金調達の悪化を防ぎ，また，取引先との信用関係を維持するために，認められたものである。したがって，これは，財務政策的考慮からのみ，かろうじてその繰延経理の合理性が認められるものである。もっとも，上記③の条件により，実際には，臨時巨額の損失が繰延経理されることはほとんどない。建設利息および臨時巨額の損失は，企業財務の健全化を目的とする利益平準化のために，その繰延経理が認められたものであり，会計理論による本来の資産概念に対して，全く異質な見地が存在することとなる。

3. 研究開発費と開発費・(試験)研究費

　「企業会計原則」を設定，公表していた大蔵省（現在の金融庁）企業会計審議会は，他方で，1998年3月31日，「研究開発費等に係る会計基準」および「同

注解」を設定，公表している。すなわち，同審議会は，研究開発費の総額や研究開発の内容等の情報が企業の経営方針や将来の収益予測に関する重要な投資情報として位置づけられるという認識から，企業間の比較可能性や会計基準の国際的調和の確保のため，研究開発費等に係る会計基準を整備した。また，高度情報化社会の進展によりその重要性を急速に高めたソフトウェアの制作過程にも，研究開発に当たる活動が含まれていることから，同会計基準では，ソフトウェア制作過程における研究開発の範囲および研究開発費に該当しないソフトウェア制作費に係る会計処理が明らかにされている。

ところで，研究開発費に類似する概念としてすでに存在していた「試験研究費及び開発費」については，「一　新製品又ハ新技術ノ研究　　二　新技術又ハ新経営組織ノ採用　　三　資源の開発　　四　市場の開拓」（旧商法第286条ノ3，現在の商法施行規則第37条「研究費及び開発費」も同一内容）というように，その範囲が必ずしも明確ではなく，また資産への計上が任意となっている。これに対し，まず，同会計基準は，「研究とは，新しい知識の発見を目的とした計画的な調査及び探求をいう。開発とは，新しい製品・サービス・生産方法（以下，「製品等」という。）についての計画若しくは設計又は既存の製品等を著しく改良するための計画若しくは設計として，研究の成果その他の知識を具体化することをいう。」と定義する（一・1）。次に，「人件費，原材料費，固定資産の減価償却費及び間接費の配賦額等，研究開発のために費消されたすべての原価」（研究開発費等に係る会計基準二）から成る研究開発費を，「すべて発生時に費用として処理しなければならない」（同三）と規定する。

また，他方でソフトウェアを「コンピュータを機能させるように指令を組み合わせて表現したプログラム等」（同一・2）として定義し，ソフトウェア制作費のうち「研究開発に該当する部分」も研究開発費として費用処理する（同三）ものと規定する。この研究開発費は，市場販売目的のソフトウェアについて，「最初に製品化された製品マスターの完成までの費用及び製品マスター又は購入したソフトウェアに対する著しい改良に要した費用」（研究開発費等に係る会計基準注解注3）として定義される。

いずれにしても研究開発費については，一般管理費または当期製造費用として処理し（同注解注2），それらの費用に含まれる研究開発費の総額は財務諸表に注記しなければならない（研究開発費等に係る会計基準五，財務諸表等規則第86条）。また，ソフトウェアに係る研究開発費については，研究開発費の総額に含めて財務諸表に注記する（研究開発費等に係る会計基準注解注6）。

「研究開発費等に係る会計基準」と「同注解」は，商法施行規則（第37条）および「企業会計原則」（第三・一・D，同四・（一）C）・「同注解」（注15）に対し，同じ内容の費用について異なった処理を要求するものとなっている。なお，1998年11月24日改正の「財務諸表等規則」は，「研究開発費等に係る会計基準」の設定を受けて，繰延資産の範囲から試験研究費を削除している（第36条）。また，無形固定資産の範囲にソフトウェアを追加している（第27条）。

ちなみに，受注制作のソフトウェアの制作費については，「請負工事の会計処理に準じて処理する」（研究開発費等に係る会計基準四・1），つまり棚卸資産として処理する。市場販売目的のソフトウェアの制作費（研究開発費該当部分を除く）および自社利用のソフトウェアの制作費は，無形固定資産として処理する（同四・2～4）。

4．繰延資産の償却

理論的には，必ずしも繰延資産のすべてが，費用配分の原則の適用対象となる費用性資産であるわけではない。すなわち，継続企業を前提とする場合，創立費および開業費，さらに新株発行費においても，収益の増加または費用の節減という効果は，時間の経過とともに減退しないとみなすのが合理的であるからである。しかし，商法施行規則（第35条ないし第41条）は，換金可能性の欠如した資産としての繰延資産のすべてに対して，債権者保護を目的とする資本維持の見地から，本章§2～9で述べるように，償却すべきことと規定している。しかも，資本維持の見地のほか，研究費および開発費については，効果発現の可能性およびその存続期間の不明確さという問題もあり，商法施行規則の規定する償却期限は，総じて不合理であるとともに短かい。すなわち，創立費，開業

費，研究費および開発費については5年内に，新株発行費等および社債発行費については3年内（かつ後者の場合は社債の償還期限内）に，それぞれ毎決算期に均等額以上の償却をすべきことと規定している（第35条ないし第39条）。

社債発行差金については，社債の償還期限内に，毎決算期に均等額以上の償却をすべきことと規定されており（商法施行規則第40条），それが負債の評価勘定項目であるとしても，その償却には合理性が認められ，各期における社債の実質価額が示されることとなる。

建設利息については，利益配当額に応じて償却額を決定すべきことと規定されており（商法施行規則第41条），この点において，その償却を，未処分利益による繰越欠損の填補とみなすことができる。したがって，建設利息の繰延経理およびその償却は，理論上，利益平準化の一形態とも考えることができる。しかし，税法上は，その償却額の損金処理が認められている。

臨時巨額の損失についても，できるだけ速やかに償却すべきであろうし，また，その償却額は，特別損失として処理すべきであろう。

いずれの償却に際しても，各資産勘定に償却額を直接貸記し，その繰越価額を直接減額する記帳方法が，採用され，貸借対照表にも償却額を控除した残額を記載しなければならない（商法施行規則第74条）。

§2 創 立 費

創立費とは，会社の設立（法律上の成立）に至るまでに要した支出であり，商法第168条第1項第7号〔発起人の報酬〕および同第8号〔設立費用，定款認証の手数料および銀行又は信託会社の報酬〕の規定による支出および設立登記のための支出からなる（商法施行規則第35条）。

この「発起人の報酬」とは，発起人が受ける報酬で，定款に記載して裁判所または創立総会の承認を受けた金額をいう。また，「設立費用」とは，定款・諸規則作成の費用，株式募集その他のための広告費，株式申込証・目論見書・株券等の印刷費，創立事務所の賃借料，設立事務に使用する使用人の手当給料

等，金融機関・証券会社の取扱手数料，創立総会に関する費用，その他会社設立事務に関して必要な費用で会社の負担に属するものをいう。さらにまた，「設立登記のための支出」とは，設立登記の登録税等をいう。（財務諸表等規則ガイドライン三六・1，連続意見書第五・第一・三・イ）

　創立費は，会社の設立およびそれ以降の企業活動に対して，支出の効果をもち，いわば企業の全存続期間にわたり効果の発現が期待される。他方で，継続企業の前提のもとでは，企業の存続は永久的なものとみなされる。したがって，その効果は時間の経過にかかわらず減退しないと考えられるが，商法施行規則は，会社の成立後（もし建設利息の配当を定めている場合は，その配当を止めた後）5年内に，毎決算期において，均等額以上の償却をなすべきことと規定している（第35条）。なお，開業前の創立費償却は開業費に含められ，その後のものは営業外費用として処理される。

§3　開　業　費

　開業費とは，会社の成立後，営業開始の時までに，開業準備のために支出したものをいう（商法施行規則第36条）。これには土地建物等の賃借料，広告宣伝費，通信交通費，事務用消耗品費，支払利子，使用人の給料，保険料，電気・ガス・水道料等の費用が含まれる（財務諸表等規則ガイドライン三六・2，連続意見書第五・第一・三・イ）。

　開業費も，創立費におけると同様の理由から，理論的にはその効果は減退せず，償却も不要と考えられるが，商法施行規則は，開業後5年内に，毎決算期において，均等額以上の償却をなすべきことと規定している（第36条）。なお，開業費償却は，営業外費用として処理される。

§4　新株発行費等

　新株発行費とは，会社の成立後，新たに株式を発行するために支出したもの

をいう（商法施行規則第38条）。これには，株式募集のための広告費，金融機関・証券会社の取扱手数料，株式申込証・目論見書・株券等の印刷費，変更登記の登録税等，新株発行のため直接支出した費用が含まれる（財務諸表等規則ガイドライン三六・3，連続意見書第五・第一・三・ニ）。

この規定は，新株予約権を発行した場合にも準用する（商法施行規則第38条第2項）。

新株発行費も，創立費におけると同様の理由から，理論的にはその効果は減退せず，償却も不要と考えられる（ただし，償還株式発行の場合を除く）が，商法施行規則は，新株発行後，3年内に，毎決算期において，均等額以上の償却をなすべきことと規定している（第38条）。なお，新株発行費償却は，営業外費用として処理される。

§5 社債発行費

社債発行費とは，社債を発行するために支出したものをいう（商法施行規則第39条）。これには，社債募集のための広告費，金融機関・証券会社の取扱手数料，社債申込証・目論見書・社債券等の印刷費，社債登記の登録税等，社債発行のため直接支出した費用が含まれる（財務諸表等規則ガイドライン三六・4，連続意見書第五・第一・三・ハ）。

社債発行費は，社債発行という長期資金調達のための費用であり，理論的には，当該社債の償還期間にわたる費用として，毎期均等額を配分することが合理的であるが，商法施行規則は，社債発行後，3年内に（もし社債発行後3年内に社債償還期限が到来する場合は，その期限内に），毎決算期において，均等額以上の償却をなすべきことと規定している（第39条）。なお，社債発行費償却は，営業外費用として処理される。

§6 社債発行差金

社債発行差金とは，社債の額面金額（後日，社債権者に償還すべき金額）がその発行価額（社債募集により得た実額）を超える差額（商法施行規則第40条），つまり，社債の割引発行時に生じる借方差額である。

社債発行差金の性格については，会計理論上，2つの異なった見解がある。すなわち，前払利息説と評価勘定説である。

前払利息説によれば，社債の割引発行が行われるのは，社債の契約利率（額面金額による名目利率）が一般市場金利よりも低い場合，発行者利回り（実質利率）を引上げることにより，応募条件を有利にするためである。したがって，社債発行差金は，当該社債の実質利息の計算という観点からは，社債利息の前払分に似た性格を有する（連続意見書第五・第一・三・ロ）。しかし，このような見解に対しては，わが国の現実の起債市場を調査すると，償還期間が同じ社債については，その発行価額が同一で契約利率が異なっているという状況があり，社債発行差金は，契約利率と一般市場金利との差異があるためではなく，むしろ起債会社の担保能力や収益力等を総合した信用度の相違により発生したものであり，したがって，利息の前払という行為は事実上行われていないという批判がある。また，仮に社債発行差金が長期前払利息の性格をもつならば，それは，固定資産のうちの「投資その他の資産」として計上されなければならない。

これに対して，評価勘定説によれば，資産がその取得に要した支出額で評価されるように，負債もその負担に際しての収入額で評価されるべきであり，社債についても，発行時の債務額を示すものは，その額面金額ではなく，その発行価額（実際の収入額）であるから，社債発行差金は，正味の負債額を示すための，（社債勘定に貸記される）額面金額に対する（借方の）評価勘定としての性格をもつものとみなされる。

評価勘定説は，社債の各期末現在の正味債務額を間接的に示すことに，合理性を与えることができるという点で，妥当性がある。したがって，社債発行差

金は，社債の各期末貸借対照表価額（正味債務額＝社債勘定残高－社債発行差金勘定残高）を，満期日までに，その額面金額に近づけるための評価勘定であり，それゆえ，その償却分は，負債額の評価増しに伴う費用であるといえる。なお，社債の正味債務額を間接的に示す方法，つまり社債発行差金の使用そのものは，割引発行による資金調達という事実を明瞭に表示できるという点で，明瞭性の原則等の見地から，合理的であるといえる。

　商法施行規則は，社債発行差金について，社債償還の期限内に，毎決算期において，均等額以上の償却をなすべきことと規定している（第40条）。このような償却は，各期末における社債の実質価額を示すことができ，その意味で合理的である。なお，社債発行差金償却は，営業外費用として処理される。

§7　研　究　費

　研究費とは，新製品または新技術の研究のために，特別に支出したもの，をいう（商法施行規則第37条）。商法施行規則は，その支出後，5年内に，毎決算期において，均等額以上の償却をなすべきことと規定している。なお，研究費償却は，その性質および結果に応じて，製造原価，営業外費用または特別損失などとして，処理される。

　ところで，本章§1の3で述べたように，1998年3月31日の「研究開発費等に係る会計基準」の設定に伴い，1998年11月24日改正以後の「財務諸表等規則」では，繰延資産の範囲から試験研究費が削除された（第36条）。同会計基準および財務諸表規則は，ともに，1999年4月1日以後開始する事業年度に係る財務諸表に適用される。しかし，1999年4月1日以後最初に開始する事業年度前の事業年度に繰延資産に計上された試験研究費は，従来採用していた会計処理方法によることができる（日本公認会計士協会会計制度委員会報告第12号「研究開発費及びソフトウエアの会計処理に関する実務指針」経過措置）。

§8 開　発　費

　開発費とは，新技術または新経営組織の採用，資源の開発，市場の開拓等のために，特別に支出したものをいう（商法施行規則第37条）。これは，ある特定の目的にかかわる支出であるから，それらの具体的内容は，極めて多様である。たとえば，新技術採用のための支出には，技術導入費，特許権使用に関する頭金等が，新資源開発のそれには，鉱山業における新鉱道開さくに要した金額等が，新市場開拓のそれには，広告宣伝費，市場調査費等が，また，新経営組織採用のそれには，生産能率向上または生産計画変更等により設備の大規模な配置替を行った場合等の費用が，それぞれ含まれる。ただし，経常費の性格をもつものは，含まれない（財務諸表等規則ガイドライン三六・6，連続意見書第五・第一・三・ホ）。

　開発費にも，将来にわたり収益の増加または費用の節減という効果が期待できるが，このような効果の持続期間を合理的に予測することは，期限の定められた技術導入費または特許権使用に関する頭金など極めて限られたものを除き，困難または不可能である。商法施行規則は，その支出後，5年内に，毎決算期において，均等額以上の償却をなすべきことと規定している（第37条）。なお，開発費償却は，その性質に応じて，製造原価，または，販売費および一般管理費として処理される。

§9 建　設　利　息

　建設利息とは，事業の性質上，会社の成立後2年以上，その営業全部の開業ができない場合，一定の株主に，開業までの一定期間，配当する一定の利益である（商法第291条第1項）。たとえば，鉄道，電力，ガスなどの事業では，会社成立後，設備の建設工事に長時間を要するので，さらに開業後，利益の配当を行うことができるまでには，相当の期間を経なければならない。したがって，こ

の種の会社は，巨額の資本を必要とするにもかかわらず，設立に際して，株主の募集つまり株式による資金調達が極めて困難となる。そこで，商法は，次のような一定の条件を定めて，利益の有無にかかわらず，資本配当禁止（商法第290条）の唯一の例外として，全面的開業前に，利益配当に形式上のみ類似した一定の利息を株主に支払うことを認めたのである。

① 会社の目的である事業の性質により，会社の成立後2年以上，その営業全部の開業が不可能と認められること
② 建設利息を配当すべき旨およびその条件（配当の対象となる株式数，配当の期間および建設利息の年額）を定めて，定款に記載すること
③ 建設利息の配当期間を営業全部の開業時までとすること
④ 定款の規定（またはその変更）について裁判所の認可を受けていること
⑤ 建設利息の年額が株式の発行価額の20分の1を超えないこと

建設利息の性格については，4つの異なった見解がある。すなわち，繰延利息説，前払利益説，資本的支出説および資本払戻説である。

繰延利息説は，建設利息を，支払利息と同様に資本調達費であるとみなし，それが繰延資産であると主張するものであるが，この見解を採用すると，本来の利益配当をも費用と考えなければならず，また，商法がその償却額を利益配当額に応じた額として規定しているため，この見解は不合理である。前払利益説は，建設工事期間の経過後に期待される利益を見越して，配当の前払をしたものが建設利息であると主張するが，将来における利益達成の必然性および期待利益の前払そのものが合理的に説明できず，この見解も不合理である。また，資本的支出説は，建設利息が設備資産の原価を構成するものであると主張するが，建設利息自体が株主の出資に対して支払われており，また，繰延利息説に対する批判がそのまま適合し，やはり不合理である。結局，株主の払込んだ資本の一部を払戻したものであるとする資本払戻説が，その実態を合理的に説明できる，最も有力な見解である。

資本払戻説によれば，建設利息は，資本の欠落を表示する資本の評価勘定をなす。したがって，その償却は欠損填補を意味し，決算時に建設利息償却とい

う費用は計上されず，利益処分時に未処分利益と相殺されるべきである。しかし，商法が，その償却を利益配当額に応じた額を行うよう，規定しているにもかかわらず，法人税法上，償却額の損金算入が認められており，実務においては，決算日に，予定した利益配当額にもとづき償却額を算定し，建設利息償却を営業外費用として計上している。

　商法施行規則第41条は，1年につき，資本金の100分の6を超える利益配当を行うごとに，その超過額と同額以上の金額の建設利息を償却すべきことと規定している（利益配当額＞資本金×0.06の時，償却額≧利益配当額－資本金×0.06）。

〔設　問〕
1　繰延資産の資産性について述べなさい。
2　商法における繰延資産の規定に関して，会計理論の見地から，問題点を指摘し，論述しなさい。

（参考文献）
1　新井清光『新版財務会計論［第五版］』中央経済社，平成12年。
2　　〃　　『現代会計学［第五版］』中央経済社，平成12年。
3　飯野利夫『財務会計論［改訂版］』同文舘，平成11年。
4　黒澤清主編『近代会計学体系　Ⅳ資産会計論』中央経済社，昭和45年。
5　黒澤清総編集『体系近代会計学　Ⅱ財務会計論』中央経済社，昭和61年。

IX 負　　債

§1　負債の意義と分類

1．負債の意義

　企業会計原則において，貸借対照表は，資産の部，負債の部および資本の部の3区分にわけて表示するよう規定されている（企業会計原則第三・二）ように，負債は，貸借対照表の項目の1つである。

　貸借対照表の借方項目である資産が，企業に投下された資金の運用形態を示すものであるとすれば，貸借対照表の貸方項目である負債および資本は，その資金の調達源泉を示すものであるといえる。企業内に流入する資金を総体的にとらえた意味での広義の企業資本を源泉別にみれば，負債は，企業外部の第三者から流入する資金であることから他人資本であり，（狭義の）資本は，企業内部の出資者から流入する資金であることから自己資本であるということができる。この場合の負債概念は，広義の企業資本により包含されたものであり，企業内部か否かの資本構成に重点を置いた考察であるといえよう。

　次に，E. Schmalenbachが示したごとく，貸借対照表を，支払手段（現金）と資本（資本金）を除いて他の勘定すべてが将来の損益計算に役立つ留保項目であるとすれば，負債は，企業が将来において外部に提供しなければならない給付とされ後給付とよばれ，現金を除いた資産は，企業がすでに外部から前受けした給付とされ前給付とよばれる。この場合の負債概念は，将来項目すなわち，費用・未支出（未払費用・買掛金など），収入・未支出（借入金など），費用・未給付（自家修繕のための修繕引当金など），収入・未給付（前受金など）という期間損

益計算に解消されない残高項目と解されているのであり，収益費用計算に重点を置いた考察であるといえよう。

また，貸借対照表の貸方は，資産＝持分（equity）として表現され，負債および資本は，持分という企業資産に対する請求権（claim）をあらわす概念により統一的に把握される。この持分とは，企業に対する資金提供者の財産権であり，特定の資産に対する請求権ではなく，企業資産一般に関する請求権である，といわれている。この持分概念により，負債は債権者の請求権をあらわす債権者持分であり，資本は資本主の請求権をあらわす株主持分であるとみるのである。このように，負債および資本に同質性を認める考え方は，転換社債や優先株式などの出現により，社債や株式すなわち負債および資本の明確な区別が必ずしも判然としない社会状況のなかで展開されてきている。この場合の負債概念は，資本概念とともに，企業実体論（entity theory）と結合しており，企業・社会関係に重点を置いた考察であるといえよう。

これらの考察以外にも負債概念のとらえかたは存在するが，いずれにしても，今日の企業会計においては，負債は，適正な期間損益計算の手段となることに存在意義が認められている。期間損益の算出にあたり，収益・費用を対応させるために必要とされる負債を会計的負債という。

会計的負債には，前受金や前受収益のような将来における収益項目，および未払金や未来費用のような過去における費用項目，などの経過項目としての負債が含まれる。さらに，売上時点の収益と対応させるための費用の見越計上にともない設けられる製品保証引当金など，また，修繕費用の見越し計上するために設けられる修繕引当金などが会計的負債である。これらの引当金を，負債性引当金という。特に，修繕引当金と特別修繕引当金は，履行義務を果たす相手のない負債であり，純粋な会計的負債ともいわれている。

2．負債の分類

一般的には，負債は，法律上の確定債務である法的債務と，履行義務を果たす相手がない期間損益計算の観点から設定される債務性なき負債に大別でき

る。

　法的債務とは，確定債務と条件付債務のことである。確定債務には，返済が義務付けられている借入金や買掛金のような債務のほかに，将来の収益項目や過去の費用項目などの債務も含まれる。条件付債務は，製品保証引当金などのような所定の契約条件が発生したとき債務履行義務が確定する債務である。

　債務性なき負債には，修繕引当金と特別修繕引当金が該当する。

　なお，金銭債権に対して設けられる貸倒引当金，および，機械・建物などの固定資産に対して設けられる減価償却累計額は，評価性引当金であり，それら資産の評価のための引当金として資産の部に表記される。

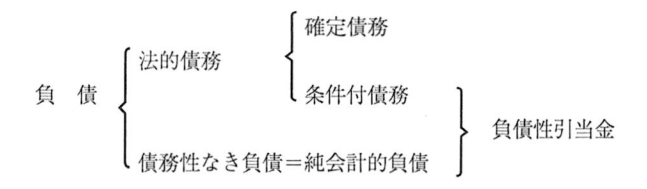

$$
負債\begin{cases}法的債務\begin{cases}確定債務\\条件付債務\end{cases}\\債務性なき負債＝純会計的負債\end{cases}\Bigg\}負債性引当金
$$

　企業会計原則においては，負債を流動負債（current liability）と固定負債（fixed liability）に区別すべきことを規定している（企業会計原則第三・四・（二））。

　流動負債と固定負債との区分は，資産の区分と同様に，営業循環基準と1年基準が適用される。企業の通常の営業循環過程において支払いの予定される負債を流動負債とし（支払手形，買掛金，前受金など），この営業循環基準によって分類しえなかった項目を1年基準によって分類する。貸借対照表日（決算日）の翌日から起算して，1年以内に支払期限が到来するものを流動負債とし（短期借入金，未払金など），1年を超えて支払期限が到来するものを固定負債とする（社債，長期借入金，受入保証金など）。

　企業会計原則注解・注16によれば，「…支払手形，買掛金，前受金等の当該企業の主目的たる営業取引により発生した…債務は，…流動負債に属するものとする。…」とし，さらに，「…借入金…受入保証金，当該企業の主目的以外たる取引により発生した…未払金等の…債務で，貸借対照表日の翌日から起算して一年以内に…支払の期限が到来するものは，…流動負債に属するものとし

…支払の期限が一年をこえて到来するものは，…固定負債に属するものとする…」として流動負債と固定負債を規定している。そして，さらに，同注解で，経過負債である未払費用および前受収益を流動負債に属するものとしている。

また，引当金のうち，賞与引当金，工事補償引当金，修繕引当金のように，通常一年以内に使用される見込みのものを，流動負債に属するものとし，退職給与引当金〔P.168「(4) 退職給付引当金」参照のこと〕，特別修繕引当金のように，通常一年を超えて使用される見込みのものを，固定負債に属するものとしている（企業会計原則第三・四・(二)—AおよびB）。

§2 流動負債

流動負債は，すでにみたごとく，固定負債に対応して，営業循環基準および1年基準によって分類される。企業会計原則においては，「取引先との通常の商取引によって生じた支払手形，買掛金等の債務及び期限が一年以内に到来する債務は流動負債に属するものとする。…引当金のうち，賞与引当金，工事補償引当金，修繕引当金のように，通常一年以内に使用される見込みのものは流動負債に属するものとする」（企業会計原則第三・四・(二)・A）と規定している。

また，財務諸表等の用語，様式及び作成方法に関する規則（以下，「財務諸表規則」とよぶ）第47条によれば，支払手形（通常の取引のもとづいて発生した手形債務），買掛金（通常の取引のもとづいて発生した営業上の未払金），前受金（受注工事，受注品などに対するもの），1年以内に使用されると認められる引当金，通常の取引に関連して発生する未払金・預り金（発生後短期間に支払われるもの），その他の負債で1年以内に支払または返済されると認められるものを流動負債とし，さらに，未払費用および前受収益（第48条），流動負債に関連する繰延税金負債また貸借対照表日以降1年以内に取り崩される繰延税金負債（第48条の2）を流動負債に属するものとしている。以下，「財務諸表規則」に従って，流動負債を述べることにする。ただし，引当金については，「4. 引当金」で触れることにする。

1. 支払手形

　支払手形（notes payable）は，約束手形を振出した場合もしくは為替手形を引受けた場合に生じる債務であり，仕入先との間に発生した営業取引に関する手形債務である。

　したがって，借入金借用証の代用としてのいわゆる金融手形は，ここには含まれない。この金融上の目的による手形債務は，手形借入金，支払融通手形などの勘定によって処理し，営業目的による手形と区別しなければならない。金融手形は，当座借越（bank overdraft）とともに短期借入金に属するとされている。

　また，この金融手形を除いた通常の取引にもとづいて発生した手形債務，たとえば，設備の建設や固定資産・有価証券等の物品の購入により発生した手形債務は営業外支払手形，営業保証金の代用として振出した手形債務は差入保証支払手形，などの勘定によって処理し，通常の商取引にもとづいて発生した営業手形と区別して記載される。そのうち1年以内に支払又は返済されると認められるものをその他の流動負債に属せしめる。

2. 買掛金

　買掛金（accounts payable）は，仕入先との間の通常の取引にもとづいて発生した営業上の未払金および役務の受入による営業上の未払金であり，商品・原材料などの仕入代金の未払額および未払外注加工料などの債務を意味している。

　したがって，固定資産や有価証券の購入など通常の商取引以外から生じる未払金とは区別しなければならない。

3. 短期借入金

　短期借入金（short-term debt）は，1年以内に返済期限が到来する借入金のことである。無担保あるいは担保付証書による借入金のほか，借入金借用証の代用として振出された手形（いわゆる金融手形）による借入金を意味する手形借入金，および，預金残高以上に一定の限度（当座借越限度額）まで小切手を振出した場

合の債務である借越額を意味する当座借越がふくまれる。

4．未払金

未払金（account payable-other）は，通常の商取引以外から生じる購入取引の債務，たとえば固定資産や有価証券などの購入代金の未払額，および，通常の商取引に関連して生じる債務，たとえば物品税・広告料・販売手数料・売上割戻金などの未払額，である。なお，未払金に属するものでその額が比較的大きいものは，その内容を示す科目，たとえば未払金・未払配当金・未払社債（期限経過の社債の未償還額）などを用いて別個に処理される。

5．未払費用

未払費用（accrued expense）は，一定の契約に伴い，継続して役務の提供を受ける場合，すでに受入れられた役務に対して，いまだその対価の支払が終わっていないものをいう。たとえば，未払利息・未払賃金・未払賃貸料などである。これらは，時間の経過に伴いすでに当期の費用として発生しているものであるから，これを当期の損益計算書に計上するとともに貸借対照表の負債の部に計上するのである。すなわち，期間損益計算のために設けられた将来支出項目としての経過負債である。

6．未払法人税等および繰延税金負債

企業会計原則によれば，「当期純利益は，税引前当期純利益から当期の負債に属する法人税額，住民税等を控除して表示する」（損益計算書諸原則8）とされている。「未払法人税等」で指している法人税等とは，法人税（各事業年度の所得に対する法人税），住民税（都道府県民税，市町村民税），および（利益に関連する金額を課税標準とする）事業税のことである。決算期末に法人所得が算定されると，法定税率により法人税等が確定される。法人税等（accrued income taxes）は，決算期以後の会計期間に支払われねばならない租税債務であるから，未払法人税等として貸借対照表の流動負債の部に記載されるのである。

企業会計審議会によれば（「税効果会計に係る会計基準の設定に関する意見書」1998年10月30日公表），法人税等の課税所得の計算に当たっては企業会計上の利益の額が基礎となるが，企業会計と課税所得計算とはその目的を異にするため，収益又は費用（益金又は損金）の認識時点や，資産又は負債の額に相違が見られるのが一般的である。このため，課税所得を基礎とした法人税等の額が費用として計上され，法人税等を控除する前の企業会計上の利益と課税所得とに差異があるときは，法人税等の額が法人税等を控除する前の当期純利益と期間的に対応せず，財務諸表の比較性を損なうことになる。このような観点から，税効果会計を全面的に適用が必要とされるとしている。また，繰延税金負債は将来の法人税等の支払額を増額する効果を有する点において，負債性があるとしている。

　「税効果会計基準」では，税効果会計を「企業会計上の資産又は負債の額と課税所得計算上の資産又は負債の額に相違がある場合において，法人税その他利益に関連する金額を課税標準とする税金（以下「法人税等」という。）の額を適切に期間配分することにより，法人税等を控除する前の当期純利益と法人税等を合理的に対応させることを目的とする手続きである」と定義付けている。

　ここでは，税効果会計によって調整する税引前利益の額と法人税等の額との不対応の発生理由を，期間差異という発生時点でなく，資産又は負債の額の相違という到達時点でとらえている。法人税等について，一時差異に係る税金の額を適切な会計期間に配分し，計上することになる。

　繰延税金負債とは，会計上の資産と税務上の資産の差異が解消される時期における税金の増額を算定し，企業が将来負担する税金として計上するものである。

7．前　受　金

　前受金（advanced received）は，受注工事や受注品などにおいて，請負工事完成前や商品引渡し前に，その対価の全部または一部を受け取った金額をいう。後日，物品の引渡しが行われると，全額収益に計上されることになる。

8. 預り金

預り金（deposit received）は，通常の商取引に関連して受入れた金銭で，その後短期間に支払われる債務であり，営業上の諸預り金，入札保証金や契約保証金などの預り保証金，金額が僅少な場合の預り有価証券，が含まれる。また，従業員・役員の給料などから控除すべき社会保険料や源泉徴収した所得税・住民税など，通常の商取引以外の預り金も含められる。ただし，株主，役員，従業員からの社内預金などの預り金は，ここに含まれない。

9. 前受収益

前受収益（deferred revenue）は，一定の契約に従い，継続して役務の提供を行う場合，いまだ提供していない役務に対して，支払いを受けた対価をいう。たとえば，前受利息・前受賃借料などである。これらは，時間の経過とともに次期以後の収益となるものであるから，これを当期の損益計算から除去するとともに貸借対照表の負債の部に計上するのである。すなわち，期間損益計算のために設けられた将来収益項目としての経過負債である。

10. その他の負債

株主，役員，従業員からの短期債務またはその他の負債で，その金額が負債および資本の額の100分の1を超えるものについて，当該負債を示す名称を付した科目で表示することになっている。

これには，デリバティブ取引により生じる正味の債務，および繰延ヘッジ会計により発生した繰延勘定で，それぞれの合計額が負債および資本の額の100分の1を超えるものについては，当該デリバティブ取引により生じる正味の債務などの内容を示す名称を付した科目も含まれる。

(1) デリバティブ取引による正味の債務

最近の証券・金融市場のグローバル化やそれに伴う経営環境の変化等に対応

して企業の透明性を維持していくためには，金融商品に関する会計処理基準の一層の整備が必要であるとして，企業会計審議会より「金融商品に係る会計基準の設定に関する意見書」(1999年1月22日)が公表された。金融商品(有価証券及びデリバティブ取引の他，営業債権，貸付金，営業債務，借入金等を含む)は，一般的には，取引市場が存在することにより時価を把握し，かつ，換金・決済等により評価差額を損益として確定することが可能であると認識されている。そこで，金融商品については，時価の変動を財務諸表において認識することによって財務活動の実態をより的確に反映した情報を投資者に提供することとなった。その意見書では，「デリバティブ取引に関しては，その価値は当該契約を構成する権利と義務の価値の純額に求められることから，デリバティブ取引により生じる正味の債権は金融資産となり，正味の債務は金融負債となる」と述べており，デリバティブ取引による正味負債を金融負債であると位置付けている。

　金融負債は，契約締結時にその発生が認識される(金融資産も同様)。そして，当該金融負債の契約上の義務を履行したとき，契約上の義務が消滅したとき，または契約上の第一次債務者の地位から免責されたときに，その消滅が認識される。この消滅の際には，その帳簿価額とその対価としての支払額との差額は当期の損益として処理する。金融負債の一部の消滅を認識する場合には，当該金融負債全体の時価に対する消滅部分の時価と残存部分の時価の比率により，当該金融負債の帳簿価額を消滅部分と残存部分の帳簿価額に按分することになる。金融負債の消滅に伴って新たに発生した金融負債は時価により計上する。

　デリバティブ取引は，取引により生じる正味の債務の時価の変動により保有者が利益を得または損失を被るものであり，投資者及び企業双方にとって意義を有する価値は当該正味の債務の時価に求められる。したがって，デリバティブ取引により生じる正味の債務については，時価をもって貸借対照表価額とする。また，デリバティブ取引により生じる正味の債務の時価の変動は，企業にとって財務活動の成果であると考えられることから，その評価差額は，当期の損益として処理する(後述するヘッジに係るものを除く)。

時価とは，公正な評価額をさしており，市場において形成されている取引価格，気配または指標その他の相場（「市場価格」）に基づく価額である。デリバティブ取引による正味負債は，市場価格等で表示されることになる。市場価格等が求められない場合は，取得価額をもって貸借対照表価額とすることもできる。

(2) 繰延ヘッジ会計による繰延勘定

意見書によれば，「ヘッジ取引とは，ヘッジ対象の資産又は負債に係る相場変動を相殺するか，ヘッジ対象の資産又は負債に係るキャッシュ・フローを固定してその変動を回避することにより，ヘッジ対象である資産又は負債の価格変動，金利変動及び為替変動といった相場変動等による損失の可能性を減殺することを目的として，デリバティブ取引をヘッジ手段として用いる取引」である。

ヘッジ会計が適用されるヘッジ対象は，相場変動等による損失の可能性がある資産または負債のうち，ⅰ）相場等の変動が評価に反映されていないもの，ⅱ）相場等の変動が評価に反映されていてもその評価差額が損益として処理されないもの，ⅲ）相場等の変動を損益として処理することができるものであっても，当該資産また負債に係るキャッシュ・フローが固定されその変動が回避されるもの，をあげている（「金融商品に係る会計基準」）。

ヘッジ会計の原則的処理方法は，時価評価されているヘッジ手段に係る損益または評価差額をヘッジ対象に係る損益が認識されるまで資産または負債として繰り延べる方法である。この負債として繰り延べられた勘定が，繰延ヘッジ会計による繰延勘定である。

§3 固 定 負 債

企業会計原則の貸借対照表原則・四・（二）－Bにおいて，固定負債を次のように規定している。

「社債，長期借入金等の長期債務は，固定負債に属するものとする。引当金

のうち，退職給与引当金，特別修繕引当金のように，通常一年をこえて使用される見込みのものは，固定負債に属するものとする。」

また，「財務諸表規則」第51条によれば，社債，長期借入金，関係会社からの長期借入金，1年を超えて使用される引当金，流動資産に属さないその他の負債を固定負債としてあげており，さらに，流動負債に属さない繰延税金負債も固定負債に属するとしている（第51条の2）。以下，「財務諸表規則」に従って，固定負債を述べることにする。ただし，引当金については，「4．引当金」で触れることにする。

1．社　　債

社債（bonds）は，株式会社が，商法（第296条以下）の規定によって債券という有価証券を発行して，証券市場を通じて一般大衆から資金を調達した負債であり，将来一定の時期に一定の金額を償還すべきことを約束した確定債務である。社債は，株式の発行および銀行などからの長期借入とともに，株式会社が，長期の資金を調達する重要な手段である。

(1) 社債の発行

会社は，取締役会の決議によって最終の貸借対照表に現存する純資産額の限度額内において，社債を募集することができる（商法第296条および第297条）。

社債の発行価額は，償還金額である額面価額である必要はない。社債の発行には，発行価額が，額面以下か，額面価額と同じか，額面以上か，によって割引発行（discount issue），平価発行（per issue），打歩発行（premium issue）の3種の方法がある。わが国では，割引発行がほとんどであり，打歩発行は行われていない。

発行価額は，主として社債の約定利率と市場金利率の関係により決定される。割引発行とは，社債を社債の額面以下で発行することである。社債の約定利率が市場金利率よりも低いときに発行する場合，社債の実質利率を市場金利率より良くするために社債を社債の額面以下で発行するのである。こうすることに

より，他に流れかねない資金を社債に向かわせることができ，会社の資金調達が容易になる。

　額面価額と発行価額の差額である社債発行割引料は，社債利息が少ないために，利息の一部が発行のときに前払されたものと考えられる。この前払利息の性質をもつ社債発行割引料は，社債発行差金勘定で処理し，社債の償還までに各事業年度に割当てて償却されるのであるが，償却されるまでは繰延資産として貸借対照表の資産の部に計上する。

〔設　例1〕
(1) 東京株式会社は資金調達のため社債発行を決議し，A証券会社と総額引受契約を結んだ。
　　額面総額は¥300,000,000，発行価額は額面金額¥100につき¥97，利率年8％，利払い日は3月および9月の各末日，償還期限は5年である。
(2) 上記社債の払込金¥291,000,000が，A証券会社から社債発行費用¥9,000,000が差し引かれて東京株式会社の当座預金に入金された。

```
(1) (借) 未 払 込 社 債    291,000,000   (貸) 引 受 済 社 債      300,000,000
        引受済社債発行差金     9,000,000
    または
    (借) 未  収  金       291,000,000   (貸) 社        債      300,000,000
        社 債 発 行 差 金    9,000,000
(2) (借) 当 座 預 金       282,000,000   (貸) 社        債      300,000,000
        社 債 発 行 差 金    9,000,000
        社 債 発 行 費      9,000,000
    (借) 引 受 済 社 債     300,000,000   (貸) 未 払 込 社 債    291,000,000
                                           引受済社債発行差金    9,000,000
    または
    (借) 当 座 預 金       282,000,000   (貸) 未  収  金       291,000,000
        社 債 発 行 費      9,000,000
```

(2) 社債の償還

　社債の償還には，満期償還，満期到来以前に償還する定時分割償還・随時償還，さらに，この満期到来以前に償還する社債の償還手続きとして抽選償還・買入償還の方法がある。

満期償還は，償還期限の到来により社債金額を一時に全額償還する。定時分割償還は，社債発行から一定期間据置き，その後償還期限の到来以前に，一定の金額の償還社債を，規則的に一定期日ごとに，償還する。随時償還は，償還期限の到来以前に，随時，任意の金額を一部ずつ償還する。さらに，これらの定時分割償還と随時償還には，償還社債を抽選して社債額面で償還する抽選償還と，証券市場から市場価格で買入れて償却する買入償還の方法がある。

〔設 例2〕
(1) 東京株式会社は，平成X1年4月1日に，償還期限5年，年利率8％（利払日：3月31日および9月30日の年2回）の社債¥20,000,000を¥100につき¥97で発行したが毎年3月31日に¥4,000,000ずつ抽選償還することになっている。決算日は年1回の3月31日であるとして，平成X2年3月31日に行うべき仕訳を示しなさい。
(2) 大阪株式会社は，平成X1年4月1日に，償還期限7年，年利率8％（利払日：3月31日および9月31日の年2回）の社債¥15,000,000を¥100につき¥96.50で発行していたが，平成X3年9月30日に額面¥3,750,000を抽選によって償還することとし，償還社債の番号が決定した。なお，乙株式会社の決算日は3月31日の年1回である。
(3) 平成X6年1月31日に，上記(2)の社債のうち額面¥6,000,000を¥100につき¥96で買入れた。なお，買入価額のなかには，端数利息に対する支払額が含まれる。
(4) 平成X6年3月31日に，上記(3)の社債を消却した。

(1)	(借)	社　　　　債	4,000,000	(貸)	当　座　預　金	4,000,000
	(借)	社債発行差金償却	200,000	(貸)	社債発行差金	200,000
	(借)	社　債　利　息	600,000	(貸)	当　座　預　金	600,000
(2)	(借)	社　　　　債	3,750,000	(貸)	未　払　社　債	3,750,000
		社債発行差金償却	9,375		社債発行差金	93,750
		社　債　償　還　損	84,375			
(3)	(借)	自　己　社　債	5,598,247	(貸)	当　座　預　金	5,760,000
		〈または有価証券〉				
		有　価　証　券　利　息	161,753			
		〈または端数利息〉				
(4)	(借)	社　　　　債	6,000,000	(貸)	自　己　社　債	5,598,247
					〈または有価証券〉	
		社債発行差金償却	30,000		社債発行差金	90,000
					社　債　償　還　益	341,753
	(借)	社債発行差金償却	26,250	(貸)	社債発行差金	26,250

　　　　（借）社　債　利　息　　450,000　　（貸）有価証券利息　240,000
　　　　　　　　　　　　　　　　　　　　　　　　当　座　預　金　210,000
（注）(1) 分割償還契約によっている場合の社債発行差金の償却は，社債による借入資金の利用料に応じて計算するのが合理的であると言われているので，ここではこれによっている。

　　　利用資金量：第1年度 ¥20,000,000　第2年度 ¥16,000,000　第3年度
　　　　¥12,000,000　第4年度 ¥8,000,000　第5年度 ¥4,000,000

　　　第1年度償却額　　$¥600,000 \times \dfrac{¥20,000,000}{¥60,000,000} = ¥200,000$

　　　第2年度償却額　　$¥600,000 \times \dfrac{¥16,000,000}{¥60,000,000} = ¥160,000$

　　　第3年度償却額　　$¥600,000 \times \dfrac{¥12,000,000}{¥60,000,000} = ¥120,000$

　　　第4年度償却額　　$¥600,000 \times \dfrac{¥8,000,000}{¥60,000,000} = ¥80,000$

　　　第5年度償却額　　$¥600,000 \times \dfrac{¥4,000,000}{¥60,000,000} = ¥40,000$

(2) 抽選償還した社債発行差金の残高＝$\left(¥525,000 - ¥525,000 \times \dfrac{2}{7}年\right) \times$

　　$\dfrac{¥3,750,000}{¥15,000,000} = ¥93,750$

　　抽選償還した社債の発行差金償却額＝$¥525,000 \times \dfrac{1}{7}年 \times$

　　$\dfrac{¥3,750,000}{¥15,000,000} \times \dfrac{6}{12}月 = ¥9,375$

(3) 端数利息の計算　　$¥6,000,000 \times 8\% \times \dfrac{123}{365}日 = ¥161,753$

(4) 社債利息の計算　　$¥11,250,000 \times 8\% \times \dfrac{6}{12}月 = ¥450,000$

　　有価証券利息の計算　$¥6,000,000 \times 8\% \times \dfrac{6}{12}月 = ¥240,000$

　償還期限の到来以前に，市場価格で買入れて償却する場合，一般に買入価額が社債額面を下まわり償還金額が社債額面以下となる。この差額が，社債償還益（特別損益項目）である。この償却社債の未償却の社債発行差金を一時に償却することになるが，社債償還益をもって社債発行差金の償却にあてることもできる。

　満期償還と抽選償還では，一般に社債額面により償還されるので社債償還損益が生じない。

　社債には，上記の普通の社債のほか，つぎの新株予約権付社債がある。

2. 新株予約権付社債

会社は，新株予約権を発行することができる（商法280条ノ20第1項）。新株予約権とは，新株予約権を有する者（新株予約権者）が会社に対しこれを行使したときに会社が新株予約権者に対し新株を発行する，またはこれにかえて会社が保有する自己株式を移転する義務を負うものをいう（商法280条ノ19第1項）。新株予約権は，単独に発行することも，社債と組み合わせて発行することもできる。

社債と新株予約権を同時に募集し，かつ，同時に両者を割り当て，社債と新株予約権の証券を別々に発行し，発行後は個別に流通することになる資金調達の際は，従来の分離型新株引受権付社債と同様に，それぞれの発行価額を合計した上で社債の対価部分と新株予約権部分とに区分して処理する。社債の対価部分は普通の社債に準じて処理し，新株予約権の対価部分は，その発行価額により仮勘定として負債の部に計上する（実務対応報告第1号「新株予約権及び新株予約権付社債の会計処理に関する実務上の取扱い」(2002年3月29日　企業会計基準委員会）による）。

新株予約権付社債とは，新株予約権を付した社債のことである。新株予約権付社債は，新株予約権または社債が消滅した場合を除いて，新株予約権または社債の一方のみを譲渡することができない（商法第341条ノ2第4項）。商法上の新株予約権付社債は，代用払込が認められる新株予約権付社債（従来の非分離型新株引受権付社債に相当），および代用払込の請求があったとみなす新株予約権付社債（従来の転換社債に相当）の2つである。

(1) 代用払込が認められる新株予約権付社債

これは，新株予約権を行使しようとする新株予約権者から請求があったときに新株予約権付社債の全額を償還することに代えて，権利行使に際して払い込むべき額の全額について代用払込があったものとする（商法第341条ノ3第1項7号）旨を決議した新株予約権付社債をさす。後述の転換社債型新株予約権付社

債と異なり，新株予約権者に払込方法の選択が認められているのである。新株発行の権利行使に際して代用払込の選択が認められている点で，従来の非分離型新株引受権付社債（ワラント債）と同一のものとすることができる。

　株式を取得できるという魅力的特徴をもたせることによって，株式会社の資金調達を容易にさせようとしたものである点では，転換社債型新株予約権付社債と同じである。しかし，社債発行額の枠内で引受権が行使されるごとに債券はそのままで株式資本の資金調達できる点で，株式へ転換した後は債券でなくなる転換社債型新株予約権付社債と異なる。

　ここでいう新株予約権付社債は，払込資本を増加させる可能性のある部分とそれ以外の部分が同時に各々存在し得る。そこで会計処理としては，新株引受権付社債については社債部分と新株引受権部分を区分して処理をする。実務対応報告第1号「新株予約権及び新株予約権付社債の会計処理に関する実務上の取扱い」(2002年3月29日　企業会計基準委員会)によれば，「金融商品に係る会計基準」の新株引受権付社債の同様に処理するとして，つぎのような会計処理を示している。

　発行者側は，新株予約権付社債の発行価額は，社債の対価部分と新株予約権の対価部分とに区分する。社債の対価部分は，普通社債の発行に準じて処理する。新株予約権の対価部分は，新株予約権の発行者側の会計処理に準じて，新株予約権の発行価額により仮勘定として負債の部に計上し，権利が行使されたときは資本準備金に振り替え，権利が行使されずに権利行使期限が到来したときは利益として処理する。

　取得者側は，新株予約権付社債の取得価額は，社債の対価部分と新株予約権の対価部分とに区分する。社債の対価部分は，普通社債の取得に準じて処理する。新株予約権の対価部分は，新株予約権の取得者側の会計処理に準じて，新株予約権の取得時に時価で測定し，保有目的の区分に応じて売買目的有価証券またはその他有価証券として処理し，権利行使の際には保有目的区分に応じて売買目的有価証券の場合には行使時の時価で，その他有価証券の場合には帳簿価額（減損処理している場合は減損処理後の帳簿価額）で株式に振り替え，権利行

使せずに権利行使期限が到来したときは帳簿価額を損失として処理する。

(2) 代用払込の請求があったとみなす新株予約権付社債

これは，新株予約権の行使請求があったときは社債部分による代用払込があったものとし（商法第341条ノ3第1項7号），かつ，行使があったときには代用払込の請求があったものとみなす（商法第341条ノ3第1項8号）旨の決議がなされている新株予約権付社債（代用払込の請求があったとみなす新株予約権付社債）のことをさす。社債を株式に転換できる権利が社債権者に与えられている社債であり，転換社債型新株予約権付社債（convertible bonds）ともよばれる。ただし，従来の転換社債と同一のものとするために，社債要項などに，社債と新株予約権がそれぞれ単独で存在し得ないことを明記する必要がある。

この社債を発行した株式会社の業績が伸びて収益力を増した時に，社債権者は，社債権者として元本と利息の保証を受けているよりも多くの配当を受けられる株主となった方が有利と判断した場合，転換請求をして株式を取得できるのである。この新株予約権の行使に際して払い込む金額は，社債の発行価額と同額であり，新株予約権行使のときには社債償還額が新株の払い込みに充当される。転換社債型新株予約権付社債は，このように社債でありながら社債権者の請求によって株式に転換できるという魅力的特徴をもたせることによって，株式会社の資金調達を容易にさせようとしたものである。

ここでいう転換社債型新株予約権付社債は，株式転換権が行使されると社債は償還されることにより消滅し，社債の償還権と株式転換権は同時には存在しない。そこで，会計処理としては，社債部分と株式転換部分を区分せず一体として処理をする。前述の会計基準委員会の実務対応報告第1号によれば，従来の転換社債と経済的実質が同一である「代用払込の請求があったとみなす新株予約権付社債」については，「金融商品に係る会計基準」の転換社債の処理（一括法と区分法）と同様にするとして，次のような会計処理を示している。

発行者側は，発行価額については，社債と新株予約権のそれぞれの発行価額を合算し，普通社債の発行に準じて処理する。または，代用払込が認められる

新株予約権付社債の会計処理に準じて処理する。取得者側は，取得価額は，社債の対価部分と新株予約権の対価部分とに区別せずに，普通社債に準じて処理し，権利行使したときは株式に振り替える。

3．長期借入金 (long-term debt)

　長期借入金 (long-term debt) は，流動負債である短期借入金に対して，貸借対照表作成の翌日から起算して一年を超えて返済期限が到来する長期の借入金のことである。金融手形である手形借入金もここに含まれる。

　ただし，ここには，株主，役員，従業員からの長期借入金，および，関係会社からの長期借入金を含めない。

　株主，役員，従業員からの長期借入金の合計額が，負債および資本の額の100分の1を超える場合，株主・役員・従業員を冠した長期借入金等の科目で別に掲記しなければならない。

4．関係会社長期借入金 (long-term loans from affiliated company)

　関係会社からの貸借対照表作成の翌日から起算して一年を超えて返済期限が到来する長期の借入金のことである。これは，関係会社長期借入金の科目によって表示する。

5．繰延税金負債

　流動負債のところで述べた税効果会計の運用にともない発生した繰延税金負債のうち，固定負債に属するものである。

§4　引　当　金

　引当金 (allowance) について，企業会計原則は注解18において，「将来の特定の費用又は損失であって，その発生が当期以前の事象に起因し，発生の可能性が高く，かつ，その金額を合理的に見積ることができる場合には，当期の負担

に属する金額を当期の費用又は損失として引当金に繰入れ，当該引当金の残高を貸借対照表の負債の部又は資産の部に記載するものとする」とし，その設定要件を示している。すなわち，引当金は，ⅰ) 当期においては費用又は損失とはなっていないけれども将来に備えて，ⅱ) その発生が当期以前の事象に起因するものについて，ⅲ) 発生の可能性が高く，かつ，ⅳ) その金額を合理的に見積ることができる場合に，設定するのである。そして，当期の負担に属する引当金の金額を，当期の費用または損失に計上するとともに，その相手科目として，引当金を設定する。

ここにおける引当金は，負債性引当金だけでなく偶発損失引当金も含められている。さらに，注解18において，製品保証引当金，売上割戻引当金，返品調整引当金，賞与引当金，工事補償引当金，退職給与引当金〔P.168「(4) 退職給付引当金」参照のこと〕，修繕引当金，特別修繕引当金，債務保証損失引当金，損害補償損失引当金，貸倒引当金等が，ここでいう引当金に該当するとして，例示している。このうち，債務保証損失引当金と損害補償損失引当金は，その支出が確実に起ると予測されにくい性質の偶発損失引当金である。なお，貸倒引当金は，評価性引当金であり，負債に該当しない。

（税法上では，製品保証引当金，賞与引当金は平成10年の税制改正により平成15年度に廃止することが決定されている。）

なお，商法では，特定の支出又は損失に備えるためのもので，その営業年度の費用又は損失とすることを相当とする額に限り，負債の部に計上することが認められている（商法287条の2）。これは，会計的負債である負債性引当金のうち，債務なき負債である引当金を意味している。具体的には，修繕引当金と特別修繕引当金がこれにあたる。

1. 評価性引当金

貸倒引当金は，貸倒見積額をあらわすものであり，受取債権勘定からの控除額を意味する評価性引当金（valuation allowance）である。従来は，有形固定資産勘定からの控除額を意味するものとして減価償却引当金が，貸倒引当金と同

一的なものと認められていた。ところが，上述のごとく，引当金を「将来の特定の費用または損失」の準備額であるとするに至ったので，すでに発生した費用である減価償却費の累計額を示す減価償却引当金は，減価償却累計額とよばれ，引当金とは区別されることになった。しかし，これらは，評価勘定または控除勘定としての性質をもつことには異ならない。貸倒引当金も減価償却累計額も期間費用の計上をその目的としており，資産の取得原価から控除することによって，当該資産の現在の帳簿価額であることを示す形式で貸借対照表の資産の部に表示される。

2. 負債性引当金

次に，負債性引当金（liability allowance）とは，従来の企業会計原則で示されていた負債性引当金のことであり，企業会計原則には，1982年の修正によって，「負債性引当金」の用語がなくなり，「引当金」にとってかわられた。その理由は，『負債性引当金等に係る企業会計原則注解の修正に関する解釈指針』（1982年4月20日，企業会計審議会）によれば，「…負債性引当金のみでなく，広く会計上の引当金についてその概念・範囲を明らかにする…」ことにある。

1974年の企業会計原則の注解18においては，負債性引当金についてつぎのごとく述べていた。

「将来において特定の費用（または収益の控除）たる支出が確実に起ると予想され，当該支出の原因となる事実が当期においてすでに存在しており，当該支出の金額を合理的に見積ることができる場合には，その年度の収益の負担に属する金額を負債性引当金として計上し，…」

このように，負債性引当金は，ⅰ）将来において特定の費用（または収益の控除）である支出が確実に起ると予想され，ⅱ）その支出の発生原因が当期に存在しているものについて，ⅲ）その金額を合理的に見積ることができる場合に，設定するのである。

1982年に修正され，今日に至っている企業会計原則の注解18では，先にみたように，偶発損失引当金（例・債務保証損失引当金，損害補償損失引当金）も含め

るために，引当金の設定要件の中に，「特定の費用または損失」として，「損失」の文言が加えられ，「確実に起ると予想され」の文言が「発生の可能性が高く」に修正されたのである。

こうして，負債性引当金は，金額は未確定であるけれども，その支出が確実に起ると予想されるものであったが，1982年の修正により負債性引当金の範囲に，偶発損失引当金も含められることが明文化されたのである。偶発損失引当金は，その支出の発生の可能性が高い偶発事象に係る損失に対する引当金であり，その性質は負債性引当金であるといえる。

負債性引当金は，将来発生する確率の高い支出があると予測した原因が当期に存在する場合に，適正な期間損益計算をするために，合理的に見積った金額を当期の費用に計上して，当期の収益を対応させることに，設定意義がある。

負債性引当金のうち，賞与引当金，工事補償引当金，修繕引当金のように，通常一年以内に使用される見込のものは，流動負債に属し，退職給与引当金，特別修繕引当金のように，通常一年を超えて使用される見込のものは，固定負債に属するとしている（企業会計原則第三・四・（二）・AおよびB）。

(1) 賞与引当金

賞与引当金は，従業員に対する賞与支給規程などにもとづいて，定期（通常は6月および12月）的に支払うために，見越計上された引当額である。従業員賞与は，当期における従業員の労働力に対する給付とみなされるから，当期中に発生している賞与額を期末に合理的に見積り，当期の費用（従業員賞与）として計上し，当期の収益と対応させるとともに，賞与引当金として計上するのである。

税法上，賞与引当金が認められなくなったとしても，今後は，有税で引当計上することになろう。ただし，税務上，決算期末から1ヶ月以内に支給すれば，未払計上が認められるので，この未払計上を適用するために支給時期を変更して，賞与の未払部分が発生しないようにする企業もあるようである。なお，賞与引当金は，1998年の税制改正により廃止されたけれども，1998年4月1日か

ら2003年3月31日までの間に開始する事業年度においては，1998年改正前の法人税法により計算した賞与引当金の繰入限度額に，一定の割合（2002年4月1日から2003年3月31日までの間に開始する事業年度については6分の1）を乗じた金額に達するまでの金額は，損金の額に算入することができる。

(2) 工事補償引当金

工事補償引当金は，請負工事の引渡し後，一定期間内であれば，無料で補修工事を行うという補償契約がある場合，その無料工事の支出に備えて見越計上された引当額である。工事の無料補修工事が生じる可能性は未知なものではあるが，過去の実績・経験によって合理的に見積ることができる場合に現実に無料補修工事が生じたとき，その期に費用負担するのでは適正な期間損益計算とはならない。請負工事の引渡しがなされた期にこれらの費用の発生原因が生じていると考えられるから，その引渡しのあった期間末に，過去の経験等にもとづいて予想額を合理的に見積り，当期の費用（工事補償費）として計上し，当期の収益と対応させるとともに，工事補償引当金として計上するのである。

製品などの販売の際，一定期間無償で修繕補修をするサービスの契約する場合の製品保証引当金も，アフターサービス費用の見越計上にともなう引当金であり，工事補償引当金と同種のものである。

〔設 例3〕
当期の製品売上高¥4,500,000に対して，期末に過去の経験から1％の製品保証引当金を設定することにした。
（借） 製品保証引当金繰入 450,000 （貸） 製品保証引当金 450,000

(3) 修繕引当金

修繕引当金は，企業の所有する設備や機械などの有形固定資産について，修繕計画にもとづいて当期に行うべき修繕が，なんらかの都合によりこれを当期に実施せず次期にすることとした場合に，その修繕の支出に備えて見越計上された引当額である。修繕の事実が当期にあることから，当期の修繕費として計

上するとともに，修繕引当金として計上するのである。

〔設　例4〕
(1) 期末に，次期に行う修繕の見積額¥300,000を計上した。
(2) 上記の修繕を行い，現金¥320,000を支払った。
　(1)　(借) 修繕引当金繰入　300,000　　(貸) 修 繕 引 当 金　300,000
　(2)　(借) 修 繕 引 当 金　300,000　　(貸) 現　　　　　　金　320,000
　　　　　　修繕引当不足　　20,000

　特別修繕引当金は，船舶や溶鉱炉などのように，数年ごとに定期的に行われる大修繕にそなえて設けられる引当金である。大修繕にかかる支出はすべて大修繕が実施される期間の費用とするのでなく，その修繕が実施されるまでの各会計期間においても大修繕の必要性が少しずつ生じているものと考えられることから，それまでの各会計期間末に，公平に修繕費として計上するとともに，特別修繕引当金として毎期繰入れるのである。この特別修繕引当金は，固定負債に属する。なお，税法上は，「特別修繕準備金」と称する。

〔設　例5〕
(1) 5年後に行われる船舶の定期大修繕の費用を¥1,000,000と見積もり，毎期¥200,000ずつ特別修繕引当金勘定に繰入れることにした。
(2) 定期大修繕を行った。その費用¥950,000は小切手を振出して支払った。なお，この修繕のために特別修繕引当金が¥800,000引当ててある。
　(1)　(借) 特別修繕引当金繰入　200,000　　(貸) 特別修繕引当金　200,000
　(2)　(借) 特別修繕引当金　800,000　　(貸) 当 座 預 金　950,000
　　　　　　修　　繕　　費　150,000

(4) 退職給付引当金

　「退職給付に係る会計基準の設定に関する意見書」（1998年6月16日公表）によれば，退職給付とは，一定の期間にわたり労働を提供したこと等の事由に基づいて，退職以後に従業員に支給される給付をいい，退職一時金および退職年金等がその典型である。また，退職給付債務とは，退職を事由として退職以後に従業員に支給される給付のうち期末時点までに発生していると認められる部分

の現在価値である。

わが国では，支払資金を社内に準備する退職一時金制度，および，社外に掛金を拠出して積み立てた資産を原資として退職給付をする企業年金制度（厚生年金基金制度，適格退職年金制度など），を併用する企業が多くなっている。今までは，直接給付する部分については退職給与引当金による処理が行われる一方，企業年金制度については拠出金を支払時の費用として処理する実務が行われており，退職給付に関しての会計処理が異なっていた。しかし，今後（原則として，2000年4月1日以後開始される事業年度から）は，これら形態の違いにかかわらず，会計処理上は，従業員の退職時に見込まれる退職一時金と企業年金の給付額を「退職給付債務」として統一的に認識することとなった（同意見書）。

賃金後払説の立場から，退職給付は，基本的に労働契約等に基づき，勤務期間を通じて従業員が提供した労働によって発生するものであると，同意見書は解釈している。したがって，退職給付は，その発生が当期以前の事象に起因した将来の特定の費用的支出である，といえる。その会計処理は，従業員が将来退職する場合に支給される退職給付のなかから，当期の負担に属する額を当期の費用として引当金に繰入れるとともに，当該引当金の残高を，退職給付引当金として貸借対照表の負債の部に計上する。

当期の退職給付債務は，退職時に見込まれる退職給付の総額（退職給付見込額）のうち，期末までに発生していると認められる額を，予想される退職時から現在までの期間（残存勤務期間）に応じて一定の割引率で現在価値に割り引いて見積計算する。すなわち，退職給付債務は，将来の退職給付のうち，期末時点まで発生していると認められている部分の現在価値を示すことになる。なお，退職給付見込額は，予想退職時期に支払われる退職給付の総額に退職確率を乗じて計算する。

企業年金制度に基づく退職給付債務は，割引計算された当期の退職給付債務から，外部に積み立てられた年金資産の時価評価額を控除することにより算出される。年金資産とは，企業年金制度を採用している企業に該当する資産であり，退職給付に充てるために外部に積み立てられている資産である。この退職

給付債務は，期末の時点で発生されていると認められる額の現在価値である。したがって，当期に発生している退職給付費用とともに計上される退職給付引当金が含まれていることになる。

当期の退職給付費用は，前期末の退職給付引当金と当期末の退職給付引当金とを比較して増加した額である。この退職給付費用には，①勤務費用の額（当期の従業員による労働対価として発生した退職給付額の現在価値額），②利息費用の額（期首の退職給付債務の期末時点までの経過により発生する計算上の利息額），③期待収益の額（企業年金制度の年金資産の運用により生じる額），④過去勤務債務のうち費用として処理した額（退職給付の給付水準の改定等により従前の給付水準に基づく計算との差異として発生する過去勤務債務のうち費用として処理した額），⑤数理計算上の差異のうち費用として処理した額（年金資産の期待運用収益と実際の運用成果との差異，退職給付債務の数理計算に用いた見積数値と実績との差異および見積数値の変更等により発生した差異のうち，費用として処理した額），によって構成されている。さらに，会計基準変更時の積立不足の費用処理額も含まれる。退職給付費用は，次の算式で求める。

　　退職給付費用＝勤務費用額＋利息費用額－期待収益の額±過去勤務債務の費
　　　　　　　　　用処理額±数理計算上差異の費用処理額±会計基準変更時差
　　　　　　　　　異の費用処理額

これを，退職給付費用として損益計算書に計上する。

貸借対照表の負債の部に計上される退職給付引当金の金額は，期末時点で発生されていると認められる退職給付債務の現在価値としての退職給付債務額から，退職給付費用の額を控除した額である。

なお，「退職給付会計に係る税務上の取扱いについて（法令解釈通達）」（2000年3月30日）によれば次のように取扱うよう求めている。

退職給付会計における退職一時金規程（企業内年金の規程）に基づく退職給付引当金は法人税法上の退職給与引当金に該当する。適格退職年金制度のもとでは，年金財政計算に基づいて，事業主又は退職給付信託から受託機関に実際に支払われた掛金又は拠出金のうち事業主が負担すべき金額が税務上拠出時の損

金として認められる。また，厚生年金基金制度のもとでは，厚生年金の掛金又は徴収金のうち事業主が負担すべき金額は，当該掛金等の計算の対象となった月の末日に税務上の損金算入が認められる。

(5) 売上割戻引当金

売上割戻引当金は，販売促進上の目的で，一定期間に一定額以上の売上をなした代理店等に対して売上割戻を行う場合に，将来行われる割戻のため見積られた引当額である。当期の売上高のなかに，将来の割戻の部分が存在するのであるから，当期末に売上高から控除するとともに，売上割戻引当金として計上するのである。これは，負債性引当金ではあるが，売上収益の控除項目としての性質をもつ収益控除性引当金ともいえる。

(6) 返品調整引当金

返品調整引当金は，出版業，出版に係る取次業医薬品（医薬部外品を含む），農薬，化粧品，既製服，蓄音機用レコード，磁気音声再生機用レコードまたはデジタル式の音声再生機用レコードの製造業，などの業界の企業が，販売した商品・製品について，販売価額によって引き取る特約を認めている場合の引当金である。将来に返品されると予測される商品・製品の売上利益に相当する費用を見積り計上にともなう引当額である。

当期の売上総利益のなかに，将来に返品されると予測される商品・製品の売上利益の部分が存在するのであるから，当期の売上総利益から見積額を控除するとともに，返品調整引当金として計上するのである。これも，売上割戻引当金と同じく，負債性引当金ではあるが，収益控除性引当金ともいえる。

〔設 例6〕

決算に際し，売掛金残高￥1,500,000に対して返品調整引当金を設定した。なお，返品予想率は10％，売上総利益率は20％である。

（借）返品調整引当金繰入　30,000　（貸）返品調整引当金　30,000

（注）返品調整引当金繰入額＝期末売掛金残高または売上高×返品予想率×売上総利益率

(7) 債務保証損失引当金

債務保証損失引当金は，債務を保証している場合に，当該債務者の返済能力が極めて困難と思われ，保証人として債務者に代って支払わねばならない状況になる可能性が高いと予想されるときに，その支出を見積って，債務保証損失として計上するとともに，債務保証損失引当金として計上するのである。これは，負債性引当金である。

しかし，一般に，業績の芳しくない企業は，債務保証損失引当金の計上により，利益が圧縮されるれとともに，財務の危険性が明示されてしまうことをおそれ，計上を避ける傾向がある。債務負担が現実に発生する可能性の高い場合，この引当経理をすることになっているが，その「発生する可能性の高い」ということについて，具体的な指針が示されず，曖昧であった。

日本公認会計士協会（「債務保証及び保証類似行為の会計処理及び表示に関する監査上の取扱い」1999年2月23日）は，債務保証損失引当金の計上基準について，「法的，形式的な経営破綻の事実は発生していないものの深刻な経営難の状態にあり，再建の見通しがない状況にあると認められるなど，実質的に経営破綻に陥っている場合，及び経営破綻の状況にはないが経営難の状態にあり，経営改善計画等の進捗状況が芳しくなく，今後，経営破綻に陥る可能性が高いと認められる場合には，債務保証損失引当金の計上対象となる」と明確にした。債務保証損失引当金の計上の基準について公表することに至ったのは，バブル経済崩壊後の一連の債務保証にかかわる倒産は，債務保証の甘い処理を公認会計士の監査で見逃したことに要因があるとの反省を踏まえているとおもわれる。

〔設 例7〕
(1) 得意先甲商店の債務の保証をしていたところ，同商店の財政状態が著しく悪化したので，期末に¥200,000の債務保証損失引当金を設定した。
(2) 同商店が倒産したので，保証した債務¥360,000について小切手を振出して支払った。なお，債務保証損失引当金は¥200,000設定してある。

(1) （借）債務保証損失引当金繰入　200,000　（貸）債務保証損失引当金　200,000

(2) (借) 債務保証損失引当金　200,000　　(貸) 当 座 預 金　360,000
　　　　債 務 保 証 損 失　160,000

(8) 損害補償損失引当金

　これは，損害補償しなければならない状況になる可能性が高いと予想されるときに，その支出を見積って，損害補償損失として計上するとともに，損害補償損失引当金として計上するのである。

§5　偶　発　債　務

　偶発債務 (contingent liability) とは，いまだ負債としては確定されていないけれども，将来一定の条件が成立したならば，債務と確定される可能性のあるものであり，不確定債務ともいわれている。たとえば，他人の債務を保証したときの返済保証義務，受取手形の割引や裏書譲渡に伴う償還義務，先物売買契約・受注契約における売渡義務，引渡済の請負作業または売渡済の商品・製品に対する保証義務，係争事件にかかる賠償義務など将来において債務となりうる可能性のあるものであり，その発生の確率が高くはなくて偶発的で，発生額を合理的に見積ることができないものである。発生の可能性が高く，その原因が当期以前に存在し，その金額を合理的に見積ることができる場合には，偶発損失引当金を計上することになる。

　偶発債務は，将来その発生が確定的となった場合に，将来の企業の財政状態および経営成績に重要な影響を及ぼすことになるので，会計処理上，対照勘定を用いて備忘的に記帳したりすることができる。

　偶発債務には，将来債務として確定したときに，同額の求償権などが生じるものと，求償権などが存在せずに損失だけが生じるものとがある。

1．求償権などが生ずる偶発債務

(1) 保証義務

　他人の債務について連帯保証した場合に，主たる債務者が返済しないときにその債務者に代って返済しなければならない義務があるとともに，主たる債務者に対して求償権がある。このような保証債務について，保証債務勘定および保証債務見返勘定という対照勘定を用いて保証債務の金額を備忘的に記帳することもできる。

　「財務諸表規則」によれば，債務の保証・債務の保証と同様の効果を有するもの，係争事件に係る賠償義務その他現実に発生していない債務で将来において事業の負担となる可能性あるもの，がある場合には，その内容と金額を貸借対照表の脚注に注記しなければならない (58条)。ただし，重要性のない偶発債務は注記を省略することができる。さらに，「財務諸表規則ガイドライン」では，債務の保証等についてはその種類・保証先等を，係争事件に係る賠償義務については当該事件の概要および相手方等を，記載するよう要求している。

　また，計算書類規則 (第32条) によれば，「保証債務，手形遡及義務，重要な係争事件に係る損害賠償義務その他これらに準ずる債務は，注記しなければならない。ただし，負債の部に計上するものはこの限りでない」と規定している。

　偶発債務は，その発生の可能性が未確定であるが，将来の状況によっては債務となる可能性のあるものであり，負債性引当金として設けられた債務保証損失引当金は，保証義務としての債務を負う可能性が高い場合に限って見積もられた債務である。

　バブル経済の崩壊とともにわが国の経済状況は厳しい状況にあり，債務保証をした結果倒産に至った企業が増加した。債務保証に係る注記は，投資意思決定などに際して，そのような倒産など，当該企業が不測の事態が発生するかどうかを予測することに役立つ重要な財務情報となる。

　日本公認会計士協会は，注記すべき債務保証の範囲がいままで曖昧であったことから，明記することにした。通常の債務保証のほか，保証予約（これには，

①停止条件付保証契約，②予約完結権行使型保証予約，③保証契約締結義務型保証予約，が含まれる），および，経営指導念書等の差入れ，を示している（「債務保証及び保証類似行為の会計処理及び表示に関する監査上の取扱い」1999年2月23日）。「保証予約」とは，将来において保証契約の成立を約束した契約である。「経営指導念書等」とは，一般的に，子会社等が金融機関等から借入を行う際に，親会社等としての監督責任を認め，子会社等の経営指導などを行うことを約して金融機関等に差し入れる文書（実務的には，経営指導念書，念書，覚書，レター・オブ・アウェアネス，キープウエル・レター等の標題により作成されている文書）を指す。

(2) 手形割引義務・手形裏書義務

所有手形を他人に譲渡した場合や銀行などで割引きを求めた場合に，その手形が不渡りとなったときに支払人に代って手形代金を支払わねばならない償還義務が生ずるとともに，自己の前者に対する償還請求権である遡求権が生ずる。手形を譲渡した場合または割引きをした場合に，偶発債務をあらわすために，手形金額と手形裏書義務勘定または手形割引義務勘定の貸方と手形裏書義務見返勘定または手形割引義務見返勘定の借方に，備忘的に記帳することができる。

「財務諸表規則」では，受取手形割引高，受取手形裏書譲渡高の名称，また，割引や裏書譲渡以外の手形については手形債権発生原因を示す名称，を付して注記するよう求めている（58条の2）。

(3) 売渡義務

先物売買契約・受注契約により，将来の特定日に，特定価額で，特定の商品を売渡す義務が生ずるとともに，その代金を受け取る権利が生ずる。契約を締結したときに，このような対立した権利義務をあらわすために，契約金額を売渡契約未収金勘定の借方と売渡契約勘定の貸方に，備忘的に記帳することができる。

2. 損失だけが生ずる偶発債務

ここに属する偶発債務は，引渡済の請負作業の保証義務，売渡済の商品・製品の保証義務，係争事件に関する賠償義務などである。これらの偶発債務は，将来において現実に債務と確定した場合には，求償権は生ずることなく損失のみが発生するのであるから，対照勘定を用いて記帳することは適切でない。確定債務となったときに損失と計上するのである。

このような偶発債務については，将来の損失にそなえて，利益を留保し積立金を設定することが望ましい会計処理方法であろう。

〔設　問〕
1　負債の意義について述べなさい。
2　社債の発行と社債の償還について説明しなさい。
3　新株予約権付社債について述べなさい。
4　引当金の種類をあげて説明し，引当金の意義について述べなさい。
5　偶発債務について述べなさい。

(参考文献)
1　エ・シュマーレソバッハ著，土岐政蔵訳『十二版・動的貸借対照表論』森山書店，昭和43年。
2　浅羽二郎『財務会計論』森山書店，昭和59年。
3　松尾憲橘・菊池祥一郎編『財務会計論』高文堂出版社，昭和57年。
4　山形休司『FASB財務会計基礎概念』同文舘，昭和61年。
5　飯野利夫『財務会計論［三訂版］』同文舘，平成5年。
6　高松和男『会計学概論［五訂版］』同文舘，平成11年。
7　中村忠『新稿現代会計学［四訂版］』白桃書房，平成12年。
8　新井清光『現代会計学［第五版］』中央経済社，平成12年。
9　加藤・津田『基本財務会計論』中央経済社，平成12年。
10　太田達也『改正商法の完全解説』税務研究会出版局，平成14年。

X 資　　本

§1　資本の意義と分類

1．資本の意義

　会計上，資本（capital）は，負債とともに，貸借対照表の貸方項目の1つである。

　前章で述べたように，貸借対照表の借方項目である資産が，資金の運用形態を示すものであるとすれば，負債および資本は，その資金の調達源泉を示すものであるといえる。

　企業内に流入する資金を総体的にとらえた意味での広義の企業資本を，総資本とよぶこともある。この総資本は源泉別にみれば，企業外部の第三者から流入する資金である他人資本（負債）と，企業内部の出資者から流入する資金である自己資本によって構成されているということができる。この自己資本のことを，会計上，一般に，資本とよんでいる。

　調達された企業資金を運用することによって企業利益が企業にもたらせられるが，その稼得利益は自己資本家である資本主に帰属し，他人資本家である債務者には企業利益という果実はもたらせられない。他人資本家である債務者は，企業に貸し付けた元本と利子について契約上保障されるが，自己資本家である資本主は，企業に払込んだ金額が保障されているわけではない。このような出資金のリスクの負担の相違に着目して，他人資本（負債）と自己資本に区別するのである。

　この場合の資本概念は，広義の企業資本により包含されたものであり，企業

内部か否かの資本構成に重点を置いた考察であり，自己資本家（＝企業所有主）に対する利益分配が主要課題となる。

　また，負債の章で触れたごとく，貸借対照表の貸方は，資産=持分（equity）として表現され，負債及び資本は，持分という企業資産に対する請求権（claim）をあらわす概念により統一的に把握される。この持分とは，企業に対する資金提供者の財産権であり，特定の資産に対する請求権ではなく，企業資産一般に関する請求権である，といわれている。この持分概念により，負債は債権者の請求権をあらわす債権者持分であり，資本は資本主の請求権をあらわす株主持分であるとみるのである。

　この場合の資本概念は，企業実体論（entity theory）と結合しており，企業実体における利益の測定が主要課題となる。

　資本概念は，とりわけ，株式会社制度の発展に伴う企業の資本構成の複雑化を契機に，様々に議論・研究されているところである。しかしここでは，それらには深く触れず，会計上，一般によんでいる資本概念により以下説明する。

2．資本の分類

　企業は，企業への資本の拠出の形態により，個人企業，組合企業，合名会社，合資会社，有限会社，株式会社，などに分類される。出資形態も，企業を規制する法律も異なっていることから資本に関する勘定も異なり，その処理方法に違いがみられる。

　個人企業の場合，原則として，1つの資本金勘定によって処理される。事業主が出資した金額を資本金勘定に記入する。発生した純損益は，決算時に，直接，資本金勘定に振り替える。

　組合企業の場合，各組合員の出資した額を各組合員ごとに資本金勘定（出資金勘定）を設けて処理する。発生した純損益は，一般的には，各組合員の出資額に比例して分配する。

　合名会社および合資会社の場合，これらの会社が法人であることを除いて，経済的には組合企業と同じであるから，会計上も，組合企業と同様に資本金を

処理する。各社員別に資本金勘定（出資金勘定）を設ける。財産出資以外の労務出資または信用出資がある場合には，それらを適正に評価し，備忘的に，対照勘定を用いて記録することもある。

有限会社については，株式会社に準じて処理する。

株式会社の場合，資本金とは，商法上の資本（法定資本）のことである。原則としては，発行済株式の発行価額の総額（商法第284条ノ2第1項）であり，株主の払込資本である。ただし，株式の発行価額の2分の1までは資本に組入れなくとも可能（商法第284条ノ2第2項）である。この資本に組入れられなかった額は資本準備金のひとつとなる（商法第288条ノ2第1項第1号）。さらに，商法上の資本は，株主総会の決議による配当可能利益の組入れ（商法第293条ノ2），取締役会の決議による資本準備金または利益準備金の組入れ（商法第293条ノ3），により増加させることも可能である。

法定資本は，株主の拠出した払込資本や留保利益という株主持分である。

このように，帳簿上，株式会社の資本金勘定は，法定資本を処理する勘定であり，個人企業の資本金勘定とは異なる。個人企業の資本金勘定は，資産総額から負債総額を差し引いた純資産額すなわち自己資本そのものを処理する勘定である。

企業会計基準第1号「自己株式及び法定準備金の取崩に関する会計基準」（2002年2月21日　企業会計基準委員会）によれば，資本の部を，資本金，資本剰余金，利益剰余金及びその他の項目に区分し，資本剰余金を資本準備金とその他の剰余金に，利益剰余金を利益準備金，任意積立金および当期未処分利益に区分するよう求めている。

「企業会計基準」による個別財務諸表の資本の部の表示例

Ⅰ　資本金
Ⅱ　資本剰余金
　1．資本準備金
　2．その他資本剰余金

(1) 資本金及び資本準備金減少差益
　　　(2) 自己株式処分差益
Ⅲ　利益剰余金
　1．利益準備金
　2．任意積立金
　3．当期未処分利益
Ⅳ　土地評価差額金
Ⅴ　その他有価証券差額金
Ⅵ　自己株式
　資本合計

　証券取引法の財務諸表規則においては，資本は，資本金，資本剰余金，および利益剰余金に分類して記載するとしている（財務諸表規則第59条）。
　資本剰余金に属する剰余金は，資本準備金，その他資本剰余金（資本準備金および法律で定める準備金で資本準備金に準ずるもの以外の資本剰余金）に区分し，法律で定める準備金で資本準備金に準ずるものは当該剰余金の名称を付した科目，その他資本剰余金に属する資本剰余金は当該資本剰余金の発生源泉を示す名称を付して科目でもって掲記するよう求めている（財務諸表規則第63条）。
　利益剰余金に属する剰余金は，利益準備金および法律で定める準備金で利益準備金に準ずるものは当該準備金の名称を付した科目で掲記するよう求めている（財務諸表規則第65条）。また，利益剰余金のつぎに土地再評価差額金の科目を，そして，資本の部に計上されるその他有価証券の再評価差額は，利益剰余金のつぎにその他有価証券評価差額金の科目を掲示することとしている（財務諸表規則第68条の2，および第68条の2の2）。
　土地再評価差額金は，1998年3月31日に施行された「土地の再評価に関する法律（以下，土地再評価法）」にもとづく土地の再評価により，当該再評価を行った事業用土地の再評価額から当該事業用土地の再評価の直前の帳簿価額を控除した金額である。

その他有価証券には，直ちに売却するのではないが長期的な時価の変動による利益を得ることを目的として保有する有価証券や業務提携目的で保有する持合株式などの有価証券も含まれる。時価評価（期末時点の時価のほか，期末前一ヶ月の平均時価によることもできる）差額をその他有価証券評価差額金として資本の部に表示する。なお，売買目的の有価証券の時価評価差額は損益計算書に掲載される。

「財務諸表規則」による個別財務諸表の資本の部の表示例

Ⅰ　資本金
Ⅱ　資本剰余金
　1．資本準備金
　2．その他資本剰余金
　　　自己株式処分差益
　　　……………
　　　資本剰余金合計
Ⅲ　利益剰余金
　1．利益準備金
　2．任意積立金
　　　中間配当積立金
　　　……………
　3．当期未処分利益
　　（当期未処理損失）
　　　利益剰余金合計
Ⅳ　土地評価差額金
Ⅴ　その他有価証券差額金
　　　資本合計

商法施行規則によれば，資本の部は，資本金，資本剰余金，および利益剰余金

に区分することを定めている（商法施行規則第69条第1項）。また，土地再評価法による再評価差額金は資本の部に別に土地評価差額金の部を設けること，資産の時価評価した場合，その資産の評価差額金（当期利益または当期損失として計上したものを除いて）資本の部に別に株式等評価差額金の部を設けること，そして自己株式は資本の部に別に自己株式の部を設けて，控除する形式で表示するよう定めている（商法施行規則第69条第2から4項）。

資本剰余金の部には，資本準備金とその他資本剰余金を記載し，その他資本剰余金は，減資差益，自己株式処分差益その他の内容を示す科目名称で表示するよう定めている（商法施行規則第70条）。

利益剰余金の部には，利益準備金，任意積立金，ならび当期未処分利益または当期未処理損失を記載し，任意積立金についてはその内容を示す科目名称で表示するよう定めている（商法施行規則第71条）。

「商法施行規則」による個別財務諸表の資本の部の表示例

Ⅰ 資本金
Ⅱ 資本剰余金
　1．資本準備金
　2．その他資本剰余金
　　減資差益
　　自己株式処分差益
　　………………
　　資本剰余金合計
Ⅲ 利益剰余金
　1．利益準備金
　2．任意積立金
　　………………
　　………………
　3．当期未処分利益

（当期未処理損失）
　　　利益剰余金合計
Ⅳ　土地評価差額金
Ⅴ　株式等評価差額金
Ⅵ　自己株式
　　　資本合計

§2　株式会社の資本金

　株式会社の資本金については，商法第2編第4章「株式会社」で定められている。

　株式会社の資本金は，法定資本の部分である。株式会社の株主の責任について，商法は株式の引受額を限度としている（商法第200条）。すなわち，株主は，会社債務に対し出資額の限度内で危険負担するにすぎない。したがって，債権者の担保となるのは会社資産だけとなる。そこで，債権者を保護するために，会社資産の最小限度の確保が必要であるから，商法で法定資本を定め，株主の有限責任の限度額を明示することにしているのである。さらに，債権者の保護の見地から，株式会社の資本金の額を，1千万円以上と定めている（商法第168条の4）。

1．授権資本制度

　株式会社の設立に際しては，1名以上の発起人が必要とされ，発起人の定款の作成が義務付けられている（商法第165条）。その定款には，株式会社の目的，商号，会社が発行する株式の総数，会社の設立時に発行する株式の総数などを記載しなければならない（商法第166条第1項）。この定款に記載された発行予定の株式総数のことを授権株式数という。

　授権資本制度とは，授権株式数の範囲内で株式の発行する権限を取締役会に委譲する制度である。この制度により，株主総会の決議を経ずに，取締役会の

決議だけで必要とされるときいつでも新株を発行することが可能（商法280条ノ2第1項）となり，会社は迅速的な資金調達が可能となるのである。

しかし，株式の譲渡制限のある会社（以下，譲渡制限会社）を除いて，授権株式数に次のような規制を設け，持株比率を維持するために，取締役会の新株発行の権限に制限を加えている。

会社設立時の発行株式の総数は，譲渡制限会社を除いて，授権株式数の4分の1以上でなければならない（商法第166条第4項）。また，設立時の定款により定められた授権株式数を超えて株式を発行する場合は，種類株式を発行している場合を除いて，総株主の議決権の過半数を有する株主が出席する株主総会において議決権の3分2以上の賛成による特別決議（商法第343条）によって，定款を変更して授権株式数を増加させることができる（種類株式の発行会社は，定款変更が種類株主に損害をもたらす場合に，株主総会の決議のほかに種類株主の総会の決議を要する（商法第345条第1項））。ただし，授権株式数の変更は，譲渡制限会社を除いて，増加する株式の総数は発行済株式の総数の4倍を超えてはならないと制限されている（商法第347条）。

譲渡制限会社であれば，会社設立時の授権株式数を，将来を見込んで予め多めに設定しとおくことが可能であるし，また，会社設立後に発行する株式総数についても制限されていない。したがって，譲渡制限会社は，発行済株式総数の4倍を超えた新株発行に際して要求される定款変更のための株主総会の開催，会社登記の変更の煩雑な事務処理，登記完了まで要する日数などから開放され，機動的に資金調達ができるのである。ベンチャービジネスのような急成長する小規模の株式会社にとっては，頻繁な増資計画，投資ファンドの受け入れ，他企業との資本提携などを迅速に行うことが可能となる。

株式の譲渡制限を行うには，定款に株式の譲渡について取締役会の承認を要する旨を定めておく必要がある。株式の譲渡制限を設けた会社は，その旨を登記するとともに，株券にも記載しなければならない。譲渡制限会社の株主には，新株引受権が保証されており，また，株主以外の者に対して新株を発行する場合には株主総会の特別決議が要求される（商法第280条ノ5ノ2）。したがって，

新株発行により既存株主の利益が害されるおそれがないので，譲渡制限会社には，授権株式数に制限が加えられていない。なお、譲渡制限会社は，株主以外の者に対して新発行する場合には，株主総会の特別決議とともに，取締役会で「新株の割当を受ける者」，「株式の種類・数」について決議することになっている（商法第280条ノ2第2項9号）

2. 株式の種類

株式には，株式数だけ記載されており金額表示はされていない（いわゆる無額面株式）。

普通株式は，利益の配当，議決権，残余財産の分配等について，平等の権利を持っている。また、株主権の内容の異なる種類の株式発行が許されている（商法第222条第1項）。

種類株式としては，たとえば，会社利益の配当や残余財産の分配について，他の株式よりも優先的地位を認められている優先株式，逆に普通株式に劣後して利益配当や残余財産を受ける劣後的立場に置かれている劣後株式（後配株式），配当可能利益をもって将来の一定時期に買戻し償還することになっている償還株式，ある種類の株式から他の種類の株式に転換できる権利が付与された転換予約権付株式，定款の定める事由が発生したときには，会社がある種類の株式を他の種類の株式に転換できる強制転換条項付株式，そして株主総会で議決権の行使に制限のある議決権制限株式，などがある。議決権の制限には，議決権の全てを制限する場合，および，一部だけ議決権を制限する場合とがる。議決権制限は，優先株式だけでなく，普通株式，劣後株式にも認められている。議決権制限株式の総数は，発行済株式の総数の2分の1以内までに限られている（商法第222条第6項）。

貸借対照表に表示される資本金に関して，会社が発行する株式および発行済株式の種類および総数について，注記しなければならない（財務諸表規則第61条）。

3. 株式の発行

株式の発行は，株式会社設立時の株式発行と設立時以降の新株発行の2通りがある。会社がすでに発行した株式を発行株式といい，残りを未発行株式という。

(1) 設立時の株式発行

株式会社の設立に際して，発行する株式の総数の全部を発起人が引き受ける場合の発起設立と，発行株式のうち一部を発起人が引き受け，残りについて株主を公募する場合の募集設立がある。会社は本店の所在地において設立の登記をすることにより成立する（商法第57条）が，商法上の発起設立については株式の引受けが終了した時点，募集設立については株式の払込が終了した時点で株式会社が成立したとみなされる。

会計処理としては，株式の払込の記録から行われることになるが，備忘的に払込以前のことについて記録することがある。なお，発起人は，発起人が定めた払込取扱銀行または信託会社，公募に応じた株式引受人は，株式申込証に記載された払込取扱銀行または信託会社に払込をする。

〔設 例1〕
(1) 京都株式会社は，定款に会社が発行する株式の総数を4,000株と定め，会社設立に際してその4分の1の1,000株を1株の発行価額￥70,000で発行することにし，発行株式のうち800株を発起人が引き受け，200株を公募することにした。①発起人により800株の株式の引き受けがなされ，②200株の公募株式につき応募者から1株につき発行価額と同額の申込証拠金が払込銀行に払込があった。
(2) 発起人から払込が全額なされた。
(3) 払込完了後，創立総会を開催し取締役を選任し，ついで設立登記を行い，発起人は払込金を取締役に引き渡した。

 (1) ① （借）未払込資本金 56,000,000 （貸）引受済資本金 56,000,000

②	(借)	別段預金	14,000,000	(貸)	株式申込証拠金	14,000,000
(2)	(借)	別段預金	56,000,000	(貸)	未払込資本金	56,000,000
(3)	(借)	株式申込証拠金	14,000,000	(貸)	資本金	70,000,000
		引受済資本金	56,000,000		別段預金	70,000,000
		当座預金	70,000,000			

　株式の発行に対する払込は現金によるのが原則であるが，現金以外の財産の形で払い込まれることがある。これを現物出資という。現物出資の場合，財産の評価が過大となりがちとなり，財産額以上の株式を与え，株式の割引発行と結果として同じになりかねないので，注意しなければならない。

(2) 新株発行

　会社の設立後は，必要に応じて，取締役会の決議を経て，未発行株式の一部を発行することができる。これを新株発行という。事業拡張などのため，現在の定款で定められている授権株式数では不足である場合には，株主総会の特別決議により，定款の変更を行い，授権株式数の枠を拡げることもできる。

　新株発行は，通常，新規の資金調達を目的としてなされる。これを通常の新株発行という。通常の新株発行には，持ち株数に応じて既存の株主に新株引受権を与える株主割当，新株引受権を取引先や取引銀行，従業員など，その企業に何らかの関係のある特定の第三者に与える第三者割当，新株引受権を広く一般に与える公募，がある。なお，新株発行を伴う資金調達のことを，エクイティ・ファイナンス（equity finance）という。

　新株発行の際には，株式引受人から，普通株式の払込金に相当する額の申込証拠金を払い込ませ，払込期日にこれを払込金に充当する方法がとられている。株式引受人より徴収した株式申込証拠金は，株式申込証拠金，申込証拠金，新株払込金などの勘定によって処理される。なお，会社は，新株予約権を発行することが可能であり（商法280条の第20項1号），新株予約権者は新株を発行するときにその新株を優先的に引き受ける権利を有する（商法第280条の4第1項）。

　資本金が増加することを増資とよぶ。新株の発行は，通常，資本金の増加と

ともに現実の資金の払込がともない，企業の純資産額が増加する。これを実質的増資という。これには，通常の新株発行のほかに，特殊な新株発行として，企業の合併・買収（Merger and acquisituion）の際の株式交換，転換社債型新株予約権付社債（Convertible bond）および新株予約権付社債（ワラント債）などの新株予約権者が新株引受権を行使した場合の新株発行などがある。

株式発行に際しては，発行価額の総額を資本に組入れることが原則（商法第284条ノ2第1項）であるが，株式発行価額の2分の1の範囲内の部分を資本に組入れなくともよいとされている（商法第284条ノ2第2項）。株式の発行価額のうち資本に組入れない額は，資本準備金として積立てるよう規定されている（商法第288条ノ2第1項1号）。

〔設 例 2〕
(1) 奈良産業株式会社（授権株式数1,000株）は，取締役会の増資の決議により，株式300株（発行価額1株￥60,000）を公募し，発行価額のうち商法で認められる最低額を資本金に組入れないことにした。申込期日までに500株の申込があり，申込証拠金の払込を受けた。
(2) ①300株の株式の割当をし，②割当分の別段預金を当座預金に振り替えた。
(3) 割当もれの株式について申込証拠金を返却した。

(1)		(借)	別 段 預 金	30,000,000	(貸)	株式申込証拠金		30,000,000
(2)	①	(借)	株式申込証拠金	18,000,000	(貸)	資 本 金		9,000,000
						株式払込剰余金※		9,000,000
	②	(借)	当 座 預 金	18,000,000	(貸)	別 段 預 金		18,000,000
(3)		(借)	株式申込証拠金	12,000,000	(貸)	別 段 預 金		12,000,000

※または，資本準備金

企業の吸収合併の際には，被合併会社の資産・負債は，すべて，合併会社に承継され，その対価として，純資産額に相当する株式を発行して，または，一部は合併交付金として現金を，被合併会社の株主に交付する。その際，合併会社の資本金は，発行株式に相当する額の部分が増加する（後述の「§3 資本剰余

金」の「(5) 合併差益」参照)。転換社債型新株予約権付社債を株式に転換する場合、社債が消滅して、資本金が増加する。新株引予約付社債の所有者による新株引受権の行使の場合も資本金が増加する。

他方、資本金は増加するものの、現実の払込もなく、純資産の増加の生じない形式的増資がある。これには、利益の資本組入れ、法定準備金の資本組入れなどによる場合の新株発行が含まれる。

利益の処分に関する株主総会の決議によって、配当可能利益の全部または一部を資本に組入れることが可能である（商法第293条ノ2）。また、取締役会の決議によって、法定準備金である資本準備金や利益準備金の全部、または、一部を資本に組入れることもできる（商法第293条ノ3）。これらの資本組入れの場合、① 資本の組入れのみで、払込をともなわない無償増資と、② 資本の組入れに際し、発行価額の一部の払込をともなう有償・無償の抱合せ増資とがある。さらに、①の無償増資にあたっては、資本組入れ額の全部または一部について新株を発行して株主に無償交付する場合と、新株を発行しない場合とがある。新株を発行しないで利益や準備金を資本に組入れるのは、資本と株式との直接の関係が切断された結果であるといえる。

〔設例3〕
(1) 名古屋紡績株式会社は、株主総会の決議により、配当可能利益の一部 ¥8,000,000 を資本に組入れ、株式160株（新株1株あたりの発行価額1株 ¥50,000）を発行して株主に無償交付した。
(2) 熱海商事株式会社は、①利益準備金 ¥2,000,000 と有償払込による ¥3,000,000 の抱合せ増資、株式100株（新株1株あたりの発行価額1株 ¥50,000）を発行することを取締役会で決議した。②割当株主より払込を受けた。③払込の翌日に申込証拠金を資本金勘定に、別段預金を当座預金に振り替えた。

(1)		(借) 未処分利益	8,000,000	(貸) 資本金	8,000,000
(2)	①	(借) 利益準備金	2,000,000	(貸) 資本金	2,000,000
	②	(借) 別段預金	3,000,000	(貸) 株式申込証拠金	3,000,000
	③	(借) 株式申込証拠金	3,000,000	(貸) 資本金	3,000,000
		(借) 当座預金	3,000,000	(貸) 別段預金	3,000,000

4. 資本金の減少

　資本金が減少することを減資とよぶ。資本を減少させる際には，総株主の議決権の過半数に当る株式を有する株主が出席する株主総会において議決権の3分2以上の賛成を得る特別決議が必要とされている（商法第343条および第375条第1項）。減資は，当該企業の株主および債権者に多大な影響を及ぼすから特別決議事項のひとつとされているのである。

　減資には，実質的減資と形式的減資がある。

　実質的減資は，資本金を減少させるとともに，同額を株主に払い戻すものであり，資本金と企業の資産が減少する。

　発行株式を減少させ資本金を減少させる方法のひとつは，株式消却である。株式の消却には，保有する自己株式を取締役会の決議にもとづき消却する場合（商法212条），および，資本の減少に従って消却する場合と定款の規定に基づき配当利益を財源にして消却する場合がある（商法213条）。すでに保有している自己株式の消却と利益財源の消却は，発行済株式数は減少するものの，法定資本金は減少しないので，ここでいう減資による株式消却には入らない。なお，株式消却の際，株主が減資に協力する場合に資本金の払戻しがなく，無償の株式消却となることもある。無償で株式を消却する場合は形式的減資となる。

　形式的減資は，無償で資本を減少させることであり，払戻しがなく企業の純資産額になんら影響を及ぼさない。形式的減資のほとんどの場合，欠損が発生している会社が，減資による資本額で欠損金の填補を目的として行われる。その方法としては，株式併合がある。これにより生じた減資差益は，後述の「その他資本剰余金」として貸借対照表に掲記される。

　株式併合とは，2株を1株にするなど，複数の株式を併合して少ない株式数にして，消滅した株式数に対応する資本金を減少させることである。株主に対する配当可能性を高めるためや株価を上げるために，株式を併合することもある。

〔設例4〕
(1) 福岡機器株式会社は，事業縮小のため，発行済株式を買入消却により減資することを臨時株主総会で特別決議した。①発行済株式総数のうち100株（1株につき¥50,000を資本金に組み入れている）を，1株¥30,000で小切手を振り出して買入，②その自己株式を消却した。
(2) 滋賀工機株式会社は，欠損金¥7,000,000の処理のために，臨時株主総会の特別決議により，資本金を¥30,000,000から¥20,000,000に無償減資することにし，発行済株式総数600株（1株につき¥50,000を資本金に組み入れている）について，3株を2株に併合した。

(1) ① (借) 自 己 株 式*1 3,000,000　(貸) 当 座 預 金 3,000,000
　　② (借) 資　　本　　金 5,000,000　(貸) 自 己 株 式 3,000,000
　　　　　　　　　　　　　　　　　　　　(貸) 減 資 差 益*2 2,000,000
(2) 　(借) 資　　本　　金 10,000,000　(貸) 未処理欠損金 7,000,000
　　　　　　　　　　　　　　　　　　　　(貸) 減 資 差 益*2 3,000,000

*1 この自己株式を消却するまでは，貸借対照表上，資本の控除項目として処理する。
*2 減資差益は，貸借対照表上，資本の部の「その他の資本剰余金」に計上される。

§3 資本剰余金

　既述のように株式会社の資本金は，法定資本の部分であり，発行済株式の発行価額のうち資本金に組入れられた金額である。剰余金は，会社の純資産額が，法定資本の額を超えた部分である（企業会計原則・注19）。純資産額は，正味資本ともよばれ自己資本ともいわれている。すなわち，剰余金とは資本金以外の自己資本のことである。

　　　　剰余金＝純資産額－法定資本額
　　　　純資産額＝資産総額－負債総額

　剰余金は，資本剰余金と利益剰余金に分け，資本剰余金とは資本取引から生じた剰余金，利益剰余金とは損益取引により生じた剰余金すなわち利益留保額であるとされている（企業会計原則・一般原則3および注2）。資本取引とは，増

資・減資のような株式会社の資本そのもの直接的な増減取引である。損益取引とは，企業の経営目的のために投資された資本を運用する経営取引である。

資本剰余金について，企業会計基準では，「資本準備金」と「その他資本剰余金」とし，その他資本剰余金を「資本金及び資本準備金減少差益」と「自己株式処分差益」に分類している。

商法で認められる資本準備金は，①株式払込剰余金，②株式交換差益，③株式移転差益，④分割差益，⑤合併差益，の5項目（商法第288条ノ2）とされている。この準備金は，後述の利益準備金とともに，欠損填補と準備金の資本組入れのほかには使用することができない（商法第289条第1項）。この規定に係わらず株主総会の決議により，資本準備金および利益準備金の合計額よりその資本の4分の1に相当する額を控除した額を限度に，資本準備金または利益準備金を減少することが可能である（商法第289条第2項）。

1. 資本準備金

(1) 株式払込剰余金

会社の資本金は，原則として，発行済株式の発行価額の総額であるが，ある一定の金額すなわち，発行価額の2分の1を超えない金額を資本金に組入れないでもよいとしている（商法第284条ノ2第1項，第2項）。株式払込剰余金とは，株式の発行価額のうち資本に組み入れなかった部分をいう。

〔設　例5〕

　　箱根観光株式会社は，増資にあたり，300株を1株¥100,000で発行し，全額払込を受け当座預金とした。資本金への組入れは商法の定める最低限度額とする。
　　　　（借）当　座　預　金　　30,000,000　　（貸）資　　本　　金　　15,000,000
　　　　　　　　　　　　　　　　　　　　　　　　　　株式払込剰余金　　15,000,000

株式払込剰余金は，資本金に組入れられた金額とともに，株式発行の際に株主が拠出したところの払込資本である。したがって，株式払込剰余金は，企業の利益に算入されるべきものではなく，自己資本として扱われる。貸借対照表には資本準備金として掲記する（「財務諸表規則」第63条）。

(2) 株式交換差益

株式交換とは，ある会社（完全子会社となる会社）の株主が保有する全ての株式を，他の会社（完全親会社となる株式）の株式と交換する制度である。一般に，株価の高い企業すなわち時価総額（株価×発行済み株式総数）の高い企業が，時価総額の低い企業を買収して，完全親会社となり，株価の低い企業を完全子会社とすることが予想される。完全親子会社は買収に際して多額の資金を用意する必要としないメリットがある。つぎの株式移転制度とともに，純粋持ち株会社の設立やＭ＆Ａ（企業の合併・買収）などの企業再編の際に，株式の交換をスムーズに行うための制度である。

既存の複数の会社間で完全親子会社の関係を創設する際に，完全親会社になる会社（以下，Ａ社）が完全子会社となる会社（以下，Ｂ社）の発行済株式の全てをＢ社の株主から取得し，それと交換にＢ社の株主にＡ社の発行する新株の割当をする（商法第352条），またはＡ社の保有する自己株式を移転する（商法第356条）。株式交換の日に完全親会社となるＡ社に移転されたＢ社の発行済株式総数の価額は，Ｂ社の純資産額ということになる。

株式交換による完全親会社の資本増加の限度額は，完全子会社となる会社に現存する純資産額に，完全子会社の発行済株式の総数に対する株式交換により完全親会社となる会社に移転する株式数の割合（交換によって親会社が取得する株数／子会社の発行済株式総数）を乗じた額から，①完全子会社となる会社の株主に支払うべき金額（交換交付金）および②完全子会社となる会社の株主に移転する完全親会社の自己株式の帳簿価額合計額，を控除した額が資本増加の限度額となる（商法第357条）。

完全親会社となる会社の資本増加の限度額が，完全親会社の現実に増加した資本金の額を超えるときは，その超過額を資本準備金として積立てねばならい（商法第288条ノ２第１項第２号）。この超過額を株式交換差益という。

(3) 株式移転差益

株式移転とは，ある会社（完全子会社となる会社）の株主が保有する全ての株

式を，新たに設立する会社（完全親会社となる会社）の株式と交換し，新設会社に移転する制度である。完全子会社が複数の場合，これらの会社は兄弟会社となり，事実上合併と同様の効果がある。

既存の会社（以下，甲社）が，株式移転によって完全親会社（以下，乙社）を新設する際に，甲社の株主は甲社の全ての株式を株式移転により設立する乙社に移転する。乙社は設立時に発行する株式を甲社の株主に割当てる。こうして，甲社の株主は乙社の株主となり，甲社は乙者の完全子会社となる。株式移転により設立される完全親会社乙社は，完全子会社となる甲社の株主に割当てた株式により完全子会社甲社に現存する純資産額を取得したことになる。

完全親会社の資本増加限度額は，株式移転の日における完全子会社となる会社に現存する純資産額からその会社の株主に支払わねばならない金額（株式移転交付金）を控除した額である（商法第367条）。

完全親会社となる会社の資本増加限度額が，設立した完全親会社の資本の額を超えるときは，その超過額を資本準備金として積立てねばならない（商法第288条ノ2第1項第3号）。この超過額を株式移転益という。

(4) 分割差益

分割差益は会社分割の際に生じる利益である。会社分割とは，1個の会社が契約により分割して，2個以上の会社となることである。企業が，会社を分割する目的は，企業組織の再構築，複数社の事業の統合，事業転換を図るための事業部門の一部売却，新会社への人員の移転等による人材の登用など労務対策，などが考えられる。

会社分割の形態には，新設された会社に分割する会社の営業の全部または一部を承継させる新設分割（商法第373条）と既存の会社に分割する会社の営業の全部または一部を承継させる吸収分割がある（商法第374条ノ16）。

分割による設立会社（新設分割）の資本額は，承継する純資産額から分割会社の株主に支払わねばならない金額を控除した額を超えることができない（商法第374条ノ5）。

設立会社の資本限度額が，設立会社の実際の資本額を超えるとき，その超過額を資本準備金として積立てなければならない（商法第288条ノ2第1項第3号ノ2）。

分割による承継会社（吸収分割）の資本は，承継する純資産額から分割会社の株主に支払わねばならない金額，および承継会社の新株発行に代えて保有自己株式を分割会社またはその株主に移転する株式の帳簿価額の合計額を控除した額が限度として増加することができる（商法第374条ノ21）。

承継会社の資本増加限度額が，承継会社の実際に増加した資本の額を超えるとき，その超過額を資本準備金として積立てなければならない（商法第288条ノ2第1項第3号ノ3）。

新設分割および吸収分割の際に生じるこれらの超過額を，分割差益という。

(5) 合併差益

合併差益とは，合併会社すなわち合併後の存続会社または合併による新設会社が，被合併会社（消滅会社）から承継した純資産額が，被合併会社の株主に交付した株式の払込金額をこえる場合の超過額をいう。

合併を被合併会社の株主の現物出資であると考えるならば，この超過額は，資本取引から生じた株式払込剰余金と同様のものといえるので，広義の払込剰余金として資本準備金に組入れられる。このように，合併の本質を被合併会社（消滅会社）の株主による存続会社への現物出資であるとするものを，現物出資説という。

〔設 例6〕
京都株式会社は下記のような財政状態の大阪株式会社を吸収合併し，大阪株式会社の株主に対して，京都株式会社の合併新株式60株（1株につき¥50,000を資本金に組み入れる）を大阪株式会社の株式（1株につき¥50,000を資本金に組み入れる）2株に対して1株の割合で交付した。この場合，京都株式会社が行うべき会計処理を示しなさい。ただし，現物出資説によって処理すること。

貸 借 対 照 表
平成○年3月31日

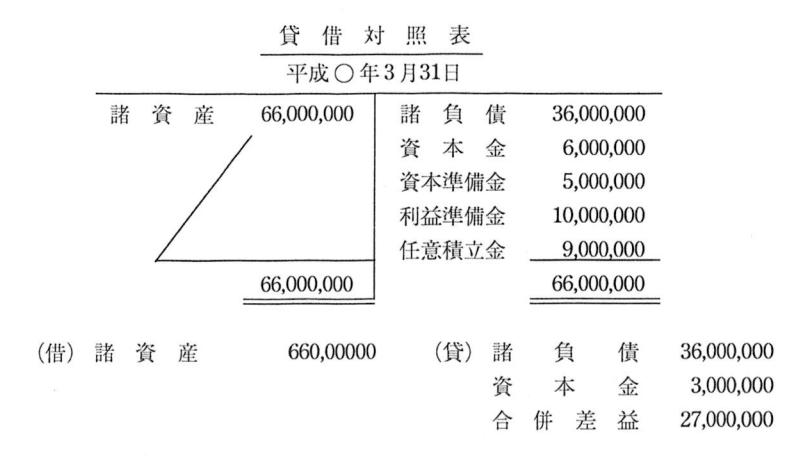

諸 資 産	66,000,000	諸 負 債	36,000,000
		資 本 金	6,000,000
		資本準備金	5,000,000
		利益準備金	10,000,000
		任意積立金	9,000,000
	66,000,000		66,000,000

(借) 諸 資 産　　660,00000　　(貸) 諸 負 債　　36,000,000
　　　　　　　　　　　　　　　　　　　資 本 金　　 3,000,000
　　　　　　　　　　　　　　　　　　　合 併 差 益　27,000,000

被合併会社の純資産　¥30,000,000＝諸資産¥66,000,000－諸負債¥36,000,000
合併差益　27,000,000＝¥30,000,000－¥50,000×60株

　合併とは，合併会社が被合併会社の資産および負債すべてを帳簿価額でそのまま包括的に引き継ぎ，被合併会社の資本準備金・利益準備金・任意積立金・未処分利益などの資本構成もそのまま合併会社に引き継がれるとする。この合併の本質観は，合併当事者の法人格が合一してひとつの会社になるという考え方であり，人格合一説または人格承継説とよばれる。被合併会社の株主と合併会社の株主は，合併後の会社に対する持分を共有することになる。人格合一説のもとでは，被合併会社の資本はその構成を崩さずに引き継がれるから，合併差益は資本修正から生じた剰余金であるといえる。

〔設　例7〕
　前記設例を，人格合一説によって処理しなさい。
　　(借) 諸 資 産　　660,00000　　(貸) 諸 負 債　　360,00000
　　　　　　　　　　　　　　　　　　　　資 本 金　　 6,000,000
　　　　　　　　　　　　　　　　　　　　資 本 準 備 金　5,000,000
　　　　　　　　　　　　　　　　　　　　利 益 準 備 金　10,000,000
　　　　　　　　　　　　　　　　　　　　任 意 積 立 金　9,000,000
　　　　　　　　　　　　　　　　　　　　合 併 差 益　　　30,000

商法では，消滅会社から承継した純資産額が，消滅会社の「株主に支払った金額」，および，合併による新株発行に代えて存続会社の保有する自己株式を消滅会社の株主に移転することができる（商法第409条ノ2）が，その「移転した株式の帳簿価額」の合計額，並びに存続会社の「資本の増加額」または合併による「設立会社の資本額」を超える場合の超過額（商法第288条の2第1項5号）を，資本準備金に積立てることを要請している。この超過額が合併差益である。ここで，存続会社の資本の増加額（あるいは新設合併の場合は資本の額）は被合併会社の純財産の額（簿価）を超えることはできないとするのは，商法の資本充実の要請からである。すなわち，商法では，消滅した会社から引き継いだ純財産の額が消滅会社の株主に対する合併交付金，および，移転株式の帳簿価額または交付新株（存続会社の資本増加額，新設会社の資本額）を超える場合に，その超過額（合併差益）を資本準備金とするよう規定しているのである。この点では，商法は現物出資説の立場をとっていると思える。さらに商法は，合併差益のうち，消滅会社の利益準備金・任意積立金・未処分利益などの留保利益の額に相当する金額を資本準備金としなくともよいとし，この場合，この利益準備金の額に相当する金額を合併後の会社の利益準備金としなければならないと規定（第288条の2第5項）し，人格合一説も認めているかにみえる。したがって，商法上では，現物出資説と人格合一説の両者の立場から処理することが可能である。

　いずれにせよ，合併差益は，合併会社の資本取引の結果発生するものであるから，利益に算入することなく，資本準備金として貸借対照表に表示しなければならない。

　近年では，企業結合の会計処理方法として，パーチェス法（purchase method：買収法）とプーリング法（pooling of interests method）について議論されている。わが国では，前者は現物出資説，後者は人格合一説として説明されることもある。米国のパーチェス法は企業の「取得」取引に，プーリング法は「持分の結合」取引に適用されてきた。それは，経済実体に即した会計処理であり，合併の法的性質からの議論ではない。

わが国では，連結会計基準を除き企業結合の会計処理方法が明確に定められていないことから，商法の規定に従う範囲内で多様な会計処理が行われてきているのが現状である。商法では，合併に伴う被合併会社からの承継純資産額の評価方法に何も触れられていない（株式交換・移転，会社分割についても，純資産額の評価に関して同様に明文規定なし）。そこで，実務では，評価替えに伴う評価益部分に対する課税を避けるために，被合併会社の純資産額を合併前の帳簿価額で引き継ぐ会計処理方法が多く選択されてきたようである。とくに，企業買収では，子会社の吸収合併は時価評価（連結財務諸表原則適用による）されており，それ以外の合併では帳簿価額で承継純資産を評価している状況にある。こうした現状を踏まえて，適切な投資情報の開示の観点から会計処理基準の整備するために，企業会計審議会は「企業結合に係る会計基準に関する論点整理」(2001年7月6日）を公表した。

それによると，パーチェス法とプーリング法は，つぎのように従来理解されているとしている。

　パーチェス法：被結合会社の資産と負債を公正価値で受け入れ，かつ，または，交付した株式の公正価値だけ資本を増加させ，そのすべてを拠出資本とする方法

　プーリング法：被結合会社の資産と負債を帳簿価額のまま受け入れ，かつ，または，被結合会社の資本（株主持分）をそのまま結合会社に引き継ぐ方法

米国では，2001年に財務会計基準審議会（FASB）の基準書SFAS141号「企業結合」では，パーチェス法に一元化された。わが国では，企業会計審議会で検討中（2003年3月公開草案公表予定）であるが，パーチェス法を原則として，プーリング法を限定的に適用する案がでることもあるかもしれない。なお，国際会計基準審議会（IASB）の企業結合会計に関する公開草案（2002年12月5日公表）ではパーチェス法に一元化している。

2. その他の資本剰余金

その他資本剰余金としては，既述の減資により生じる資本金及び資本準備金減少差益，保有する自己株式を売却などの処分により生じる自己株式処分差益，会社更生および整理などにもとづいて固定資産を評価替えすることにより生じた固定資産評価益，政府などから受け入れた固定資産建設のための国庫補助金，電気・ガス事業等の公益事業において需要者から受け入れた工事負担金，欠損金のある企業に対する債権者からの免除金額である債務免除益，保険会社より受け取った保険金額が固定資産の帳簿価額を超過した場合の保険差益などがある。

これらの剰余金は，資本修正あるいは資本助成から生ずるものであるから資本取引に含まれる。これらは，「その他資本剰余金」として貸借対照表に表示される。

§4 利益剰余金

利益剰余金は，損益取引すなわち資産や負債などを運用する経営活動により発生する剰余金であり，毎期の利益を主要な源泉とする。株式会社の場合，毎期の利益は，取締役会によって作成された利益処分案にもとづいて，定時の株主総会で決議することによって，一部は株主への配当その他に処分され，一部は積立金その他として社内に留保される。この社内に留保された利益を，留保利益または利益剰余金という。

利益剰余金には，大別して，利益準備金，任意積立金，繰越利益剰余金または未処分利益剰余金などがある。

1. 利益準備金

利益準備金とは，商法で規定する利益についての法定積立金である。商法によれば，会社は資本準備金との合計額が，資本の4分の1に達するまでは，毎

決算期に利益の処分として支出する金額の10分の1以上，中間配当の金銭の分配するごとにその分配額の10分の1，を利益準備金として積立てなければならないとしている（商法第288条）。商法がこのような積立を強制しているのは，資本充実をはかるためである。

この利益準備金は，欠損填補と準備金の資本組入れのほかには使用することができない（商法第289条第1項）。しかし，この規定に係らず株主総会の決議により，資本準備金および利益準備金の合計額よりその資本の4分の1に相当する額を控除した額を限度として，資本準備金または利益準備金を減少することができる（商法第289条第2項）。この場合株主総会の特別決議と債権者保護手続きが必要とされている（商法第289条第3項）。この減少手続きにより得られて財源は，配当や自己株式の取得に使用することができる。なお，法定積立が資本の4分の1に達して，満たされた後，会社に留保される利益は，つぎに説明する任意積立金として処理される。

2．任意積立金

これは，会社が法の強制によらず，株主総会の決議により任意に利益を留保した利益剰余金のことである。任意積立金には，中間配当積立金，配当平均積立金，新築積立金，事業拡張積立金などのように，一定の目的をもって積立てられた場合の目的積立金と，特定の目的を与えないで積立てられた場合の別途積立金がある。

積立金の目的は，企業自身により設定され，その名称もそれぞれの使途目的を表わすものがつけられる。積立の目的が，将来の価値配分の拡大を目ざしたものであり，その目的を達成するにあたって必ずしも取り崩すことの必要のない積立金を，積極的積立金という。そして，将来の価値配分の維持を目的とし，その目的を達成するためには取り崩さなければならない積立金を，消極的積立金という。積極的積立金には，事業拡張積立金，新築積立金などがあり，消極的積立金には，中間配当積立金，配当平均積立金，偶発損失積立金，災害損失積立金などがある。

貸借対照表に任意積立金を表示する際には，当該積立金の設定目的を示す名称を付した科目をもって掲記しなければならない（財務諸表原則，第66条）。目的積立金をその使途目的に従って取り崩した場合には，その取崩額を当期未処分利益に加算しなければならない（企業会計原則第二・九）。

3. 未処分利益

当期未処分利益は，当期純利益に，前期繰越利益および目的積立金の使途目的に従う取崩額を加算し，中間配当額，中間配当に伴う利益準備金の積立額を控除して算定する。この当期未処分利益にもとづき，利益処分が計画され，最終的には，株主総会において利益処分が決定される。

前期繰越利益は，前期の株主総会において処分残とされたものである。利益処分の財源となる当期未払分利益を構成する利益剰余金を，繰越利益剰余金，または，未処分利益剰余金という。

§5　土地評価差額金

土地再評価法は，株式会社の監査等に関する商法の特例に関する法律第2条に規定する株式会社，信用金庫・労働金庫などの金融機関を対象企業としている（土地再評価法第3条第1項）。再評価差額金は，事業用土地の再評価額から当該事業用土地の再評価の直前の帳簿価額を控除した金額であり，政令で定めるところにより，貸借対照表に計上しなければならない（土地再評価法第7条）。

土地再評価法は，1998年3月31日に施行され，その日から施行日以後4年を経過する日（2002年3月30日）まで（3月31日を決算日とする法人の場合は，2001年3月31日まで）の期間内のいずれか一の決算期において行うことができる（土地再評価法第5条）。再評価差額金の会計処理は，期間の限定された臨時的かつ例外的なものである。

再評価時点で資本の部に計上された再評価差額金の3分の2を上限に自己株式の消却原資として取り崩すことが可能である（第8条の2）。ただし，自己株

式の消却のために再評価差額金を取り崩せるのは2001年3月31日までである（土地再評価法第8条の2第2項）。

　資本の部に計上する再評価差額金は，配当可能利益の算定からは控除される（土地再評価法第7条の2第1項）。再評価差額金は資本の部に計上され，配当原資とはならず，自己株式の消却目的以外の目的では取り崩すことはできない（土地再評価法第8条第3項，第8条の2第1項及び第2項）。また，再評価の対象となった土地を売却した際に，当該土地に係る再評価差額金を取り崩し，剰余金計算を通して再評価差額金を未処分利益に繰り入れる。

　土地再評価法は，金融の円滑化，企業経営の健全性の向上に寄与することが目的であり，企業は，土地の含み益を利用して自己株式の取得・消却を行い，資本の増強や株価対策に再評価を役立てることになる。

§6　その他有価証券差額金

　今日，多様化した金融商品の価格変動リスクを的確に反映した情報を提供するために，金融商品の時価の変動を財務諸表において認識する必要性が高まった。この要請に応えて，企業会計審議会は，『金融商品に係る会計基準の設定に関する意見書』(1999年1月22日) を公表した。

　金融商品には，有価証券およびデリバティブ取引の他，営業債権，貸付金，営業債務，借入金等が含まれている。有価証券は，保有目的の相違により①売買目的有価証券，②満期保有目的の債券，③子会社株式および関連会社株式，そして，①から③に分類されない有価証券を④「その他有価証券」と分類している。その他有価証券は，売買目的有価証券と子会社株式及び関連会社株式との中間的な性格を有するものであり，持合株式などがこれに当たると思われる。①と④が時価評価の対象になっている。①は評価差額が当期の損益として処理される。

　その他有価証券の時価の変動は投資者にとって有用な投資情報であるが，その他有価証券については，事業遂行上等の必要性から直ちに売買・換金を行う

ことには制約を伴う要素もあるので、評価差額を当期純利益に反映させないよう処理する。

そこで、その他有価証券は、原則として、期末日の市場価格にもとづいて算定された価額を貸借対照表価額とし、その評価差額を当期の損益として処理することなく、税効果を調整の上、資本の部において他の剰余金と区分して記載する。

なお、評価差額については、毎期末の時価と取得原価との比較により算定するので、期中に売却した場合には、取得原価と売却価額との差額が売買損益として当期の損益に含まれることになる。

他方、企業会計上、保守主義の観点から、これまで低価法に基づく銘柄別の評価差額の損益計算書への計上が認められてきた。このような考え方を考慮し、時価が取得原価を上回る銘柄の評価差額は資本の部に計上し、時価が取得原価を下回る銘柄の評価差額は損益計算書に計上する方法によることも認められ、評価差額を損益計算書に計上することもできる。この方法を適用した場合における損益計算書に計上する損失の計上方法については、その他有価証券の評価差額は毎期末の時価と取得原価との比較により算定することとの整合性から、洗い替え方式により計算された損失を損益計算書に計上する。

§7 自己株式

以前は、商法上、自己株式の取得は、取締役または使用人に譲渡、株式消却、合併または会社の営業譲受などの一定目的による場合のみ例外的に認めていただけで、原則的には禁止されていた。商法が改正されて、定時株主総会の決議により、配当可能限度額並びに当該株主総会の決議により減少した資本金および法定準備金の金額の範囲内で、つぎの定時株主総会のときまでに取得できる自己株式の種類、総数および取得価額の総額を定めて、これに基づいて自己株式の取得が可能となった（商法第210条第1項および第2項）。また、取得した自己株式は、期間、数量などの制限がなく保有することもできるようになり、取得

した自己株式の処分については，取締役会の決議により可能となった（商法第211条第1項）。なお，譲渡制限会社の自己株式の処分は，株主総会の特別決議を要する（商法第211条第2項）。

これにより，会社は，自社の株式を自由に取得保有し，また，いつでも資金政策上その自己株式を市場に出回らせることができるようになった。

企業会計基準第1号「自己株式及び法定準備金の取崩に関する会計基準」（2002年2月21日　企業会計基準委員会）によれば，以下のように処理するよう示している。

取得した自己株式は，取得原価によって資本の部から控除し，期末に保有する自己株式は，資本に対する控除項目として資本の部の末尾に自己株式として一括して控除する形式で表示する。自己株式の保有・取得が，資本の払戻的性格を有することからこのような処理をするのである。

自己株式の処分の対価と帳簿価額の差額が，プラスのときは自己株式処分差益となり，マイナスのときは自己株式処分差損となる。この差額は，会社と株主との間の資本取引から生じたものと考えられる。自己株式処分差益は，その他資本剰余金に計上する。自己株式処分差損は，その他資本剰余金から減額し，減額しきれない場合は，利益剰余金のうち当期未処分利益から（または当期未処理損失を増額）減額する。自己株式処分差益と自己株式処分利益は相殺する。

自己株式の消却について，自己株式の消却が払込資本の払戻的性格を有していると考えるならば資本剰余金減少，株主に対する会社財産の分配と考えた場合利益剰余金減少になる。しかし，商法では配当可能限度額を償却原資とし，配当可能限度額のなかで資本剰余金と利益剰余金の使用に差を設けていない。このことから，自己株式の消却の場合，消却の対象となった自己株式の帳簿価額を，資本剰余金と利益剰余金のいずれから減額するかは，会社の意思決定に委ねられた。消却した場合減額する資本項目（その他剰余資本余金，当期未処分利益），およびその他資本剰余金を減額するときの内訳（資本金及び資本剰余金減少差益，自己株式処分差益）については，取締役会などの決定に従い，消却手続きが完了したときに会計処理する。

自己株式の処分及び消却時の帳簿価額については，商法では目的を明示することなく自己株式の取得・保有可能なので，取得目的ごとの譲渡時の帳簿価額の計算になじまないことから，株式の種類ごとに移動平均法などの会社で定めた方法により行うことになった。

なお，会社が保有する自己株式の数は，株式の種類ごとに注記することになっている（財務諸表規則第68条の2の4）。

〔設問〕
1 資本概念について述べなさい。
2 株式会社の資本金について，個人企業の資本金と比較して述べなさい。
3 株式会社の資本制度について述べなさい。
4 剰余金の種類とその内容について述べなさい。
5 自己株式について概説しなさい。

(参考文献)
1 黒澤清『合計學の基礎』千倉書房，昭和53年。
2 松尾憲橘・菊池祥一郎編『財務会計論』高文堂出版社，昭和57年。
3 浅羽二郎『財務会計論』森山書店，昭和59年。
4 飯野利夫『財務会計論［三訂版］』同文館，平成5年。
5 武田隆二『簿記Ⅲ＜株式会社＞』税務経理協会，平成10年。
6 高松和男『会計学概論［五訂版］』同文館，平成11年。
7 中村忠『新稿現代会計学［四訂版］』白桃書房，平成12年。
8 新井清光『現代会計学［第五版］』中央経済社，平成12年。
9 加藤・津田『基本財務会計論』中央経済社，平成12年。
10 上田栄治編『平成商法改正ハンドブック』三省堂，平成12年。
11 太田達也『改正商法の完全解説』税務研究会出版局，平成14年。

XI 損益の計算

§1 期間損益の計算方法

1. 財産法と損益法

　今日の損益計算は一定の会計期間ごとに行われている。外部報告のための会計期間としては，通常，1年が採用されている。企業の寿命そのものは極めて不確定である。数十年にわたって存続する企業もあれば，数ヵ月で解散をよぎなくされる企業もある。全存続期間にわたって損益計算を行うためには企業の解散を待たなければならない。それでは企業の経営成績を測定する意味が失われてしまう。企業の利害関係者は経営成績がどうなっているかを定期的に知りたいと思っている。期間損益計算が必要とされるのはこのような事情によるものである。

　第I章で述べたように，期間損益計算の方法には財産法と損益法とがある。財産法は期首と期末の資本を比較して損益を計算する方法である。2時点間の財産を比較することによって損益が求められる。ここにいう資本とは資産から負債を控除した差額のことであり，純財産とよばれることもある。期末の資本が期首の資本よりも多ければその期間中に純利益が生じたことを意味している。逆に，期末の資本が期首の資本よりも少なければ純損失を意味する。純利益が生じる場合を式で示せば次のようになる。

　　期末資本 − 期首資本 ＝ 純利益

　財産法の特徴は2時点間の財産の増減によって期間損益を計算する点にある。したがって，損益の総額を知ることはできても，その原因もしくは理由を

知ることはできない。しかも，その総額は損益取引の結果だけに限定される必要がある。増資，減資，利益の配当などは純利益を生み出す取引ではない。資本そのものの変動を意味する取引は除外されなければならない。資本の期中変動がある場合，上記の式は次のように変形される。

期末資本 －（期首資本＋資本の期中増加－資本の期中減少）＝ 純利益

　損益法は収益と費用とを比較して損益を計算する方法である。一定期間の収益と費用をそれぞれ集計し，収益が費用よりも多ければ純利益を意味し，逆に収益が費用よりも少なければ純損失になる。損益法による純利益は次の式によって求められる。

収　益 － 費　用 ＝ 純利益

　収益および費用は純損益の原因もしくは理由を示すものである。企業の経営成績を判断するにはこうした原因もしくは理由を詳しく知ることが大切である。期間損益の計算方法として財産法よりも損益法の方が重視されるのはこのためである。損益法が純損益をフローの面から直接把握する方法であるのに対し，財産法は純損益をストックの面から間接的に把握する方法であるともいえる。今日の期間損益計算では損益法が中心的な役割を果している。

2．現金主義

　収益および費用を認識するには3つの考え方を理解する必要がある。すなわち，現金主義，発生主義および実現主義の3つである。収益および費用はこれらの認識基準を適用することによって把握される。それぞれの認識基準がどのように適用されるかは個々の収益および費用の性質によって違ってくる。ここではまず3つの認識基準について基本的な考え方を説明しておきたいと思う。

　現金主義というのは現金の収入および支出にもとづいて収益および費用を認識する考え方をいう。また，そのような会計の方式は現金主義会計とよばれている。この考え方によれば収益は現金収入により，費用は現金支出により認識される。その特徴は損益計算を収支計算と一体的なものとみなす点にある。

　現金主義会計の長所は単純明解だということである。現金の収支という極め

て明確な事実に基礎をおくため，会計処理上，複雑な判断を要求されることが少ない。現金という最も明瞭な資産の裏づけがあるため，収益と費用の認識は確実なものになる。しかし，適正な損益計算という観点からは問題がある。今日のような複雑な社会のもとでは，現金主義会計によって企業の経営成績を適切に把握することはほとんど不可能である。この方式は経済的な事実と適合しないことが多い。とくに費用の面についてそれが著しい。収益よりも費用の方が長期間にわたって関係をもつことが多いからである。

たとえば，固定資産を取得したとしよう。現金主義によれば，固定資産の取得原価は現金を支出した年度の費用として計上されることになる。しかし，それでは合理的な損益計算を行うことができない。固定資産が利用されるのは現金を支出した年度だけではないからである。適正な損益計算を行うには固定資産の利用期間にわたって徐々に費用化する必要がある。

また，収益についても現金主義は経済的な事実と適合しないことが多い。商品を販売し，代金を回収するまでにかなりの時間を要することがある。そのような場合，収益の計上を代金回収時点まで遅らせることは，経済的な実態を反映しないことになる。このように収支計算をそのまま損益計算に適用することには無理がある。

したがって，今日では現金主義会計に代えて発生主義会計が基本的な会計方式として採用されている。もっとも，現金主義の長所を生かして収益を認識するようなケースもあるので，この認識基準がまったく意味を失なったというわけではない。

3．発生主義

発生主義というのは発生の事実にもとづいて収益および費用を認識する考え方をいう。今日の損益計算は発生主義会計という方式にもとづいて行われているといわれる。その場合の発生主義会計の意味は，必ずしも収益と費用のすべてを発生主義にもとづいて認識するということではない。主要な収益については後述する実現主義が適用されている。今日の発生主義会計は，基本的には，

収益を実現主義によって認識し，費用を発生主義によって認識する会計と理解されている。

　発生主義という考えのもとでは経済的な事実が重視される。費用についていえば，経済的な価値の費消に即して把握される。先にとりあげた固定資産の場合，経済的な価値の費消はその利用期間にわたって徐々に進行する。減価償却費を計上するのはそうした事実に応じて費用を認識していることを意味する。つまり，発生主義によって費用が認識されているのである。

　収益についても経済的な事実が重視されることは同様である。収益というのは経済的な価値の創出を意味している。収益稼得活動を分解してみると，仕入活動，製造活動，販売活動および代金回収活動などから成り立っている。収益はこれらの諸活動を総合することによって生まれる。いいかえれば，いろいろな稼得活動の全過程を通じて収益は生まれるといってもよいであろう。それぞれの活動ごとに分割して収益を認識することも考えられないわけではない。しかし，そのような手続は極めてむずかしい。技術的に困難なだけでなく，不確実な収益を認識することにもなりかねない。したがって，一般には，経済的な事実を最もよく反映する特定の時点で，収益を全額計上する方法がとられている。

　仕入活動や製造活動にもとづいて収益を認識することは，最終的な結果がどうなるか不明確なため，多くの場合には不適切である。他方，最終的な結果が判明するまで遅らせることは経済的な事実とかけ離れてしまう。このため，収益については確実になった段階，すなわち販売活動を行った時点で認識するのが普通である。主要な収益は実現主義によって認識されるのである。

　収益のなかには時間の経過と比例して発生するようなものもある。たとえば，受取利息や受取家賃などである。そのような収益については発生の事実にもとづいて認識することが容易である。収益の一部については発生主義を適用できるケースもあるのである。

4．実現主義

　実現主義というのは収益を実現した時点で認識する考え方をいう。実現主義は収益を認識する基準であって，費用には適用されないのが普通である。実現主義の適用により，収益は確実になった時点で計上される。それは未実現収益の計上を排除しようとするものである。

　収益はどの時点で実現したと判断しうるのであろうか。それぞれの情況に応じて違いがあるけれども，通常，つぎの2つの面から判断されている。

　① 財貨もしくはサービスの提供
　② 流動的な貨幣性資産の取得

　収益は，普通，外部者との取引によって形成される。取引には財貨もしくはサービスを提供する面と，その見返りとして対価を取得する面とがある。この相互関係は同時に起こることもあれば，一方が他方に先行することもある。いずれにしても，収益の実現にはこれら2つの条件が満たされている必要がある。取得される対価は流動的な貨幣性資産に限定されている。具体的には現金，受取手形，売掛金などを取得することが要求される。このような資産に限定されるのは換金性を配慮しているためである。

　実現主義の典型的な例として販売基準があげられる。通常の販売において，販売時点において財貨またはサービスの提供が行われ，流動的な貨幣性資産を取得する。さらに，取引価格が成立することから，客観的な測定も可能になる。関連費用の大部分が販売時点までに発生しているということも重要である。収益と費用の対応計算を行うには，収益だけでなく費用についても確定しうる状態にあることが望ましい。このように，販売基準は収益の実現時点としてさまざまな利点をもっている。このことから，一般に，販売時点で収益を認識する考え方を実現主義とよんでいる。

　なお，基本的な会計方式と収益・費用の認識基準との関係をまとめると，次のようになる。

基本的な会計方式と収益・費用の認識基準との関係

```
〈基本的な会計方式〉              〈認識基準〉
                  ┌─ 費 用 ──→  現金主義
      現金主義会計 ┤
                  └─ 収 益 ──→  現金主義
  ┌ ─ ─ ─ ─ ─ ─ ─ ─ ─ ─ ─ ─ ─ ─ ─ ─ ─ ─ ─ ┐
  │               ┌─ 費 用 ──→  発生主義    │
  │   発生主義会計 ┤                        │
  │               │            実現主義    │
  │               └─ 収 益 ──→  発生主義    │
  │                            現金主義    │
  └ ─ ─ ─ ─ ─ ─ ─ ─ ─ ─ ─ ─ ─ ─ ─ ─ ─ ─ ─ ┘
             〈今日の損益計算〉
```

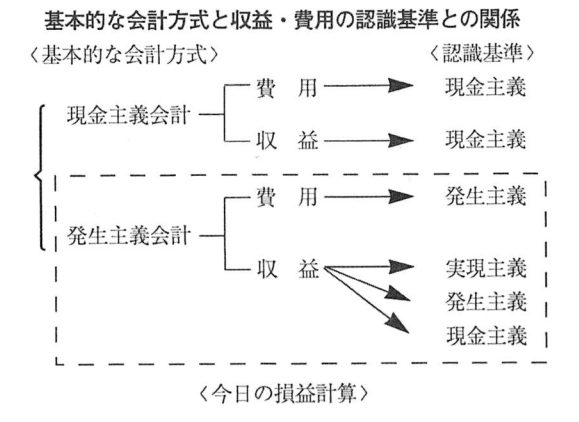

§2　収益と費用の意義と分類

1．収益の意義

　収益は経営活動の成果にほかならない。企業は商品の売買，資金の貸借，有価証券の売買などさまざまな経営活動を通じて成果を獲得しようと努力する。そのためには経済的な価値を創出しなければならない。収益は企業による経済的な価値の創出から生まれた成果なのである。

　収益を現象面からみると，資産の増加または負債の減少としてあらわれる。たとえば，商品の販売による売上収益は，現金あるいは売掛金といった資産の増加を必ず伴っている。また，借入金の返済を免除されたような場合，負債の減少が収益を生み出すこともある。しかし，こうした資産または負債の変化は収益の現象面であって，収益そのものではない。収益自体は名目的で抽象的な内容をあらわしているにすぎない。

　純利益が結果として資本の増加になることについてはすでに述べた。一会計期間における経営活動の結果，純利益が計上されれば，資本はそれだけ増加する。収益は純利益を増加させる要因である。したがって，収益は資本の増加要

因でもあるということになる。

　このように，収益は現象的には資産の増加または負債の減少としてあらわれ，結果的には資本の増加となるものである。収益の概念が名目的かつ抽象的なのは純利益増加の原因もしくは理由を示すからにほかならない。企業の経営成績を分析するには，こうした原因もしくは理由がきわめて重要である。

　収益が経営活動の成果であるという点を厳密に解釈すると，収益は企業の努力によって得られた成果だけに限定する必要がある。企業の努力と無関係に生じた成果は収益から除外されることになる。たとえば，固定資産売却益は当期の企業努力とは無関係に生じた結果といえよう。収益と利得とを区別しようとする考え方はこのような解釈にもとづくものである。この場合の利得はもちろん企業努力と無関係に生じた成果を意味している。

　すなわち，収益の用語は広義と狭義の2つの意味に使い分けられるのである。広義の収益は純利益を増加させるすべての内容を含むものであるのに対し，狭義の収益は企業の努力によって獲得された成果だけに限定される。もっとも，企業の努力による成果かどうかの判断ははっきりしないことが多く，一般には広義の収益概念が使われている。

2．収益の分類

　広義の収益を分類する場合，2つの視点に注目することが重要である。1つは経常収益と非経常収益とを区別する視点であり，もう1つは営業収益と営業外収益とを区別する視点である。

　第1の視点は，経営活動を経常的なものと非経常的なものとに区分する見方である。経常的な経営活動というのは毎期反復的に行われる活動のことである。この見方によれば，収益は特定の会計期間に固有の経常的な収益と，複数の会計期間と関連をもつ収益および臨時的な収益とに区別される。前者は経常収益とよばれ，後者は非経常収益とよばれている。経常収益は反復的であることから，比較的予測可能なものである。それに対して，非経常収益は臨時的偶発的な要素に支配されるので，予測はかなりむずかしい。経常収益と非経常収益と

ではかなり性質が異なることになる。

　非経常収益は一般に特別利益と称されている。特別利益の例としては，前期損益修正益，固定資産売却益などがある。前期損益修正益というのは，貸倒引当金戻入や償却債権取立益のように，過去の損益計算を修正する内容のことである。

　第2の視点は，経常的な経営活動内部での区別であり，企業の主たる営業活動にもとづく収益とその他の活動にもとづく収益とに区分する見方である。前者は営業収益とよばれ，後者は営業外収益とよばれている。

　営業収益といっても事業の性質によってその内容はさまざまである。商品や製品の販売による売上高が営業収益の代表的なものである。建設業における工事収益や運送業等のサービス業における役務収益なども売上高に含められる。いずれにしても，その企業における事業の中心となるのが営業収益である。

　営業外収益は資金の提供あるいは投資活動などによって獲得された収益である。それらは営業活動と直接関係のない収益とされている。営業外収益の主なものは金融的または財務的な収益である。金融的な収益としては，受取利息，受取割引料，有価証券利息，受取配当金，仕入割引などがあげられる。その他，有価証券売却益，投資不動産賃貸料なども営業外収益に属するものとされている。

　以上の内容をまとめるとつぎのようになる。

収益の分類

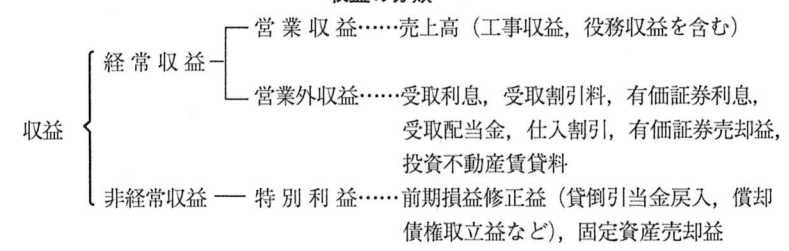

収益 ─┬─ 経常収益 ─┬─ 営業収益……売上高（工事収益，役務収益を含む）
　　　│　　　　　　└─ 営業外収益……受取利息，受取割引料，有価証券利息，
　　　│　　　　　　　　　　　　　　　受取配当金，仕入割引，有価証券売却益，
　　　│　　　　　　　　　　　　　　　投資不動産賃貸料
　　　└─ 非経常収益 ─ 特別利益……前期損益修正益（貸倒引当金戻入，償却
　　　　　　　　　　　　　　　　　　債権取立益など），固定資産売却益

3．費用の意義

　費用は経営活動における努力を示したものである。企業の経営成績は努力と

成果との比較によって求められる。成果が収益であり，努力が費用を意味する。収益を獲得するためには費用が必要とされる。費用は経済的な価値の費消を表現したものである。

　費用は現象的には資産の減少または負債の増加となってあらわれる。商品を販売した場合，取得した対価に注目すれば売上収益が把握されるけれども，減少した商品に注目すれば売上原価という費用が把握される。また，借入金に対する支払利息を元本に繰り入れて借換したような場合，負債の増加によって費用が発生することもある。収益の場合と同様，こうした資産または負債の変化は費用の現象面にすぎない。費用自体は名目的で抽象的な内容をあらわしている。

　費用は，純利益を減少させることから，資本の減少要因でもある。費用が名目的で抽象的な概念とされるのは，それが純利益減少の原因もしくは理由を示すからである。

　費用についても広義と狭義の2つの解釈が存在する。広義の費用には純利益の減少となるすべての内容が含まれるのに対し，狭義の費用は成果を生み出すのに貢献した企業の努力だけに限定される。したがって，火災損失のように企業の成果と直接関係をもたないものは除外されるのである。このような経済的価値の費消は損失とよばれている。狭義の費用と損失とを区別することは観念的には可能でも実際にはむずかしい。

　収益と費用の意義をまとめて示せば次のようになる。

収益と費用の意義

```
           ┌─ 狭義の収益……企業努力によって生み出された経済的価値の創出
  広義の収益┤
  │        └─ 利　　得……企業努力と無関係な経済的価値の創出
 ┤
  │        ┌─ 狭義の費用……企業成果を生み出すのに貢献した経済的価値の費
  広義の費用┤　　　　　　　消
           └─ 損　　失……企業成果と無関係な経済的価値の費消
```

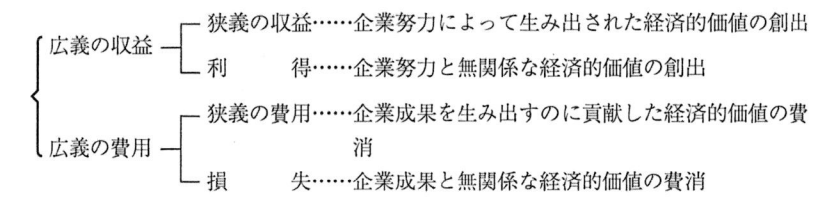

4. 費用の分類

　広義の費用の分類についても，収益と同様，2つの視点が重要である。1つは経常費用と非経常費用との区別であり，もう1つは営業費用と営業外費用との区別である。

　第1の視点は，毎期反復的に行われる経常的な経営活動とそれ以外のものとに区分する見方である。前者が経常費用であり，後者が非経常費用になる。非経常費用は複数の会計期間との関連をもつ費用や臨時的な費用から成り，一般に特別損失と称されている。特別損失の例としては，前期損益修正損，固定資産売却損，災害損失などがある。前期損益修正損というのは，過年度における引当金の不足修正額，過年度における減価償却の不足修正額などをさしている。

　第2の視点は，経常費用内部での区別であり，企業の主たる営業活動に関わる営業費用と付随的な活動に関わる営業外費用とに区分される。営業費用はさらに売上原価と販売費及び一般管理費とに細分される。この区別は商品等の販売業においてとくに重視される。売上原価には建設業における工事原価およびサービス業における役務原価なども含まれる。

　販売費及び一般管理費は企業の販売活動および一般管理活動に関連して発生した費用である。販売費に属するものとしては，販売手数料，荷造費，広告宣伝費，販売員給料手当，販売員交際費，販売員旅費，販売員交通費，貸倒引当金繰入額（貸倒損失）などがあげられる。また，一般管理費に属するものとしては，役員給料手当，事務員給料手当，事務用通信費，光熱費，事務用消耗品費，租税公課，減価償却費，修繕費などがあげられる。しかし，実際にはいずれに属するか不明瞭な項目も多い。

　営業外費用は金融上の費用とその他の費用とから成っている。支払利息，支払割引料，社債利息，社債発行差金償却，売上割引などは金融上の費用になる。その他の費用としては，社債発行費償却，有価証券売却損，有価証券評価損などがあげられる。

以上の内容をまとめると次のようになる。

費用の分類

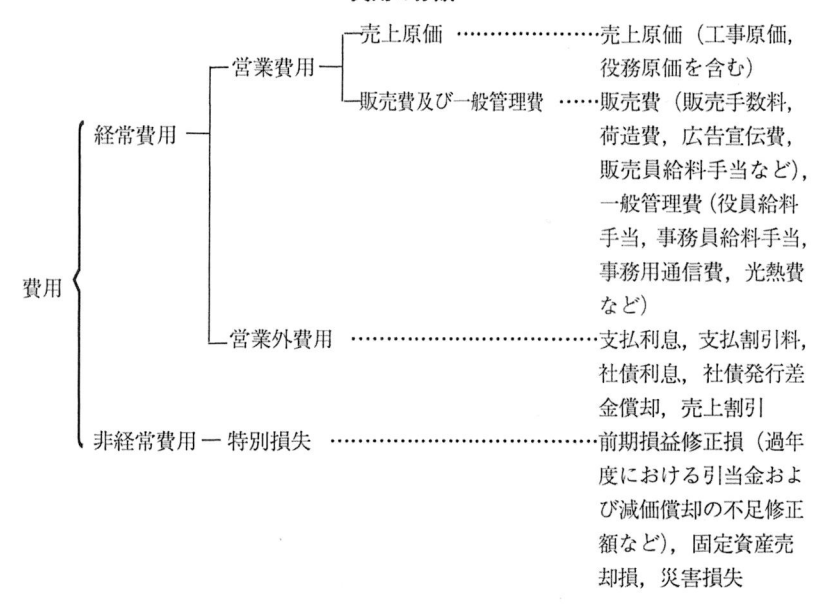

費用
- 経常費用
  - 営業費用
    - 売上原価 …………… 売上原価（工事原価，役務原価を含む）
    - 販売費及び一般管理費 …… 販売費（販売手数料，荷造費，広告宣伝費，販売員給料手当など），一般管理費（役員給料手当，事務員給料手当，事務用通信費，光熱費など）
  - 営業外費用 …………… 支払利息，支払割引料，社債利息，社債発行差金償却，売上割引
- 非経常費用 ― 特別損失 …………… 前期損益修正損（過年度における引当金および減価償却の不足修正額など），固定資産売却損，災害損失

§3　収益の認識と測定

1．売　上　高

　認識というのはどの時点で把握するかということであり，測定というのはその金額を決定することである。認識と測定とが明らかになってはじめて，収益を計上することが可能になる。今日の会計は取引価額を基礎とする取得原価主義にもとづいて行われているため，収益の測定問題はそれほどめんどうではない。しかし，収益をどの時点で把握するかという認識の問題は極めて重要かつ複雑である。

　売上高の認識は原則として実現主義によって行われ，例外的に発生主義と現

金主義が用いられる。したがって、売上高はどの時点で実現したかを判断することが最も重要である。以下，通常の販売，特殊な販売，工事収益および役務収益について，実現の時点を検討してみることにしよう。

(1) 通常の販売

商品等を販売する一般的な場合には，販売基準が適用される。販売というのは，通常，商品等の引渡しあるいは発送の時点とされている。

(2) 特殊な販売

企業会計原則（注解，注6）で規定している4つのケースについて説明しておきたいと思う。

（イ）委託販売　　委託販売というのは商品等の販売を委託し，売上高に応じて手数料を支払う販売方法である。通常の販売と異なり，商品等を積送した時点で収益を認識することはできない。原則として，受託者が委託品を販売した日が売上収益の実現の日になる。ただし，仕切精算書（売上計算書）が販売のつど送付されている場合には，当該仕切精算書が到達した日をもって売上収益の実現の日とみなすこともできる。受託者が販売したことを確認するのは手数がかかるため，一定の条件のもとに便宜的な取扱いを認めたものである。

（ロ）試用販売　　試用販売というのは商品等を得意先に試用させ，気に入ったら買ってもらう販売方法である。この場合にも商品等を引渡した時点で収益を認識することはできない。得意先が買取りの意思を表示することによって売上が実現する。

（ハ）予約販売　　予約販売というのは予約金をあらかじめ受け取り，あとから商品等を引渡す販売方法である。予約金を受け取った時点で収益を認識することはできない。予約金受取額のうち，決算日までに商品の引渡しまたは役務の給付が完了した分だけを当期の売上高に計上する。

〔設　例1〕

当期中の特殊販売に関する取引内容は次のとおりであった。

- 委託販売のため積送した商品は￥80,000であり，そのうち期末までに委託先で販売されたのは￥50,000であった。
- 試用販売のため引渡した商品は￥40,000であり，そのうち期末までに買取る旨の連絡を受けたのは￥30,000であった。
- 予約金受取額￥60,000のうち期末までに引渡した商品は￥20,000であった。

この場合，当期の売上高合計はいくらになるか。

￥50,000＋￥30,000＋￥20,000＝￥100,000

（二）**割賦販売** 割賦販売というのは代金の支払いが分割して行われる販売方法である。原則として，商品等を引渡した日をもって売上収益の実現の日とされ，通常の販売と同様，販売基準が適用される。しかし，収益の認識を慎重に行うため，販売基準に代えて，割賦金の回収期限の到来の日または入金の日をもって売上収益実現の日とすることも認められる。すなわち，回収期限到来基準または現金基準も認められるのである。その理由は，割賦販売の場合，代金回収の期間が長く，貸倒れの危険もあり，さらに代金回収費などの事後費用もかかる，といった点を配慮したものである。

〔設 例2〕

￥100,000の商品について3年間の割賦販売を行った。契約では第1年度に￥50,000，第2年度に￥30,000，第3年度に￥20,000支払うことになっていた。しかし，実際には第1年度に￥40,000，第2年度に￥30,000，第3年度に￥30,000が支払われた。各年度の売上高を販売基準，回収期限到来基準および現金基準で示しなさい。

	販売基準	回収期限到来基準	現金基準
第 1 年 度	￥100,000	￥50,000	￥40,000
第 2 年 度		￥30,000	￥30,000
第 3 年 度		￥20,000	￥30,000

(3) 工事収益

2以上の会計期間にまたがる長期の請負工事収益について，企業会計原則（注解注7）は工事進行基準と工事完成基準の選択適用を認めている。工事進行基準とは，決算期末に工事進行程度を見積り適正な工事収益率によって工事収

益の一部を当期の損益計算に計上する方法である。工事収益は複数の会計期間に分割して計上される。この基準は発生主義による収益の認識といえる。他方，工事完成基準とは，工事が完成し，その引渡しが完了した日に工事収益を計上する方法である。工事収益は完成した会計期間に全額計上される。この基準は実現主義による収益の認識といえる。

〔設 例 3〕
　請負価額￥1,000,000，見積総工事原価￥800,000，第1年度工事原価￥300,000，第2年度工事原価￥300,000，第3年度工事原価￥200,000，工事期間3年とし，工事進行基準および工事完成基準による各年度の工事収益，工事原価および工事利益は，それぞれいくらになるか。

	工事進行基準		工事完成基準	
第 1 年 度	工事収益 工事原価 工事利益	（注1） ￥375,000 ￥300,000 ￥75,000		
第 2 年 度	工事収益 工事原価 工事利益	￥375,000 ￥300,000 ￥75,000		
第 3 年 度	工事収益 工事原価 工事利益	（注2） ￥250,000 ￥200,000 ￥50,000	工事収益 工事原価 工事利益	￥1,000,000 ￥800,000 ￥200,000

（注1）　$¥1,000,000 \times \dfrac{¥300,000}{¥800,000} = ¥375,000$

（注2）　$¥1,000,000 \times \dfrac{¥200,000}{¥800,000} = ¥250,000$

(4) 役務収益

サービス業における収益に対しても，実現主義，発生主義，および現金主義の認識基準が事業の性質に応じて適用される。運送業，クリーニング業などには実現主義が適用される。すなわち，サービスの提供と流動的な貨幣性資産の

取得という2つの面から実現時点が判断される。また，貸ビル業や金融業のように継続的なサービスを提供する場合には，時間の経過に比例して収益を認識する必要がある。ここでは発生主義が適用される。さらに，理髪業や浴場業のように，サービスの提供と代金の回収とがほぼ同時に行われる場合には，現金主義によって収益を認識することになろう。

売上高の測定は，増加した資産の金額または減少した負債の金額にもとづいて行われる。商品等が返品されたり，値引をしたような場合には，売上高から控除される。総売上高というのは売上値引および戻り高を控除する前の金額であり，純売上高というのはそれらを控除したあとの金額である。

2. 営業外収益

営業外収益の主なものは金融上の収益であり，継続的なサービスの提供による収益が多い。たとえば，受取利息，有価証券利息などがあげられる。それらの収益は，通常，現金収入にもとづいて記帳される。しかし，記帳額が必ずしも適正な収益額に一致するとはかぎらない。くい違いが生じているときには，決算にあたって修正を行う必要がある。前受収益と未収収益のケースがそれである。

企業会計原則（注解，注5）では前受収益と未収収益についてつぎのように述べている。ただし，重要性の乏しいものについては厳密な処理をしないことも認められる。

「前受収益は，一定の契約に従い，継続して役務の提供を行う場合，いまだ提供していない役務に対し支払を受けた対価をいう。従って，このような役務に対する対価は，時間の経過とともに次期以降の収益となるものであるから，これを当期の損益計算から除去するとともに貸借対照表の負債の部に計上しなければならない。」

「未収収益は，一定の契約に従い，継続して役務の提供を行う場合，すでに提供した役務に対して，いまだ，その対価の支払を受けていないものをいう。従って，このような役務に対する対価は時間の経過に伴いすでに当期の収益と

して発生しているものであるから、これを当期の損益計算に計上するとともに貸借対照表の資産の部に計上しなければならない。」

　営業外収益の1つに仕入割引がある。これは仕入代金の返済を一定期限内に行う場合、代金が割引かれることをいう。仕入割引は仕入原価の修正と理解することもできる。しかし、わが国では早期に資金を提供したことによる金融上の収益として扱われている。

　有価証券売却益は有価証券の売却手取額と帳簿価額との差額である。したがって、営業収益と営業費用のように両建で計上されることなく、差額だけが計上される。たとえば、帳簿価額10,000円の商品を13,000円で販売した場合、売上高13,000円と売上原価10,000円とは別々に計上される。それに対し、帳簿価額10,000円の有価証券を13,000円で売却した場合、収益は3,000円として計上される。このような処理の違いは営業収益と営業外収益との重要性の違いによるものといえよう。

3. 特別利益

　特別利益は非経常収益であり、前期損益修正益と臨時的な収益から成っている。前期損益修正益は過年度の損益を修正する項目である。過去の損益計算をやり直すことは事実上不可能なため、これらの項目は当期の損益計算に計上される。貸倒引当金戻入は前年度の貸倒見積額が過大だった部分であり、当期の収益の増加になる。償却債権取立益は貸倒れとして処理した債権の回収額であり、やはり当期の収益の増加となる。これらの収益は事実が判明した段階で収益に計上される。

　臨時的な収益である固定資産売却益は、固定資産の売却処分額と帳簿残高との差額であり、有価証券売却益と同様に、差額だけが計上される。

§4 費用の認識と測定

1. 売上原価

　認識というのはどの時点で把握するかということであり，測定というのはその金額を決定することであった。費用の認識は発生主義によって行われる。一会計期間内に発生したすべての費用が把握されるわけである。費用の測定は，今日の取得原価主義会計にあっては，支出額にもとづいて決定される。

　費用の認識・測定は収益の認識・測定と比較して単純のようだけれども，けっしてそうではない。費用の測定については極めて多様な方法が認められている。どの方法を採用するかによって，費用の金額はかなり異なってくる。さらに，費用の計上にあたっては，収益との対応関係が重視されることも大切な点である。基本的には，当期の実現収益に対応する発生費用が計上される。同じく発生費用であっても，次期以降の収益と対応関係にあるものは繰延べられることになる。このように，費用の認識・測定もまた重要かつ複雑である。

　売上原価というのは販売した商品等の原価である。それは売上高と直接対応する関係にある。商品等は販売されてはじめて売上原価になるのであり，販売されるまでは棚卸資産に含められる。棚卸資産と売上原価は密接な関係にある。

　売上原価は，通常，次の式により期間的に求められる。

　　売上原価＝期首棚卸高＋当期仕入高－期末棚卸高

　当期仕入高は総仕入高から仕入値引および戻し高等を控除した金額であり，純仕入高ともよばれている。製造業においては，当期仕入高は当期製品製造原価になる。3つの要素のうちでは期末棚卸高が最も重要である。

　期末棚卸高については帳簿棚卸高と実地棚卸高との区別が必要である。両者の差額は棚卸減耗損と棚卸評価損（商品評価損，製品評価損，原材料評価損など）とに分解できる。棚卸減耗損は帳簿上のあるべき数量と実際数量との差額であり，棚卸評価損は帳簿上の原価と時価との差額である。たとえば，帳簿棚卸高

が8,000円（@¥100×80個），実地棚卸高が7,410円（@¥95×78個）であったと仮定する。棚卸減耗損は80個から78個を差し引いた2個に原価の100円を掛けて200円になる。棚卸評価損は原価100円から時価95円を差し引いた5円に実際数量の78個を掛けて390円になる。なお，棚卸減耗損と棚卸評価損の詳細については，第Ⅴ章を参照されたい。

製造業の場合の当期製品製造原価は適正な原価計算基準にもとづいて決定される。工事原価は工事収益に対応し，役務原価は役務収益に対応する。長期の請負工事において，工事進行基準を採用した場合，工事原価は工事収益に対応する部分のみが計上される。工事完成基準を採用した場合，発生した原価は未成工事支出金として完成するまで資産に計上される。

2. 販売費及び一般管理費

販売費及び一般管理費は，売上原価とともに営業費用を構成し，営業収益の獲得に貢献した費用である。売上原価と異なるのは，販売費及び一般管理費は，通常，頻繁に支出し，費消される性質をもつ項目が多いという点である。たとえば，販売員・役員・事務員の給料手当，交際費，旅費，交通費，通信費，光熱費などは，一会計期間内に何度となく支出と費消が繰返される。このような費用は支出額がほぼ発生額に一致するので，あまり問題にはならない。

支出額と発生額とがくい違う場合には決算にあたって修正が必要になる。事務用消耗品のうち未費消分は資産に計上する必要があるし，未払の広告宣伝費であっても当期の発生額は費用に計上しなければならない。貸倒引当金繰入額も決算のときに計上される。受取手形，売掛金などの債権には貸倒れの危険がつきものである。一定率の貸倒れが予想される場合，貸倒引当金を設定するとともに，当期の費用として計上することが合理的である。貸倒引当金繰入額はこうして計上された費用にほかならない。

販売業務および一般管理業務には建物等の固定資産が使われる。このような固定資産について発生する減価償却費もまた，販売費及び一般管理費に含められる。減価償却費の計算は，定額法，定率法など一般に認められた方法に従っ

て行われる。

3. 営業外費用

　営業外費用には，支払利息や支払割引料など継続的にサービスの提供を受ける金融上の費用が多い。この種の費用には支出額と発生額とのくい違いが生じやすいため，重要性の乏しい場合をのぞき，それを修正する手続が必要になる。企業会計原則（注解，注5）で規定している前払費用と未払費用のケースがそれである。

　「前払費用は，一定の契約に従い，継続して役務の提供を受ける場合，いまだ提供されていない役務に対し支払われた対価をいう。従って，このような役務に対する対価は，時間の経過とともに次期以降の費用となるものであるから，これを当期の損益計算から除去するとともに貸借対照表の資産の部に計上しなければならない。」

　「未払費用は，一定の契約に従い，継続して役務の提供を受ける場合，すでに提供された役務に対して，いまだその対価の支払が終らないものをいう。従って，このような役務に対する対価は，時間の経過に伴いすでに当期の費用として発生しているものであるから，これを当期の損益計算に計上するとともに貸借対照表の負債の部に計上しなければならない。」

　売上割引は売上代金の早期回収を目的として一定期限内の支払いに対して割引をした費用のことである。仕入割引と同じように，売上割引は金融上の費用として処理される。

　繰延資産の償却のうち財務的な費用は営業外費用とされる。たとえば，創立費償却，開業費償却，新株発行費償却，社債発行費償却，社債発行差金償却などである。

　有価証券売却損と有価証券評価損も営業外費用になる。有価証券売却損は売却手取額と帳簿価額との差額によって求められる。有価証券評価損は，決算時点の時価が帳簿価額よりも低く，時価で評価を行うような場合に生じる。

4. 特別損失

　特別損失に属するのは前期損益修正損と臨時的な費用である。引当金の計上や減価償却費の計算は見積りによって行われるため，事実とくい違うことが予想される。前期損益修正損が計上されるのは，くい違いとして不足額が生じた場合である。事実が判明した段階で過去の損益計算を修正する必要がある。

　臨時的な費用には固定資産売却損，投資有価証券売却損，災害損失などがある。投資有価証券は固定資産の一部であり，固定資産売却損と投資有価証券売却損とを区別するのは不自然だけれども，しばしば別個に取扱われている。災害損失については損害を受けた資産の帳簿価額にもとづいて計上される。

　なお，企業会計原則（注解，注12）では特別損益項目として次の例をあげている。

(1) 臨時損益
　　イ　固定資産売却損益
　　ロ　転売以外の目的で取得した有価証券の売却損益
　　ハ　災害による損失
(2) 前期損益修正
　　イ　過年度における引当金の過不足修正額
　　ロ　過年度における減価償却の過不足修正額
　　ハ　過年度におけるたな卸資産評価の訂正額
　　ニ　過年度償却済債権の取立額

§5　費用と収益の対応

1. 費用収益対応の原則

　これまで収益の認識と測定ならびに費用の認識と測定について別々に論じてきた。今日の発生主義会計において，収益の認識は基本的に実現主義によって

行い，費用の認識は発生主義によって行われる。また，収益の測定は収入額にもとづいて，費用の測定は支出額にもとづいて行われた。しかし，収益と費用はそれぞれ独立的に計上されるものではなく，相互に関連づけることが要求される。

　企業の経営活動は努力と成果との関係として把握することができる。努力なしに成果は生まれない。損益計算にあたってこうした努力と成果との関係を明らかにすることが大切である。費用収益対応の原則は，努力を示す費用と成果を示す収益とをできるだけ対応させて計上することを要請する原則である。それは収益をまず確定し，その収益に対応する費用を限定しようとする考え方である。したがって，最初に費用を確定し，その費用と関連をもつ収益を計上しようとする考え方とは根本的に異なる。その基本型は実現収益に発生費用を対応させるものである。発生費用であっても次期以降の収益と関連をもつ部分は当期の損益計算から除外される。費用収益対応の原則は費用を限定する原則にほかならない。

　経営活動の性質の違いにより，収益は売上高，営業外収益，特別利益に，また，費用は売上原価，販売費及び一般管理費，営業外費用，特別損失に分類された。それぞれの収益および費用がどのような対応関係になっているかについて，以下，検討してみることにしよう。

2．個別対応

　対応の形態には個別対応と期間対応とがある。個別対応とは商品等を媒体とする対応のことをいい，直接的対応ともよばれる。期間対応とは期間を媒体とする対応のことをいい，間接的対応ともよばれる。売上高と売上原価との対応は個別対応であり，売上高およびその他の収益と売上原価を除く費用との対応は期間対応とされる。ただし，特別利益と特別損失については費用収益対応の原則は適用されないと解されている。なぜなら，特別利益は企業努力と結びつかない経済的価値の創出であり，特別損失は企業成果と結びつかない経済的価値の費消だからである。

売上高と売上原価との対応は明確である。販売された商品または製品を通じて売上高と売上原価とは直接結びついている。工事収益と工事原価との関係についても当該工事を媒体とした対応と考えられる。役務収益と役務原価との関係はサービスを媒体にした対応と考えればよいであろう。いずれにしても，実現主義等によって売上高がまず決定され，その売上高に見合う売上原価が計上されることになる。

工事進行基準を採用した場合，工事収益は，通常，工事原価にもとづいて決定される。このため，表面的には費用に収益が対応させられるようにみえる。しかし，それは工事収益を決定するためのひとつの方法にすぎないのであって，工事収益がまず決定されるという本質に変わりはない。

製品原価は適正な原価計算基準にもとづいて決定される。どのような原価要素を製品原価とするかによってその内容は異なってくる。製品原価は，通常，製品の製造に消費された材料費，労務費および経費のすべてを含むものとされている。製品原価になる費用は，たとえ発生してもただちに当期の費用となるものではない。販売されるまでは棚卸資産に計上される。たとえば，工場建物の減価償却費は製品原価になるため製品が販売されるまで費用化されないのである。

個別対応といっても個々の商品等を媒体とした完全な対応を意味するものではない。売上原価の計算は，一般に，会計期間全体を通じて一括的に行われている。したがって，ときには棚卸減耗損などが売上原価に含まれることもある。今日の個別対応は文字通り純粋な対応関係に必ずしもなっていない。

売上高と売上原価との差額は売上総利益（売上総損失）とよばれている。

3. 期間対応

売上高と販売費との関係はかなり密接といってよいであろう。販売手数料や広告宣伝費などは売上高に比例して変動するのがふつうである。しかし，売上高と売上原価のように商品等と直接結びついているわけではない。したがって，かなり強い対応関係があるにしても，個別対応を適用するには無理がある。一般管理費についてはどうであろうか。一般管理費が売上収益に貢献してい

とは明らかだけれども，対応関係となると販売費よりもさらに希薄になる。このため，販売費及び一般管理費については，その期間中に発生した費用を売上高に対応させる期間対応がとられている。

　売上総利益から販売費及び一般管理費を控除した差額は営業利益（営業損失）とよばれている。

　役員や事務員は営業活動だけでなく営業外の活動にも携わっている。したがって，一般管理費は営業外収益の獲得にも貢献しているはずである。しかし，

収益と費用の対応関係

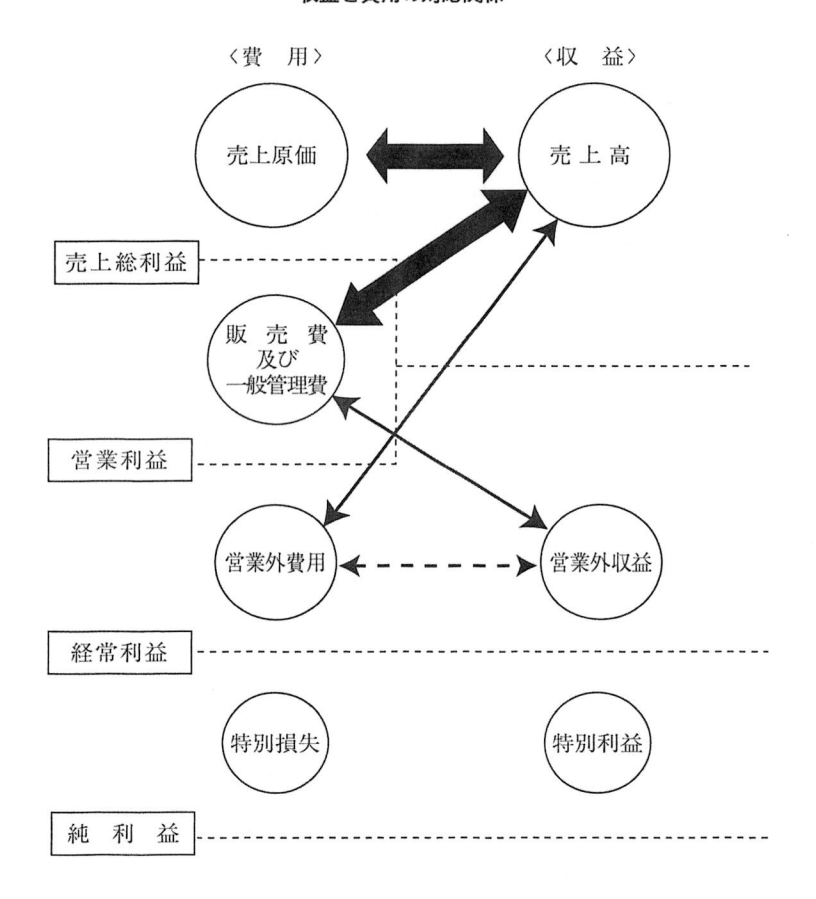

〈費　用〉　　　　　　　〈収　益〉

売上原価　⇔　売上高

売上総利益

販売費及び一般管理費

営業利益

営業外費用　⇠⇢　営業外収益

経常利益

特別損失　　　　　　特別利益

純利益

この対応関係は売上高と販売費及び一般管理費との関係よりもさらに希薄になっている。売上高と営業外費用との関係についても同様のことがいえる。売上収益を獲得するためには資金調達の面も考慮する必要がある。そのための支払利息や支払割引料などは営業外費用に計上されている。売上高と営業外費用についてもかなり希薄とはいえ対応関係が存在しているといえよう。営業外収益および営業外費用には期間対応が適用される。なお，営業外収益と営業外費用との対応関係は一般に存在していないとされている。しかし，借入資金によって短期的な財務活動を行うような場合，両者の間に対応関係が認められるようなケースもあるのではないかと思われる。

営業利益に営業外収益を加え，営業外費用を控除した差額は経常利益（経常損失）とよばれている。さらに，経常利益に特別利益を加え，特別損失を控除した差額が最終的な経営成績の結果を示す純利益（純損失）になる。以上，収益と費用の対応関係を図示すれば前ページのようになる。

〔設　問〕
1　実現主義について説明し，委託販売，試用販売および予約販売における実現時点について述べなさい。
2　下記の資料にもとづいて，純売上高，売上原価および売上総利益を計算しなさい。

　　　　　総売上高　　5,000,000円　　総仕入高　　3,000,000円
　　　　　売上値引　　　400,000円　　仕入値引　　　500,000円
　　　　　売上戻り高　　600,000円　　仕入戻し高　　200,000円
　　　　　期首商品棚卸高 100,000円　　期末商品棚卸高 120,000円

3　営業利益よりも経常利益の方が多い企業の特徴について説明しなさい。
4　¥10,000でメロンを10個買い，そのうち8個を1個¥1,300で売った。利益はいくらか。ただし，10個のメロンは同じ大きさ同じ品質とし，残りの2個は無傷であるとする。

(参考文献)
1　新井清光『新版財務会計論［第3版］』中央経済社，平成8年。
2　飯野利夫『財務会計論［三訂版］』同文舘，平成5年。
3　染谷恭次郎『現代財務会計［第9版］』中央経済社，平成9年。
4　武田隆二『最新財務諸表論［改訂版］』中央経済社，昭和58年。
5　中村忠『新稿現代会計学』白桃書房，平成7年。

XII　キャッシュ・フローの計算方法

§1　キャッシュ・フローの意義と重要性

　キャッシュ・フロー計算書が財務諸表のひとつに加えられたことから，キャッシュ・フローに対する関心は急速に高まった。しかし，これまでもキャッシュ・フローがまったく無視されていたわけではない。とりわけ企業内では重視されていた。

　ここでいう「キャッシュ」とは，現金および現金同等物をいう。現金同等物というのは，「容易に換金可能であり，かつ，価値の変動について僅少なリスクしか負わない短期投資」を意味するといわれている。

　キャッシュ・フローは貨幣の流れと言い換えることもできよう。企業の経営活動にとって貨幣が果たす役割は重要である。商品を仕入れるにしても，有価証券を購入するにしても，貨幣が必要である。借入金を返済したり，配当金を支払うためにも，貨幣は不可欠である。収益は貨幣の獲得によって最も確実なものになる。給料は貨幣で支払うのが常識である。こうした貨幣の流れを把握することがキャッシュ・フローにほかならない。キャッシュ・フローを考えずに企業を経営することは不可能である。

　純利益とキャッシュ・フローを比較するとき，これまでは純利益の方が重視されてきたように思われる。純利益が確保されていれば，キャッシュ・フローなど関係ないと考えがちである。しかし，純利益の計上がそのままキャッシュ・フローに結びつくわけではない。むしろ，両者は別個の内容を構成すると考える方が適切かもしれない。そうなると，これまで以上にキャッシュ・フローに注目する必要性が生まれてくるといえよう。

今日の損益計算は発生主義会計にもとづいて行われている。収益および費用の計上には経営者の判断が介入する。純利益が経営者の主観的な判断によって左右されるのに対し，キャッシュ・フローは事実をありのままに表現したものである。その点では，キャッシュ・フロー情報の方が信頼性が高いといえよう。キャッシュ・フローが重視されるようになった背景には，こうした事情もあるといえよう。

§2　キャッシュ・フローの会計領域

キャッシュ・フローは，資産，負債，資本，収益および費用のいずれとも結びついた広範な会計領域をもっている。キャッシュ・フローの計算方法といっても，従来の計算構造と別個に存在するわけではない。そこで，簡単な設例を用いて説明することにしよう。

〔設　例〕
　つぎの期首貸借対照表および期中取引をもとにして，損益計算書，期末貸借対照表およびキャッシュ・フロー計算書を作成しなさい。

期首貸借対照表　　（単位：万円）

現　　金	100	買　掛　金	300
売　掛　金	400	借　入　金	200
商　　品	600	資　本　金	800
建　　物	700	法定準備金	300
		剰　余　金	200
	1,800		1,800

〈期中取引〉
① 商品350万円を掛で仕入れた。
② 原価450万円の商品を750万円で掛販売した。
③ 現金160万円を銀行から借り入れた。
④ 売掛金650万円を現金で回収した。
⑤ 買掛金370万円を現金で支払った。
⑥ 給料80万円を現金で支払った。

⑦ 支払利息30万円を現金で支払った。
⑧ 有価証券150万円を現金で購入した。
⑨ 建物の減価償却費70万円を計上した。
⑩ 配当金50万円を現金で支払った。

以上の取引のうち，キャッシュ・フローに関係するのは③④⑤⑥⑦⑧⑩の取引であり，無関係なのは①②⑨の取引である。各取引を仕訳し，元帳勘定に記入すると，次のようになる。

〈仕　訳〉（単位：万円）

①	（商　　　品）	350	（買　掛　金）	350
②	（売　掛　金）	750	（売　　　上）	750
	（売上原価）	450	（商　　　品）	450
③	（現　　　金）	160	（借　入　金）	160
④	（現　　　金）	650	（売　掛　金）	650
⑤	（買　掛　金）	370	（現　　　金）	370
⑥	（給　　　料）	80	（現　　　金）	80
⑦	（支払利息）	30	（現　　　金）	30
⑧	（有価証券）	150	（現　　　金）	150
⑨	（減価償却費）	70	（建　　　物）	70
⑩	（配　当　金）	50	（現　　　金）	50

〈元帳勘定記入〉（単位：万円）

現　金				売掛金				有価証券	
繰越	100	⑤	370	繰越	400	④	650	⑧	150
③	160	⑥	80	②	750				
④	650	⑦	30						
		⑧	150						
		⑩	50						

商　品				建　物				買掛金			
繰越	600	②	450	繰越	700	⑨	70	⑤	370	繰越	300
①	350									①	350

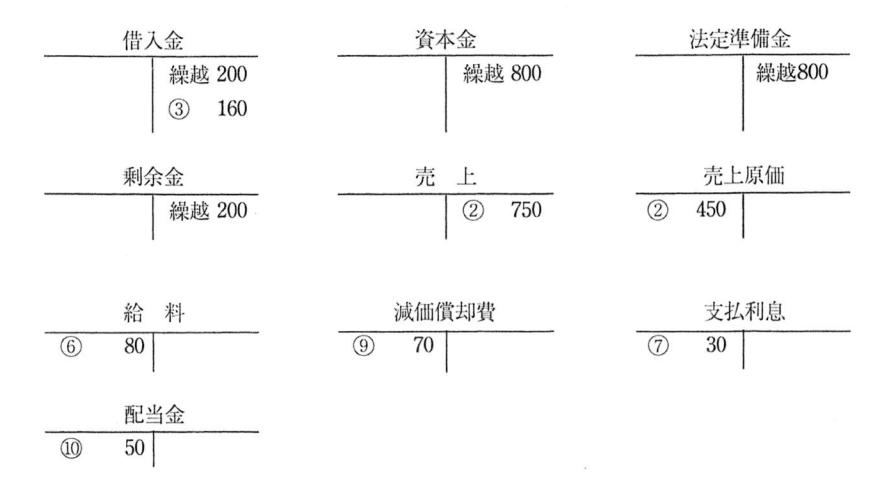

XII キャッシュ・フローの計算方法

```
     借入金              資本金             法定準備金
       | 繰越 200          | 繰越 800          | 繰越 800
       | ③  160

     剰余金                売 上              売上原価
       | 繰越 200          | ② 750      ②  450 |

      給 料            減価償却費           支払利息
  ⑥   80 |         ⑨   70 |          ⑦   30 |

     配当金
  ⑩   50 |
```

損益計算書と期末貸借対照表は次のようになる。

損益計算書 (単位：万円)				期末貸借対照表 (単位：万円)			
売上原価	450	売上	750	現金	230	買掛金	280
給料	80			売掛金	500	借入金	360
支払利息	30			有価証券	150	資本金	800
減価償却費	70			商品	500	法定準備金	300
純利益	120			建物	630	剰余金	270
	750		750		2,010		2,010

キャッシュ・フローはすべて現金勘定に記入されている。現金勘定の借方には収入額，貸方には支出額がそれぞれ示されている。各金額をもとにして，キャッシュ・フロー計算書を作成すれば，次のようになる。

キャッシュ・フロー計算書	(単位：万円)		
営業収入	650	仕入支出	370
借入金収入	160	人件費支出	80
		利息支出	30
		有価証券購入支出	150
		配当金支出	50
		現金増加額	130
	810		810

このキャッシュ・フロー計算書はキャッシュ・フロー取引自体の帳簿記録から作成したものである。この方法を採用するためには，取引を収支要因別に分析・集計しなければならない。取引が多数になった場合，そのような作業は簡単でない。そこで，帳簿記録から直接作成する方法に代えて，損益計算書と比較貸借対照表からキャッシュ・フロー計算書を作成する方法が工夫されている。その方法については後述する。

§3　キャッシュ・フローの区分と直接法・間接法

キャッシュ・フローは，①営業活動によるキャッシュ・フロー，②投資活動によるキャッシュ・フロー，および③財務活動によるキャッシュ・フローの3つに区分される。

営業活動によるキャッシュ・フローには，商品の販売による収入，商品の仕入による支出，販売費及び一般管理費に対する支出，利息に対する支出等が含まれる。

投資活動によるキャッシュ・フローには，固定資産や有価証券の取得および売却による支出および収入等が含まれる。財務活動によるキャッシュ・フローには，株式の発行による収入，社債の発行および償還による収入および支出，借入や返済による収入および支出等が含まれる。

このような3区分はキャッシュ・フローの内容を適切に分析するために必要とされる。設例におけるキャッシュ・フロー計算書の諸項目のうち，営業収入，仕入支出，人件費支出および利息支出は営業活動によるキャッシュ・フローに属する。また，有価証券購入支出は投資活動によるキャッシュ・フローに属し，借入金収入と配当金支出は財務活動によるキャッシュ・フローに属する。

営業活動によるキャッシュ・フローについては，直接法と間接法とよばれる2つの表示方法が区別される。直接法は主要な取引ごとに収入総額と支出総額を表示する方法であり，間接法は純利益に必要な調整項目を加減して表示する方法である。

直接法と間接法の区別は，表示方法の違いであるとともに，計算方法の違いでもある。直接法と間接法は計算過程を異にするけれども，どちらも営業活動によるキャッシュ・フローにより，どのような現金の増減が生じたかを明らかにする。

§4　直接法によるキャッシュ・フローの計算

直接法によるキャッシュ・フロー計算では，主要な取引ごとに収入総額と支出総額を明らかにしなければならない。損益計算書と比較貸借対照表から作成する方法によれば，以下のようになる。まず，前述の設例をもとにして，次のような比較貸借対照表が作成される。

比較貸借対照表（単位：万円）

	期首	期末	増減
資　産：			
現　　金	100	230	130
売　掛　金	400	500	100
有価証券		150	150
商　　品	600	500	(100)
建　　物	700	630	(70)
合　　計	1,800	2,010	210
負債資本：			
買　掛　金	300	280	(20)
借　入　金	200	360	160
資　本　金	800	800	
法定準備金	300	300	
剰　余　金	200	270	70
合　　計	1,800	2,010	210

計算の方法としては，主として損益計算書における収益および費用項目を収入および支出項目に修正する方法がとられる。

売上は掛販売のため現金収入を伴わない。売掛金が回収されてはじめて営業

収入になる。期中に売掛金が増加しているため，売上よりも回収分の方が少ないことになる。そこで，営業収入は次のように計算される。

売　上　　　売掛金の増加　　　営業収入
750万円　−　100万円　　＝　650万円

売上原価を仕入支出に修正するためには，つぎのような計算が必要になる。期中における商品の減少は支出の減少を意味し，買掛金の減少は支出の増加を意味する。

売上原価　　商品の減少　　買掛金の減少　　仕入支出
450万円　−　100万円　＋　20万円　　＝　370万円

給料と支払利息については，前払や未払がないため，費用額と支出額は一致する。減価償却費は現金支出を伴わない費用であり，キャッシュ・フローと無関係になる。

その他に，損益計算書と関係のない収入および支出項目がある。それらは比較貸借対照表から求められる。有価証券の増加（150万円）は投資活動による支出であり，借入金の増加（160万円）は財務活動による収入になる。剰余金の増加（70万円）は純利益の計上（120万円）と配当金支出の差額である。したがって，配当金支出は次のように計算され，財務活動による支出になる。

純利益　　　剰余金の増加　　配当金支出
120万円　−　70万円　　＝　50万円

以上の計算結果をもとに直接法によるキャッシュ・フロー計算書を作成すると，次のようになる。

キャッシュ・フロー計算書（単位：万円）

```
Ⅰ　営業活動によるキャッシュ・フロー
　　　営業収入　　　　　　　　　　　650
　　　仕入支出　　　　　　　　　　（370）
　　　人件費支出　　　　　　　　　（ 80）
　　　利息支出　　　　　　　　　　（ 30）
　　　営業活動によるキャッシュ・フロー　　　　　170
Ⅱ　投資活動によるキャッシュ・フロー
　　　有価証券購入支出　　　　　　（150）
　　　投資活動によるキャッシュ・フロー　　　　（150）
```

Ⅲ　財務活動によるキャッシュ・フロー
　　　　　　借入金収入　　　　　　　　　160
　　　　　　配当金支出　　　　　　　　（ 50）
　　　　　　財務活動によるキャッシュ・フロー　　　　110
　　　Ⅳ　現金増加額　　　　　　　　　　　　　　　130
　　　Ⅴ　現金期首残高　　　　　　　　　　　　　　100
　　　Ⅵ　現金期末残高　　　　　　　　　　　　　　230

§5　間接法によるキャッシュ・フローの計算

　間接法によるキャッシュ・フロー計算では，純利益に必要な調整項目を加減して営業活動によるキャッシュ・フローが求められる。そこでまず，純利益と現金の増加との関係が明らかにされなければならない。

　現金収入は現金以外の資産の減少と負債資本の増加によって生じ，現金支出は現金以外の資産の増加と負債資本の減少によって生じる。したがって，現金の増加は次の式で示される。

　　（現金以外の資産の減少＋負債資本の増加）
　　　－（現金以外の資産の増加＋負債資本の減少）＝現金の増加

負債資本の増加に含まれる純利益を区別して示すと，次のようになる。

　　純利益＋(現金以外の資産の減少＋負債資本の増加)
　　　－(現金以外の資産の増加＋負債資本の減少)＝現金の増加

　上の式の下線部分は，(1)現金の増減を伴わない損益項目，(2)営業活動の結果，および(3)投資活動と財務活動の結果，から成っている。そこで，(3)を除外することにより，営業活動による現金の増加が次の式で示される。

　　純利益＋非現金費用－非現金収益
　　　＋（営業資産の減少＋営業負債の増加）
　　　－（営業資産の増加＋営業負債の減少）
　　　　　　＝営業活動による現金の増加

　設例の数値をもとにして計算すると，営業活動によるキャッシュ・フローはつぎのようになる。

$$\begin{array}{c}\text{純利益}\\120万円\end{array} + \begin{array}{c}\text{減価償却費}\\70万円\end{array} + \begin{array}{c}\text{商品の減少}\\100万円\end{array} - \left(\begin{array}{c}\text{売掛金の増加}\\100万円\end{array} + \begin{array}{c}\text{買掛金の減少}\\20万円\end{array}\right) = 170万円$$

間接法によるキャッシュ・フロー計算書のうち,営業活動によるキャッシュ・フローの部分を示せば,次のようになる。

キャッシュ・フロー計算書（単位：万円）

Ⅰ　営業活動によるキャッシュ・フロー		
純利益	120	
加　算：減価償却費	70	
商品の減少	100	
減　算：売掛金の増加	100	
買掛金の減少	20	
営業活動によるキャッシュ・フロー		170

〔Ⅱ以下は直接法によるキャッシュ・フローと同じになる。〕

要するに,キャッシュ・フローの計算方法には,大別して,(1) キャッシュ・フロー取引の帳簿記録から作成する方法と,(2) 損益計算書と比較貸借対照表から作成する方法とがある。また,営業活動によるキャッシュ・フローに関しては,(1) 収入と支出の総額を示す直接法と,(2) 純利益に調整項目を加減する間接法とがある。したがって,それぞれの組み合わせにより,4通りの計算方法が可能といえよう。

〔設　問〕
1　営業活動によるキャッシュ・フロー,投資活動によるキャッシュ・フローおよび財務活動によるキャッシュ・フローの取引例をそれぞれ2つずつあげなさい。
2　直接法と間接法の違いについて説明しなさい。

(参考文献)
1　鎌田信夫『キャッシュ・フロー会計：その理論と適用』税務経理協会,平成11年。
2　染谷恭次郎『キャッシュ・フロー会計論』中央経済社,平成11年。

3　企業会計審議会，連結財務諸表制度の見直しに関する意見書，平成9年6月6日。
4　企業会計審議会，連結キャッシュ・フロー計算書等の作成基準の設定に関する意見書，平成10年3月13日。

XIII 財務諸表

§1 財務諸表の意義と種類

1. 財務諸表の意義

　財務諸表は企業の会計情報を利用者に伝達する基本的な手段になっている。財務諸表の作成者は企業にほかならないけれども，その利用者については特定することがむずかしい。企業に関心をもつあらゆる人びとが財務諸表の利用者になりうるからである。しかし，株主や債権者は企業と直接利害関係をもっているため会計情報をとくに必要としている。

　利用者に会計情報を個別的に提供することは経済的でない。定型的な会計情報が必要とされ，その役割をになっているのが財務諸表である。財務諸表は断片的な情報ではなく総合的な会計情報を提供するものである。利用者は各自が必要とする会計情報を財務諸表から読み取ることになる。

　財務諸表は単に会計情報を提供するだけでなく，経営者が会計責任を明らかにする手段としても利用される。大企業では経営者と資本の提供者とが異なるのが普通である。資本の提供者は，当然のこととして，経営の結果について報告を受ける権利をもっている。財務諸表を作成して資本提供者に報告することにより，経営者は会計責任を果たしたことになる。財務諸表が株主に直接送付されるのはこのような理由によるものである。

　財務諸表には一会計期間の終了後に作成されるものと会計期間の途中で作成されるものとがある。前者は決算財務諸表とよばれ，後者は中間財務諸表とよばれている。また，一企業を対象とする財務諸表と企業集団を対象とする財務

諸表との区別もある。前者は個別財務諸表であり，後者は連結財務諸表とよばれている。単に財務諸表という場合，それは決算ごとに作成される個別財務諸表を意味している。

企業会計原則では，次の4つを財務諸表として掲げている。
① 損益計算書
② 貸借対照表
③ 財務諸表附属明細表
④ 利益処分計算書

しかし，企業会計審議会は，近年，キャッシュ・フロー計算書を財務諸表に加える決定をした。そのため，企業会計原則上の財務諸表は5つということになる。損益計算書は一会計期間の経営成績を示し，貸借対照表は決算日現在の財政状態を示すものである。キャッシュ・フロー計算書は一会計期間のキャッシュ・フローを示したものになる。財務諸表附属明細表というのは，損益計算書と貸借対照表の重要項目について明細を示したものである。また利益処分計算書は，決算日後3ヵ月以内に開かれる株主総会で決定された利益処分の内容を明らかにしたものである。以上，5つの財務諸表の相互関係を図示すれば次のようになる。

5つの財務諸表の相互関係

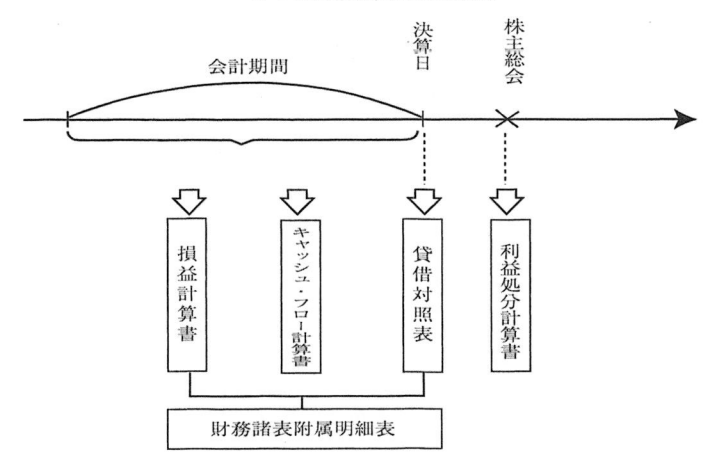

5つの財務諸表のうち損益計算書と貸借対照表は基本財務諸表とよびうるものである。これら2つは複式簿記の計算構造と密接不可分な関係にあるからである。キャッシュ・フロー計算書を基本財務諸表に含めるか否かについては，意見が分かれている。

大企業の財務諸表は商法と証券取引法によって二元的に規制されている。商法と証券取引法とでは立法趣旨を異にしている。証券取引法が主として上場会社を規制の対象にしているのに対し，商法の方はすべての株式会社を含む極めて広範な規制対象をもっている。そのため規制の内容はかなり相違している。制度上の財務諸表を理解するためには，これら2つの法律の規制内容を知っておくことが大切である。

2. 商法上の財務諸表

商法は株式会社の作成すべき財務諸表として次の5つをあげている。
① 貸借対照表
② 損益計算書
③ 営業報告書
④ 利益の処分または損失の処理に関する議案
⑤ 附属明細書

同法第281条によれば，取締役は毎決算期に上記の計算書類（①～④）および附属明細書を作成し，取締役会の承認を受け，監査役の監査を受けることとされている。これらの計算書類および附属明細書は，法務省令「商法施行規則」に従って作成することが要求される。

企業会計原則の掲げる財務諸表の種類と異なるのは営業報告書とキャッシュ・フロー計算書である。商法施行規則（第84条）によれば，営業報告書には次の事項その他会社の状況に関する重要な事項が記載される。

(1) 主要な事業内容，営業所および工場，株式の状況，従業員の状況その他の会社の現況
(2) その営業年度における営業の経過および成果（資金調達の状況および設備

投資の状況を含む。）
(3) 親会社との関係，重要な子会社の状況その他の重要な企業結合の状況（その経過および成果を含む。）
(4) 過去3年間以上の営業成績および財産の状況の推移ならびにこれについての説明
(5) 会社が対処すべき課題
(6) その営業年度の取締役および監査役の氏名，会社における地位および担当または主な職業
(7) 上位7名以上の大株主およびその持株数の数ならびに当該大株主への出資の状況（議決権の比率を含む。）
(8) 主要な借入先，借入額および当該借入先が有する会社の株式の数
(9)〜(11) 省略
(12) 決算期後に生じた会社の状況に関する重要な事実

記載事項のうちには会計に関する内容とそうでないものとが含まれている。それだけに営業報告書をどのように位置づけるかはむずかしい点である。

貸借対照表，損益計算書，営業報告書，および利益の処分または損失の処理に関する議案は株主に直接送付されるのに対し，附属明細書については会社で閲覧する方法がとられている。貸借対照表と損益計算書は，後述する大会社の一般的なケースを除き，株主総会で承認を求める必要がある。営業報告書は株主総会で報告される。附属明細書は株主総会で報告されることも，承認を求めることも必要ない。

商法上の財務諸表は監査役の監査を受けることとされているけれども，資本金5億円以上または負債合計200億円以上の大会社については，「株式会社の監査等に関する商法の特例に関する法律」（以下「商法特例法」と略称する）により，会計監査人の監査も受けなければならない。会計監査人になりうるのは公認会計士または公認会計士によって組織された監査法人だけである。

会計監査人の監査を受けることから，大会社の計算書類の承認については特例が設けられている。すなわち，商法特例法第16条により，貸借対照表および

損益計算書が法令および定款に従い会社の財産および損益の状況を正しく示している旨の記載が会計監査人の監査報告書にあり，かつ，その事項についての会計監査人の監査の結果を相当でないと認めた旨の記載が監査役会の監査報告書にない場合，貸借対照表および損益計算書は株主総会の承認を求めなくてもよい。会計監査人または監査役が不適当とする意見表明を行うことはまれであろうから，大会社の貸借対照表と損益計算書は株主総会で報告するだけというのが一般的なケースになる。

なお，商法には公告の制度がある。これは基本的な財務諸表を広く一般に公開する制度であり，日刊新聞等に掲載される決算公告としてよく知られている。商法の本文では貸借対照表またはその要旨を公告することとされているけれども，商法特例法第16条により，大会社では貸借対照表および損益計算書またはそれらの要旨を公告しなければならない。

3. 証券取引法上の財務諸表

証券取引法は，「国民経済の適切な運営及び投資者の保護に資するため，有価証券の発行及び売買その他の取引を公正ならしめ，且つ，有価証券の流通を円滑ならしめること」（同法第1条）を目的として制定された法律である。5億円以上の有価証券を発行する会社は有価証券届出書を内閣総理大臣に提出しなければならない。また，その後の決算ごとに有価証券報告書を作成し，やはり内閣総理大臣に提出しなければならない。有価証券報告書には財務計算に関する書類が記載される。証券取引法上の財務諸表とは，この財務計算書類に含められる次の5つのことをいう。

① 貸借対照表
② 損益計算書
③ キャッシュ・フロー計算書
④ 利益処分計算書または損失処理計算書
⑤ 附属明細表

証券取引法上の財務諸表は，企業会計原則における財務諸表の種類と一致し

ている。これらの財務諸表は内閣府令「財務諸表等の用語，様式及び作成方法に関する規則」（以下「財務諸表等規則」と略称する）に従って作成される。証券取引法上の財務諸表は全般的に商法上の財務諸表よりも詳細な内容になっている。それは規制対象が上場会社を中心とした大企業であり，投資家の分析に利用しうる詳しい会計情報が必要とされるからである。内閣総理大臣に提出された有価証券報告書はだれでも入手できるようになっている。

以上，企業会計原則，商法および証券取引法における財務諸表の種類をまとめると次のようになる。

財務諸表の種類

『企業会計原則』	『商　　　　　法』	『証券取引法』
損益計算書	損益計算書	損益計算書
貸借対照表	貸借対照表	貸借対照表
利益処分計算書	利益の処分に関する議案（損失の処理に関する議案）	利益処分計算書（損失処理計算書）
財務諸表附属明細表	附属明細書	附属明細表
キャッシュ・フロー計算書	営業報告書	キャッシュ・フロー計算書

4. 会計方針等の注記事項

財務諸表は会計処理の結果を要約したものである。会計情報の意味を正しく理解するためにはどのような会計処理が行われたかを知っておく必要がある。財務諸表自体にそのような記載をすることは繁雑になり，不適当である。そこで注記が利用される。

注記というのは財務諸表を正しく理解するために必要た補足的な説明を示したものである。注記事項を大別すると，重要な会計方針，重要な後発事象，およびその他の事項になる。会計方針というのは，企業が損益計算書および貸借対照表の作成にあたって，その財政状態および経営成績を正しく示すために採用した会計処理の原則および手続並びに表示の方法のことをいう。企業会計原則（注解，注1－2）では会計方針の例として次のようなものをあげている。

(1) 有価証券の評価基準および評価方法
(2) 棚卸資産の評価基準および評価方法
(3) 固定資産の減価償却方法
(4) 繰延資産の処理方法
(5) 外貨建資産・負債の本邦通貨への換算基準
(6) 引当金の計上基準
(7) 費用・収益の計上基準

　これらの会計方針は毎期継続して適用するのが原則である。会計処理の原則および手続並びに表示の方法を変更したときは，当然，注記が必要とされる。注記がないと誤まった判断を招くおそれがあるからである。

　商法施行規則（第24条，第85条）によれば，会計方針を変更したときは，その旨およびその変更による増減額を貸借対照表または損益計算書に注記するとともに，附属明細書にその変更の理由を記載しなければならないとされている。

　また，財務諸表等規則（第8条の3）では，会計処理の原則または手続を変更した場合には，その旨，変更の理由および当該変更が財務諸表に与えている影響の内容を記載し，表示方法を変更した場合には，その内容を記載しなければならないと規定している。このように，変更の理由を附属明細書に記載するか，それとも注記事項とするかで，2つの規則は相違している。

　重要な後発事象もまた注記が必要とされる。後発事象というのは，貸借対照表日後に発生した事象で，次期以後の財政状態および経営成績に影響を及ぼすものをいう。重要な後発事象の例として，企業会計原則（注解，注1－3）は次のものをあげている。

(1) 火災，出水等による重大な損害の発生
(2) 多額の増資または減資および多額の社債の発行または繰上償還
(3) 会社の合併，重要な営業の譲渡または譲受
(4) 重要な係争事件の発生または解決
(5) 主要な取引先の倒産

　その他の注記事項としては損益計算書や貸借対照表に関する個別的な内容が

中心になる。企業会計原則（第三・一・C）では，受取手形の割引高または裏書譲渡高，保証債務等の偶発債務，債務の担保に供している資産，発行済株式1株当たり当期純利益および同1株当たり純資産額等が例示されている。計算書類規則および財務諸表等規則ではさらに詳細な規定が設けられている。要するに，注記事項は財務諸表の利用者に有用な情報を網羅的に提供するものである。

注記事項の記載方法は，通常，財務諸表のあとに一括して記載される。

§2 損益計算書

1. 損益計算書の意義と様式

損益計算書は特定企業における一会計期間の経営成績を報告するための計算書である。したがって，企業名と会計期間とを明示する必要がある。企業の経営成績は，経営活動によって獲得された成果としての収益とそのための努力を意味する費用とを比較して示される。そこで，損益計算書の基本型は，収益，費用および純利益（純損失）を構成要素とすることになる。しかし，実際に作成されている損益計算書は，当期未処分利益を最終行で示す変則型になっている。

損益計算書の様式には勘定式と報告式とがある。勘定式というのは，簿記で使われる勘定と同じように左右対照的に表示する様式のことをいう。収益の合計額と費用および純利益の合計額とが一致するように表示される。報告式というのは，読者に報告するような順序で表示する様式のことをいう。収益から費用を控除して純利益が表示される。それぞれの様式を簡略化して示せば次のページのようになる。

一般に，会計知識のない読者には報告式の方がわかりやすいといわれている。財務諸表等規則（第6条）では報告式によるものとされており，報告式が広く用いられている。

勘定式と報告式の損益計算書

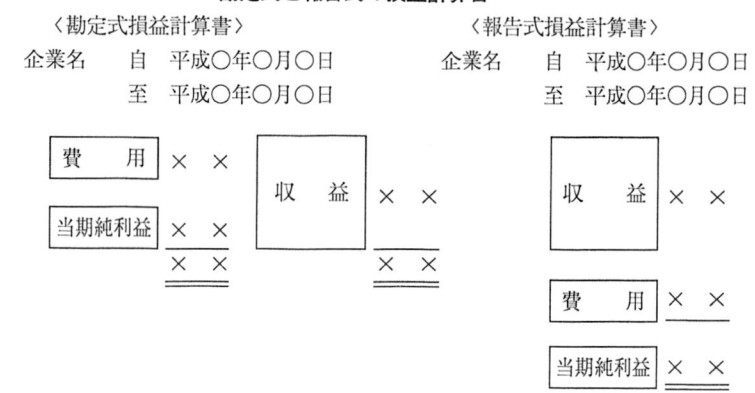

〈勘定式損益計算書〉

企業名　自　平成〇年〇月〇日
　　　　至　平成〇年〇月〇日

費用	××	収益	××
当期純利益	××		
	××		××

〈報告式損益計算書〉

企業名　自　平成〇年〇月〇日
　　　　至　平成〇年〇月〇日

収益　××
費用　××
当期純利益　××

2. 損益計算書の区分

　損益計算書は，収益および費用を一括して示すか区分するかにより，無区分損益計算書と区分損益計算書とにわけられる。今日では区分損益計算書の作成が必要とされている。区分損益計算書では，通常，収益を売上高，営業外収益，および特別利益に区分し，費用を売上原価，販売費及び一般管理費，営業外費用，および特別損失に区分する。それぞれの収益と費用は段階的に対応させられ，性質の異なる利益が計算される。すなわち，当期純利益が計算されるまでの途中において，売上総利益，営業利益，および経常利益が計算されるわけである。それぞれの収益・費用と各利益との関係は次のようになる。

　　売上高 − 売上原価 ＝ 売上総利益
　　売上総利益 − 販売費及び一般管理費 ＝ 営業利益
　　営業利益 ＋ 営業外収益 − 営業外費用 ＝ 経常利益
　　経常利益 ＋ 特別利益 − 特別損失 ＝ 当期純利益

　なお，今日の損益計算書では，当期純利益を計算したあとさらに前期繰越利益等を記載して，当期未処分利益を最終行で示すことになっている。報告式区分損益計算書を簡略化して示せば次のページのようになる。

報告式区分損益計算書

企業名　　自　平成○年○月○日
　　　　　至　平成○年○月○日

売　　上　　高	× ×
売　　上　　原　　価	× ×
売　上　総　利　益	× ×
販売費及び一般管理費	× ×
営　　業　　利　　益	× ×
営　業　外　収　益	× ×
営　業　外　費　用	× ×
経　　常　　利　　益	× ×
特　　別　　利　　益	× ×
特　　別　　損　　失	× ×
当　期　純　利　益	× ×
前　期　繰　越　利　益　等	× ×
当　期　未　処　分　利　益	× ×

　企業会計原則（第二・二）では，営業利益を計算するまでの過程を営業損益計算，経常利益を計算するまでの過程を経常損益計算，当期純利益を計算するまでの過程を純損益計算と称している。法人税等がある場合には，税引前当期純利益から法人税等を控除して当期純利益が示される。

　商法施行規則（第76条）では経常損益の部および特別損益の部を設け，さらに経常損益の部は営業損益の部と営業外損益の部に区分することを要求している。営業損益の部には売上高，売上原価，および販売費及び一般管理費が記載され，営業損益が計算される。営業外損益の部には営業外収益と営業外費用が記載され，経常損益が計算される。特別損益の部には特別利益と特別損失が記載される。経常損益に特別損益を加減した結果は税引前当期利益（または当期損失）とよばれる。税引前当期利益から法人税等を控除したものが当期利益になる。商法施行規則では「当期純利益」ではなく「当期利益」とよばれている。

当期純利益または当期利益に加減される項目としては次のようなものがある。
(1) 前期繰越利益
(2) 一定の目的のために設定した積立金のその目的に従った取崩額
(3) 利益準備金の取崩額
(4) 中間配当額および中間配当に伴う利益準備金積立額

当期(純)利益に(1)と(2)と(3)を加え，(4)を差し引いた結果が当期未処分利益になる。

3．損益計算書の作成

損益計算書の作成にあたっては経営成績が明瞭に表示されるようにしなければならない。そのためには総額主義の原則，重要性の原則などに従う必要がある。総額主義の原則は収益および費用を総額で表示することを要請する原則である。売上高と売上原価とを相殺して売上総利益だけを示すのはこの原則に反する。重要性の原則というのは，科目の性質が重要であったり金額が重要な場合，独立項目として表示することを要請する原則である。その他，表示形式について継続性を守ることも大切である。損益計算書の例を示せば次のとおりである。

第14期　損益計算書

小樽商事株式会社　　自　平成12年4月1日
　　　　　　　　　　至　平成13年3月31日　　　　　　　　　（単位：百万円）

Ⅰ	売　上　高		4,500
Ⅱ	売　上　原　価		
1	期首商品棚卸高	190	
2	当期商品仕入高	2,420	
	合　　計	2,610	
3	期末商品棚卸高	210	2,400
	売上総利益		2,100
Ⅲ	販売費及び一般管理費		
1	販売員給料手当	300	

	2	広告宣伝費	150	
	3	貸倒引当金繰入額	15	
	4	役員給料手当	200	
	5	事務員給料手当	435	
	6	減価償却費	100	
	7	通信費	70	
	8	雑費	30	1,300
		営業利益		800
Ⅳ	営業外収益			
	1	受取利息	40	
	2	有価証券売却益	20	60
Ⅴ	営業外費用			
	1	支払利息および割引料	75	
	2	社債発行差金償却	5	80
		経常利益		780
Ⅵ	特別利益			
	1	前期損益修正益		30
Ⅶ	特別損失			
	1	固定資産売却損		70
		税引前当期純利益		740
		法人税および住民税		380
		当期純利益		360
		前期繰越利益		100
		中間配当額		80
		中間配当に伴う利益準備金積立額		8
		当期未処分利益		372

4. 損益計算書の公告

　大会社にあっては損益計算書またはその要旨を，株主総会で報告したあともしくは承認を得たあと，遅滞なく公告しなければならない。決算公告の例を示せば次のページのとおりである。

小樽商事株式会社　第14期　決算公告
損益計算書の要旨
$\begin{pmatrix} 自 & 平成12年4月1日 \\ 至 & 平成13年3月31日 \end{pmatrix}$

(単位:百万円)

科　　　　　目	金　額
売　　上　　高	4,500
売　　上　　原　　価	2,400
販売費及び一般管理費	1,300
営　　業　　利　　益	800
営　　業　　外　　収　　益	60
営　　業　　外　　費　　用	80
経　　常　　利　　益	780
特　　別　　利　　益	30
特　　別　　損　　失	70
税　引　前　当　期　利　益	740
法　人　税　及　び　住　民　税	380
当　　期　　利　　益	360
前　期　繰　越　利　益	100
中　　間　　配　　当　　額	80
利　益　準　備　金　積　立　額	8
当　期　未　処　分　利　益	372

§3　貸借対照表

1．貸借対照表の意義と様式

　貸借対照表は特定企業における会計期末の財政状態を報告するための計算書である。したがって，企業名と決算日とを明示する必要がある。企業の財政状態は，会計期末に存在する資産，負債および資本の残高によって示される。それらの残高は帳簿記録をもとに決定されたものである。このような貸借対照表の作成方法は誘導法といわれている。それに対して，資産および負債の実地棚

卸にもとづいて貸借対照表を作成する方法は棚卸法とよばれている。今日の決算貸借対照表は棚卸法ではなく誘導法によって作成される。

貸借対照表によって示される財政状態は企業の処分価額を示すものではない。資産の帳簿残高は必ずしも市場価格と同じではない。とくに長期間保有される固定資産の場合，その差異は著しくなる。たとえば，土地はどんなに地価が上昇しても取得価額で評価される。また，資産のなかには繰延資産のように換金価値をもたないものも含まれている。貸借対照表を正しく理解するためには会計の測定システムに関する知識が不可欠なのである。

貸借対照表の様式には勘定式と報告式とがある。勘定式というのは，左側に資産，右側に負債・資本を対照表示する様式のことをいう。報告式というのは，上から資産・負債・資本を順次示す様式のことをいう。それぞれの様式を簡略化して示せば次のようになる。

勘定式と報告式の貸借対照表

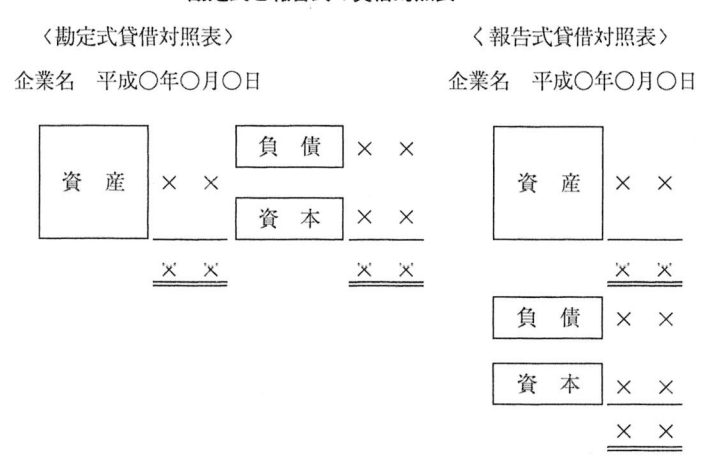

〈勘定式貸借対照表〉　　　　　　　〈報告式貸借対照表〉

企業名　平成〇年〇月〇日　　　　企業名　平成〇年〇月〇日

資　産	××	負　債	××
		資　本	××
	××		××

資　産	××
負　債	××
資　本	××
	××

貸借対照表の場合，資産と負債・資本との相互関係が重要である。両者の関係を分析するには勘定式の方が便利である。しかし，財務諸表等規則（第6条）では報告式によるものとされている。

2. 貸借対照表の区分と配列法

　貸借対照表は，資産・負債・資本の内部を区分するか否かにより，無区分貸借対照表と区分貸借対照表にわけられる。今日では区分貸借対照表の作成が必要とされている。区分貸借対照表では，通常，資産は流動資産・固定資産・繰延資産に区分され，さらに固定資産は有形固定資産・無形固定資産・投資その他の資産に区分される。また，負債は流動負債と固定負債に区分され，資本は資本金・資本剰余金・利益剰余金に区分される。

　ただし，商法施行規則では，固定資産区分のなかの「投資その他の資産」を「投資等」としており，資本は資本金・資本剰余金・利益剰余金に区分される。

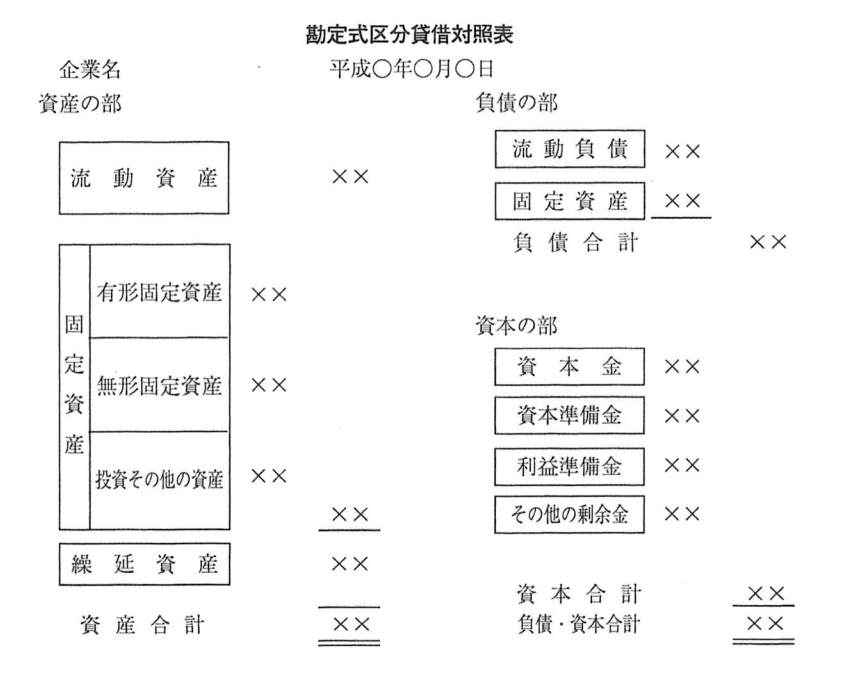

勘定式区分貸借対照表

企業名　　　　　　　　　平成○年○月○日

資産の部			負債の部	
流動資産		××	流動負債	××
			固定資産	××
			負債合計	××
固定資産	有形固定資産	××		
	無形固定資産	××	資本の部	
	投資その他の資産	××	資本金	××
		××	資本準備金	××
繰延資産		××	利益準備金	××
			その他の剰余金	××
資産合計		××	資本合計	××
			負債・資本合計	××

勘定式区分貸借対照表を簡略化して示せば前ページのようになる。

貸借対照表項目の配列法には流動性配列法と固定性配列法とがある。流動性配列法は流動資産および流動負債を先に表示し，固定性配列法は固定資産および固定負債を先に表示する配列法である。資産を流動資産と固定資産に区分し，負債を流動負債と固定負債に区分するのは，企業の支払能力を判断するのに役立つからである。流動資産と流動負債の関係を分析することによって，企業の支払能力に関する資料が得られる。流動性配列法はこの点を強調することになる。企業会計原則は流動性配列法を原則としており，一般にもこの配列法が広く採用されている。

流動・固定の分類基準には正常営業循環基準と1年基準とがある。正常営業循環基準というのは，商品等を仕入れ，販売して代金を回収する一連の営業活動に属する項目を流動項目とする基準をいう。受取手形，売掛金，商品，製品，支払手形，買掛金などはこの基準によりすべて流動資産もしくは流動負債とされる。1年基準というのは，貸借対照表日の翌日から起算して1年以内に入金または支払の期限が到来する項目を流動項目とする基準をいう。預金，貸付金，借入金など主として財務的な項目にはこの基準が適用される。

3. 貸借対照表の作成

貸借対照表は企業の財政状態を明瞭に表示しなければならない。その作成にあたっては，総額主義の原則，重要性の原則などに従う必要がある。総額主義の原則は資産・負債・資本の各項目を総額で表示することを要請する原則である。有形固定資産について，取得原価と減価償却累計額とを相殺した差額だけを示し，減価償却累計額の注記をしないのはこの原則に反する。重要性の原則は，科目の性質や金額の重要性により，独立項目として表示することを要請する原則である。その他，表示形式の継続性を守ることも大切である。貸借対照表の例を示せば次のページのとおりである。

貸倒引当金および減価償却累計額については注記で示すこともできる。その場合，貸借対照表には当該資産から貸倒引当金および減価償却累計額を控除し

第14期　貸借対照表

小樽商事株式会社　　　　平成13年3月31日　　　　（単位：百万円）

資　産　の　部				負　債　の　部			
Ⅰ　流　動　資　産				Ⅰ　流　動　負　債			
現金および預金		400		支　払　手　形		40	
受　取　手　形	50			買　　掛　　金		310	
貸倒引当金	1	49		短期借入金		60	
売　　掛　　金	642			未払法人税等		220	
貸倒引当金	12	630		未　払　費　用		20	
有　価　証　券		100		流動負債合計			650
商　　　　　品		650		Ⅱ　固　定　負　債			
前　払　費　用		11		社　　　　　債		300	
流動資産合計			1,840	長期借入金		150	
Ⅱ　固　定　資　産				退職給付引当金		90	
1　有形固定資産				固定負債合計			540
建　　　　物		900		負　債　合　計			1,190
減価償却累計額	225	675		資　本　の　部			
車両運搬具		50					
減価償却累計額	15	35		Ⅰ　資　本　金			500
備　　　品		70		Ⅱ　資本剰余金			
減価償却累計額	30	40		1　資本準備金		340	
土　　　地		310		2　その他資本剰余金		10	350
有形固定資産合計		1,060		Ⅲ　利益剰余金			
2　無形固定資産				1　利益準備金		60	
営　業　権		120		2　任意積立金			
商　標　権		10		配当平均積立金		180	
無形固定資産合計		130		別途積立金		548	728
3　投資その他の資産				3　当期未処分利益			372	1,160
投資有価証券		80		資　本　合　計			2,010
長期貸付金	70						
貸倒引当金	2	68					
長期前払費用		2					
投資その他の資産合計		150					
固定資産合計			1,340				
Ⅲ　繰延資産							
社債発行差金		20					
繰延資産合計			20				
資　産　合　計			3,200	負債資本合計			3,200

た差額が記載される。

　資本の部の最後には当期未処分利益が示され，損益計算書における最終行の当期未処分利益と対応する。この金額によって損益計算書と貸借対照表とが結合される関係になる。この方法によると貸借対照表には当期純利益が示されないことになる。これは損益計算書が変則型のためである。損益計算書が基本型であれば，当期純利益が損益計算書と貸借対照表を結合する関係になる。なお，商法施行規則（第71条）では当期未処分利益または当期未処理損失に当期利益または当期損失を付記することになっている。

小樽商事株式会社　　**第14期　決算公告**
貸借対照表の要旨
（平成13年3月31日現在）

（単位:百万円）

資　産　の　部		負債及び資本の部	
科　　　　　目	金　額	科　　　　　目	金　額
流　動　資　産	1,840	流　動　負　債	650
現　金　及　び　預　金	400	買　　掛　　　　金	310
売　　　掛　　　金	642	短　期　借　入　金	60
有　　価　　証　　券	100	未　払　法　人　税　等	220
棚　　卸　　資　　産	650	そ　　の　　他	60
そ　　の　　他	61	固　定　負　債	540
貸　倒　引　当　金	△　13	社　　　　　　　債	300
固　定　資　産	1,340	長　期　借　入　金	150
有形固定資産	1,060	退　職　給　付　引　当　金	90
建　　　　　物	675	負　　債　　合　　計	1,190
土　　　　　地	310	資　本　金	500
そ　　の　　他	75	資本剰余金	350
無形固定資産	130	資　本　準　備　金	340
投　資　等	150	その他資本剰余金	10
投　資　有　価　証　券	80	利益剰余金	1,160
そ　　の　　他	72	利　益　準　備　金	60
貸　倒　引　当　金	△　2	任　意　積　立　金	728
繰　延　資　産	20	当　期　未　処　分　利　益	372
		（う　ち　当　期　利　益）	(360)
		資　　本　　合　　計	2,010
資　　産　　合　　計	3,200	負　債　及　び　資　本　合　計	3,200

（注）有形固定資産の減価償却累計額270百万円

4. 貸借対照表の公告

　株式会社の貸借対照表またはその要旨は，株主総会で報告されたあともしくは承認を得たあと，遅滞なく公告されなければならない。決算公告の例を示せば前ページのとおりである。

§4　利益処分計算書

　株式会社における利益の処分は株主総会で行われる。その内容を示す計算書が利益処分計算書である。商法では利益の処分に関する議案とよんでおり，財務諸表等規則では利益処分計算書とよんでいる。この計算書は株主総会の日付で作成される。

　利益処分の対象になるのは当期未処分利益に任意積立金取崩高を加算した金額である。利益処分の内容は，配当金および役員賞与金として社外に分配される項目と利益準備金および任意積立金の積立として社内に留保される項目とに大別される。利益処分計算書の例を示せば次のとおりである。

第14期　利益処分計算書

小樽商事株式会社　　　　平成13年6月28日

(単位:百万円)

Ⅰ	当期未処分利益			372
Ⅱ	利益処分額			
	利益準備金		11	
	配　当　金		80	
	役員賞与金		30	
	任意積立金			
	配当平均積立金	40		
	別途積立金	97	137	258
Ⅲ	次期繰越利益			118

§5　財務諸表附属明細表

損益計算書および貸借対照表に記載された諸項目の内訳もしくは期中増減を示したものが財務諸表附属明細表である。基本財務諸表自体は包括的な内容を簡潔に表現することが望ましい。個別的な明細は附属明細表にゆだねられることになる。附属明細表は補足的な情報を提供するために作成される。財務諸表等規則（第118条）では次の6種類の附属明細表を規定している。ただし，連結財務諸表を作成する会社は，(3)と(4)を作成する必要がない。
(1)　有価証券明細表
(2)　有形固定資産等明細表
(3)　社債明細表
(4)　借入金等明細表
(5)　資本金等明細表
(6)　引当金明細表

商法では附属明細表のことを附属明細書と称している。附属明細書には損益計算書と貸借対照表の明細だけでなく，営業報告書の記載を補足する重要な事項も記載される。

§6　キャッシュ・フロー計算書

キャッシュ・フロー計算書は一会計期間のキャッシュ・フローを示す計算書である。損益計算書が「もの」の流れを扱うのに対し，キャッシュ・フロー計算書は「貨幣」の流れを扱う。両者は異質な流れを示すことによって有用な情報を提供する。

第XII章で述べたように，キャッシュ・フローは営業活動によるキャッシュ・フロー，投資活動によるキャッシュ・フローおよび財務活動によるキャッシュ・フローの3つに区分される。また，営業活動によるキャッシュ・フローの表示

方法には，直接法と間接法の2つがある。どちらの表示方法を選択するかは企業の任意とされている。

直接法によるキャッシュ・フロー計算書を例示すれば，次のとおりである。

第14期　キャッシュ・フロー計算書

小樽商事株式会社　　　　　自　平成12年4月1日
　　　　　　　　　　　　　至　平成13年3月31日　　（単位：百万円）

Ⅰ	営業活動によるキャッシュ・フロー	
	営業収入	4,300
	商品の仕入れによる支出	－2,200
	人件費の支出	－950
	その他の営業支出	－300
	小　　計	850
	利息の受取額	35
	利息の支払額	－80
	法人税等の支払額	－380
	営業活動によるキャッシュ・フロー	425
Ⅱ	投資活動によるキャッシュ・フロー	
	有価証券の取得による支出	－100
	有価証券の売却による収入	180
	有形固定資産の取得による支出	－250
	有形固定資産の売却による収入	140
	貸付金の回収による収入	70
	投資活動によるキャッシュ・フロー	40
Ⅲ	財務活動によるキャッシュ・フロー	
	短期借入れによる収入	30
	長期借入金の返済による支出	－160
	社債償還による支出	－200
	配当金の支払額	80
	財務活動によるキャッシュ・フロー	－250
Ⅳ	現金及び現金同等物の増加額	215
Ⅴ	現金及び現金同等物の期首残高	185
Ⅵ	現金及び現金同等物の期末残高	400

また，間接法によるキャッシュ・フロー計算書のうち，営業活動によるキャッシュ・フローの部分を例示すれば，次のとおりである。

```
Ⅰ　営業活動によるキャッシュ・フロー
    税引前当期純利益              740
    減価償却費                    100
    貸倒引当金の増加額              15
    社債発行差金償却                 5
    前期損益修正益                 -30
    受取利息                      -40
    支払利息                       75
    有価証券売却益                 -20
    有形固定資産売却損              70
    売上債権の増加額               -110
    棚卸資産の減少額                85
    仕入債務の減少額                -40
        小　　計                  850
    利息の受取額                    35
    利息の支払額                   -80
    法人税等の支払額               -380
    営業活動によるキャッシュ・フロー  425
```
〔Ⅱ以下は直接法によるキャッシュ・フローと同じになる。〕

〔設　問〕
1　商法上の財務諸表と証券取引法上の財務諸表との相違点を説明しなさい。
2　重要な会計方針の例を3つあげ，それらを変更したときの記載要領について説明しなさい。
3　次の諸項目は損益計算書または貸借対照表のどの区分に記載されるか答えなさい。
　　①　長期前払費用　　　　②　広告宣伝費
　　③　利益準備金　　　　　④　有価証券売却益
　　⑤　有価証券評価損　　　⑥　未払法人税等
　　⑦　固定資産売却益　　　⑧　社債発行差金
　　⑨　社債発行差金償却　　⑩　販売員給料
　　⑪　退職給付引当金　　　⑫　貸倒引当金

〔参考文献〕
1　武田隆二編著『商法決算の処理と開示—主要企業の計算書類等の総合分析と事例—（昭和62年版）』中央経済社。
2　番場嘉一郎監修，英和監査法人編『会社の決算と開示—有価証券報告書の体系的分析—（昭和62年版）』中央経済社。

XIV 連結財務諸表

§1 連結財務諸表の意義

　グローバル経営が進展し，連結ベースでの企業評価が重要性を増しつつある今日では，企業グループを構成する個々の会社を会計単位とする財務諸表（個別財務諸表）のみでは，投資情報として十分ではなく，法的実体としての個々の会社の枠組みを超えて，経済的実体としての企業集団全体を1つの会計単位とする財務諸表，すなわち連結財務諸表の必要性が高まってきている。とりわけ，外国の投資家は，従来より連結ベースでの投資情報を重視しており，わが国企業もこのような状況を軽視することはできなくなってきている。

　わが国における連結財務諸表の制度化は，1975年に公表された（旧）連結財務諸表原則に始まり，証券取引法による財務報告制度の一環として1977年4月から連結財務諸表の提出が義務づけられた。そしてその後，数次の改正により連結財務諸表の開示内容の整備充実が図られたが，1997年の6月に，「連結財務諸表制度の見直しに関する意見書」が公表され，これまでの「個別財務諸表中心主義」からの転換がなされ，この意見書に合せて改訂された（改訂）連結財務諸表原則のもとでの，「連結会計中心のディスクロージャー制度」に移行することとなった。

　この制度は，1998年4月に開始する事業年度から一部導入され，2000年3月期に全面的に実施された。そしてここでは，セグメント情報，税効果会計，連結キャッシュフロー計算書，連結中間財務諸表，オフバランス，リスク情報など，従来に比べ充実した情報内容の開示が要求されるようになった。

　今後，国際的に連結会社の重要性が高まり，さらにいわゆる連結経営の拡大

が進展するにつれ，さらに関連する法制度の充実が求められることとなろう。

§2　連結の範囲

　連結財務諸表は基本的に，支配従属関係にある2つ以上の会社からなるグループを単一の組織体とみなして，親会社が当該企業グループの財政状態および経営成績について総括的に報告する目的で作成される。したがって，（連結特有の種々の修正は必要としても）単純に言えば，親会社と子会社の個別の財務諸表を結合（「連結」）連結することにより連結財務諸表は作成される。しかし，ここで重要な問題となるのは，連結会計において「連結」する対象の会社をどのように絞るか，ということである。

　わが国では従来（旧連結財務諸表原則），「議決権の過半数の実質的所有」という点を重視して親会社・子会社を規定し，それに基づいて連結の範囲を決めていた（持株比率基準）。ここでは，親会社とは他の会社の議決権の過半数を実質的に（＝自己の計算で）所有している会社をいい，親会社単独で他の会社の議決権の過半数を所有する場合の他，子会社が他の会社の議決権を所有する場合，さらには，親会社と子会社が併せて他の会社の議決権の過半数を所有する場合も，当該他の会社は子会社とみなされることになる。

〔説　例1〕

　次の図において，親会社P社の子会社となるのはどれか。

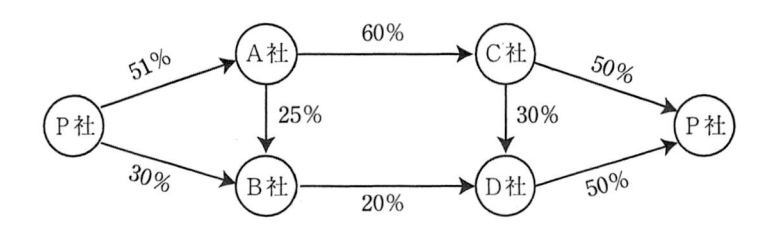

　ここでのP社の子会社といえるのは，A社，B社およびC社である。

しかし，この持株比率基準では，一般的に保有比率を過半数以下に引き下げることにより，業績の悪い子会社を連結範囲から除外する事が可能になるなどの種々の問題点が指摘され，また，企業集団の実質を重視する，連結会計の国際的な潮流ともマッチしなかった。

そこで，改訂された連結財務諸表原則（三，一）では，「他の会社の意思決定機関を支配している」という事実を重視する，いわゆる支配力基準を採用し，子会社の要件として，次の2つを掲げている。

1) 他の会社の議決権の過半数を実質的に所有している。
2) 他の会社の議決権の所有割合が100分の50以下であっても，高い比率の議決権を有しており，かつ当該会社の意思決定機関を支配している一定の事実が認められる。

そしてさらに連結原則注解5では，2) に関して，以下の4つのケースを掲げている。

1) 議決権を行使しない株主が存在することにより，株主総会において議決権の過半数を継続的に占めることができると認められる。
2) 役員，関連会社等の協力的な株主の存在により，株主総会において議決権の過半数を継続的に占めることができると認められる。
3) 役員若しくは従業員であるもの又はこれらであったものが，取締役会の構成員の過半数を継続して占めている。
4) 重要な財務及び営業の方針決定を支配する契約等が存在する。

原則として子会社はすべて連結の範囲に含まれるはずであるが，しかし，実際には，連結することによりかえって投資家の判断を誤らせると考えられるものがあり，そのすべてが連結範囲に入るわけではない。子会社のうち支配従属関係が一時的であると認められる会社，ないしは連結することにより利害関係者の判断を著しく誤らせるおそれのある子会社については，連結の範囲に含めないのである（改訂連結原則第三・一・4）。

さらに，連結のコストを考えて重要性の原則が適用され，連結集団全体から見て，投資家の判断に対する影響が実質的に低いと考えられる子会社について

は，これを連結範囲から除外することが認められる。

§3 連結決算日

連結財務諸表の作成に関する期間は1年とし，親会社の会計期間にもとづき，年1回一定の日をもって連結決算日とする（改訂連結原則第三・二・1）。連結のためには，子会社の決算日が連結決算日に一致することが望まれるが，それが営業の性質等の理由で困難な場合には，子会社は，連結決算日に正規の決算に準ずる合理的な手続による決算を行わなければならない（改訂連結原則第三・二・2）。

ただし，決算日の差異が3ヵ月を超えない場合には，子会社の正規の決算を基礎として連結決算を行うことができる。この場合においても，決算日が異なることから生ずる連結会社間の取引に係る会計記録の重要な不一致については，必要な整理を行わなければならない。（改訂連結原則注解7）。

§4 会計処理の原則と手続

子会社の採用する会計処理の原則や手続が，親会社のものと一致していれば問題はないが，棚卸資産の評価方法や減価償却の方法など会計処理方法が相違する場合も，両会社の経営環境の相違によりしばしば生ずるものである。この場合，旧連結原則（三・三）では，できるだけ両者を統一することを求めていたが，改訂連結原則（三・三）では会計処理方法の無理な統一によってかえって企業集団の財政状態と経営政策が適正でなくなってしまう可能性を考慮して，同一環境下で行われた同一性質の取引等についての両会社の採用する会計処理の原則・手続の統一性のみを要請するに留めている。

§5 連結貸借対照表

連結貸借対照表は，親会社および子会社の個別貸借対照表における資産，負

債および資本の金額を基礎として，連結会社相互間の投資勘定と資本勘定および債権と債務を相殺消去して作成する。

1．子会社の資産及び負債の評価

(1) 連結貸借対照表の作成に当たっては，支配獲得日において，子会社の資産及び負債を，次のいずれかの方法により評価せねばならない（改訂連結原則第四・二・1）。

1) 子会社の資産及び負債のうち，親会社の持分に相当する部分については，株式の取得日ごとに，当該日における公正な評価額（時価）により評価し，少数株主持分に相当する部分については，子会社の個別貸借対照表上の金額による方法（これを「部分時価評価法」という）。

2) 子会社の資産および負債のすべてを，支配獲得日の時価により評価する方法（これを「全面時価評価法」という）。

(2) 子会社の資産および負債の時価による評価額と当該資産及び負債の個別貸借対照表上の金額との差額（評価差額）は，子会社の資本とする（改訂連結原則第四・二・2）。

(3) 評価差額に重要性が乏しい子会社の資産及び負債は，個別貸借対照表上の金額によることができる（改訂連結原則第四・二・3）。

2．親会社の投資勘定と子会社の資本勘定との相殺消去

(1) 資本連結の基本的手続

親会社の子会社に対する投資勘定とこれに対応する子会社の資本勘定とは，その取得日を基準として，連結計算上相殺消去しなければならない（改訂連結原則四・三・1）。これを資本連結とよぶが，その基本的な考え方は，本支店合併貸借対照表作成における，本店の支店勘定と支店の本店勘定の相殺消去と同じである。以下簡単な例からはじめて，順次連結特有の問題の理解へと進むことにする。

〔設 例2〕
　P社はS社の発行株式のすべて（100％）を，平成X1年3月31日，¥100,000で取得した。株式取得の直後における両社の貸借対照表は次のとおりである。

P社貸借対照表　　　　X1.3.31

諸 資 産	400,000	諸 負 債	150,000
投　　資	100,000	資 本 金	250,000
		剰 余 金	100,000
	500,000		500,000

S社貸借対照表　　　　X1.3.31

諸 資 産	160,000	諸 負 債	60,000
		資 本 金	80,000
		剰 余 金	20,000
	160,000		160,000

連結修正仕訳
　（借）資 本 金　80,000　　（貸）投　　資　100,000
　　　　剰 余 金　20,000

連結貸借対照表

諸 資 産	560,000	諸 負 債	210,000
		資 本 金	250,000
		剰 余 金	100,000
	560,000		560,000

　親会社となるP社は，子会社となるS社の発行株式の全部を，その純資産と等しい価額で取得しているので，P社の投資勘定とS社の資本勘定（資本金および剰余金）は一致し，両者の相殺消去は簡単にできる。

〔設 例3〕
　設例2において，P社がS社の発行株式の70％を¥70,000で取得した場合。

P社貸借対照表　　　　X1.3.31

諸 資 産	430,000	諸 負 債	150,000
投　　資	70,000	資 本 金	250,000
		剰 余 金	100,000
	500,000		500,000

XIV 連結財務諸表

```
           S社貸借対照表         X1.3.31
  諸 資 産   160,000  │ 諸 負 債    60,000
                     │ 資 本 金    80,000
                     │ 剰 余 金    20,000
           160,000   │           160,000
```

連結修正仕訳

(借) 資 本 金 80,000 (貸) 投 資   70,000
　　 剰 余 金 20,000   少数株主持分   30,000

```
           連結貸借対照表        X1.3.31
  諸 資 産   590,00  │ 諸 負 債   210,000
                    │ 少数株主持分 30,000
                    │ 資 本 金   250,000
                    │ 剰 余 金   100,000
           590,000  │           590,000
```

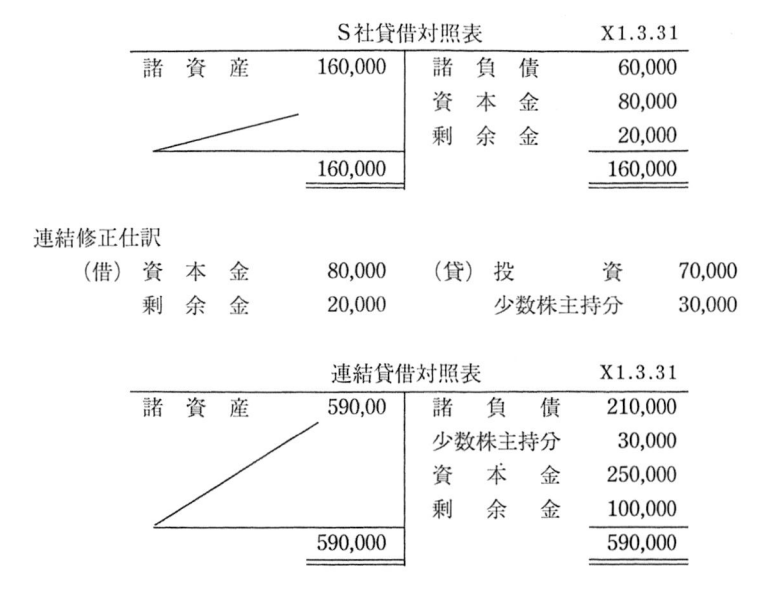

子会社の資本勘定に対する持分は２つの部分に分けて考えることができる。１つは発行株式の過半数を所有する親会社に属する部分（本設例では70％に当たる）であり，もう１つは親会社以外の株主に属する部分（本設例では30％に当たる）である。前者を親会社持分，後者を少数株主持分[注1]（minority interest）とよぶ。次に子会社S社の資本勘定を図解してみよう。

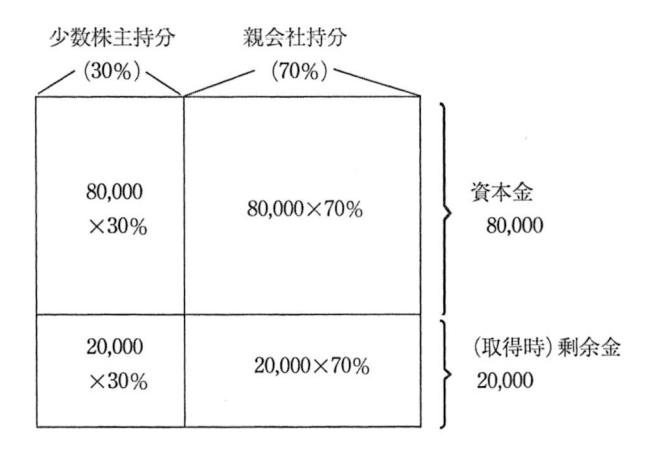

	少数株主持分 （30％）	親会社持分 （70％）	
	80,000 ×30％	80,000×70％	資本金 80,000
	20,000 ×30％	20,000×70％	（取得時）剰余金 20,000

したがって，連結修正仕訳は次の2つの仕訳に分解して考えることができる。

（親会社P社の投資勘定と子会社S社の資本勘定のうちのP社の持分とを相殺消去する仕訳）

　　（借）資　本　金　　56,000　　（貸）投　　　資　　70,000
　　　　　剰　余　金　　14,000

（少数株主持分へS社の資本勘定から少数株主持分の割合だけ振替える仕訳）

　　（借）資　本　金　　24,000　　（貸）少数株主持分　　30,000
　　　　　剰　余　金　　 6,000

〔設　例4〕
　設例2において，P社がS社の株式のすべてを¥120,000で取得した場合。

連結修正仕訳
　　（借）資　本　金　　　80,000　　（貸）投　　　資　　120,000
　　　　　剰　余　金　　　20,000
　　　　　連結調整勘定　　20,000

連結貸借対照表　　　　　X1.3.31

諸　資　産	540,000	諸　負　債	210,000
連結調整勘定	20,000	資　本　金	250,000
		剰　余　金	100,000
	560,000		560,000

　親会社の投資勘定と子会社の資本勘定（親会社持分）とは，種々の理由があって，本支店会計における本店の支店勘定と支店の本店勘定のようには，通常一致しない。そこで連結に当って，投資勘定と資本勘定との相殺消去をすると，投資消去差額が借方あるいは貸方に生じ，この差額は連結調整勘定[注2]として処理される。

〔設　例5〕
　設例2において，P社がS社の株式の70%を¥90,000で取得した場合。

連結修正仕訳
　　（借）資　本　金　　　80,000　　（貸）投　　　資　　　90,000
　　　　　剰　余　金　　　20,000　　　　　少数株主持分　　30,000
　　　　　連結調整勘定　　20,000

連結貸借対照表　　　　X1.3.31

諸　資　産	570,000	諸　負　債	210,000
連結調整勘定	20,000	少数株主持分	30,000
		資　本　金	250,000
		剰　余　金	100,000
	590,000		590,000

〔設　例 6〕

設例 5 において、1 年後の平成 X2 年 3 月 31 日の P 社および S 社の貸借対照表がつぎのとおりであった。

P社貸借対照表　　　　X2.3.31

諸　資　産	510,000	諸　負　債	200,000
投　　　資	90,000	資　本　金	250,000
		剰　余　金	150,000
	600,000		600,000

S社貸借対照表　　　　X2.3.31

諸　資　産	180,000	諸　負　債	70,000
		資　本　金	80,000
		剰　余　金	30,000
	180,000		180,000

連結修正仕訳

(借)	資　本　金	80,000	(貸)	投　　　資	90,000
	剰　余　金	23,000		少数株主持分	33,000
				連結調整勘定	20,000

※ただし、連結調整勘定の償却は行わないものとする。

連結貸借対照表　　　　X2.3.31

諸　資　産	690,000	諸　負　債	270,000
連結調整勘定	20,000	少数株主持分	33,000
		資　本　金	250,000
		剰　余　金	157,000
	710,000		710,000

以上の連結修正仕訳は，子会社S社の資本勘定を次のように分解することにより理解されよう。

	少数株主持分 30%	親会社持分 70%		
	80,000 ×30%	80,000 × 70%	資 本 金	80,000
	20,000 ×30%	20,000 × 70%	取得時剰余金	20,000
	10,000 ×30%	10,000 × 70%	取得後剰余金	10,000

図から理解されるように，連結修正仕訳は次の2つの仕訳に分解することができる。

（親会社P社の投資勘定と子会社S社の資本勘定のうちのP社の持分とを相殺消去する仕訳）

　　　（借）資　本　金　　56,000　　（貸）投　　　資　　90,000
　　　　　　剰　余　金　　14,000
　　　　　　連結調整勘定　20,000

（少数株主持分へS社の資本勘定から少数株主持分の割合だけ振替える仕訳）

　　　（借）資　本　金　　24,000　　（貸）少数株主持分　33,000
　　　　　　剰　余　金　　 9,000

すなわち，子会社S社の取得後剰余金のうちの親会社P社の持分割合に当たる部分（¥10,000×70％＝¥7,000，図の斜線の部分）は，相殺消去されずに残り，親会社P社の剰余金と合算されて連結剰余金（consolidated surplus）を構成する。

以上の手続を連結精算表の形で示すと，次のようになる。

	P社貸借対照表		S社貸借対照表		修正仕訳		連結貸借対照表	
諸資産	510,000		180,000				690,000	
投　資	90,000					90,000		
諸負債		200,000		70,000				270,000
資本金		250,000		80,000	80,000			250,000
剰余金		150,000		30,000	23,000			157,000
連結調整勘定					20,000		20,000	
少数株主持分						33,000		33,000
合　計	600,000	600,000	180,000	180,000	123,000	123,000	710,000	710,000

XIV 連結財務諸表 273

〔設 例7〕
次の資料によって，連結貸借対照表，連結損益計算書および確定方式による連結剰余金計算書を，連結精算表の形で作成しなさい。

1. 平成X1年3月6日に，P社はS社の発行株式の80％を¥10,000で取得した。なお，みなし取得日3）を平成X1年3月31日とし，同日におけるS社の資本勘定は次のようであったとする。

資　本　金	6,500
利 益 準 備 金	700
その他の剰余金	4,300
合　　　計	11,500

2. P社の投資勘定とそれに対応するS社の資本勘定との消去差額は連結調整勘定に計上し，5年間にわたって均等償却することとする。

3. 平成X1年4月1日から2年3月31日までの会計期間中における，P社およびS社が平成X1年6月20に行った同年3月の決算にかかわる利益処分，ならびに同年9月30日に行った中間配当による，その他の剰余金の変動の詳細は以下のとおりである。

	P 社	S 社
その他の剰余金期首残高	8,250	4,300
その他の剰余金減少高		
利益準備金繰入額		
前期利益処分	700	300
当期中間配当	150	80
配　当　金		
前期利益処分	5,000	2,400
当期中間配当	1,500	800
役 員 賞 与 金	800	500
当 期 純 利 益	8,400	4,200
その他の剰余金期末残高	8,500	4,420

4. 平成X2年3月31日におけるP社およびS社の個別財務諸表は次頁の連結精算表に記載してあるとおりである。

(2) 段階法と一括法

ここまでの説明では，親会社となるP社が子会社となるS社の株式の過半数を1回で取得する場合が想定されているが，株式の取得が2回以上にわたって行われる場合，連結貸借対照表はどのように作成すべきであろうか。原則とし

274

貸借対照表

科目	個別財務諸表 P社	個別財務諸表 S社	合計	①投資と資本の相殺消去	②純利益の少数株主持分への配分	③連結調整勘定の償却	④利益処分項目の振替	⑤配当金の相殺消去	連結財務諸表
貸借対照表									
諸資産	40,000	20,000	60,000						60,000
投資	10,000		10,000	(10,000)					
連結調整勘定			800			(160)			640
資産合計	50,000	20,000	70,000	(9,200)	(160)				60,640
諸負債	(22,000)	(8,000)	(30,000)						(30,000)
少数株主持分				(2,300)	(840)		740		(2,400)
資本金	(18,000)	(6,500)	(24,500)	6,500					(18,000)
利益準備金	(1,500)	(1,080)	(2,580)	700			76		(1,804)
その他の剰余金	(8,500)	(4,420)	(12,920)	4,300			(816)		(8,436)
負債・資本合計	(50,000)	(20,000)	(70,000)	9,200	(840)	160	0		(60,640)
損益計算書									
諸損益	(5,440)	(4,000)	(9,440)						(9,940)
受取配当金	(2,560)		(2,560)					2,560	
連結調整勘定償却						160			160
少数株主損益					840				840
当期純利益	(8,000)	(4,000)	(12,000)		840	160		2,560	(8,440)
剰余金計算書									
その他の剰余金期首残高	(8,250)	(4,300)	(12,550)	4,300					(8,250)
その他の剰余金期首減少額									
利益準備金繰入額	850	380	1,230				(76)		1,154
配当金	6,500	3,200	9,700				(640)	(2,560)	6,500
役員賞与	800	500	1,300				(100)		1,200
当期純利益	(8,400)	(4,200)	(12,600)		840	160		2,560	(9,040)
その他の剰余金期末残高	(8,500)	(4,420)	(12,920)	4,300	840	160	(816)	0	(8,436)

て，親会社の子会社に対する投資勘定とこれに対応する子会社の資本勘定との相殺消去は，親会社による子会社株式の取得の日を基準として行われる。そこで，株式の取得が2回以上にわたって行われた場合には，当然，取得日ごとに段階的に相殺消去することが必要となる。これが段階法と呼ばれる方法であり，精密かつ理論的と言えるが，反面，株式の取得が数回に分けて行われた場合など，複雑な消去計算を必要とする。

そこで従来，連結計算の結果が段階法による場合と著しく相違しないと認められる場合には，子会社に対する支配獲得日以前に行われた株式の取得について，支配獲得日における親会社の投資勘定と子会社の資本勘定を基準として，一括的に相殺消去する方法が認められてきた（改訂連結財務諸表原則でも原則として段階法をとっている）。これが，実務上の簡便法としてしばしば用いられる，一括法と呼ばれる方法である。

なお，株式取得日が子会社の決算日以外の日である場合には，当該取得日の前後いずれか近い決算日に株式取得が行われたものとみなして，連結計算を行うことができる。これを「みなし取得日[注3]」と呼ぶ。以下設例をもって示す。

〔設 例8〕
(1) P社のS社株式の取得の経過およびS社の資本勘定の推移は次のとおりである。

実際取得日 （みなし取得日）	S社株式の取得経過書		各取得時点におけるS社の資本勘定の推移		
	特殊割合	取得原価	資本金	剰余金	資本合計
平成X1年度末原始購入	30%	30,000	80,000	20,000	100,000
平成X2年度末追加購入	70%	87,000	80,000	30,000	110,000
	100%	117,000			

(2) 平成2年度末における両社の貸借対照表は次のとおりである。なお，投資勘定を除いては両社間に相殺消去すべき項目はない。

P社貸借対照表　　　　X1.3.31

諸 資 産	483,000	諸 負 債	200,000
投 資	117,000	資 本 金	250,000
		剰 余 金	150,000
	600,000		600,000

	S社貸借対照表		X1.3.31
諸 資 産	180,000	諸 負 債	70,000
		資 本 金	80,000
		剰 余 金	30,000
	180,000		180,000

イ．段階法

(1) 原始購入時（30%取得）

連結修正仕訳

（借）資 本 金　24,000　　（貸）投　資　30,000
　　　剰 余 金　 6,000

(2) 追加購入時（70%取得）

連結修正仕訳

（借）資 本 金　56,000　　（貸）投　資　87,000
　　　剰 余 金　21,000
　　　連結調整勘定　10,000

(1) + (2)

連結修正仕訳

（借）資 本 金　80,000　　（貸）投　資　117,000
　　　剰 余 金　27,000
　　　連結調整勘定　10,000

以上の仕訳を連結精算表および連結貸借対照表の形で示すと次のようになる。

	P社貸借対照表		S社貸借対照表		修正仕訳		連結貸借対照表	
諸資産	483,000		180,000				663,000	
投 資	117,000					117,000		
連結調整勘定					10,000		10,000	
諸負債		200,000		70,000				270,000
資本金		250,000		80,000	80,000			250,000
剰余金		150,000		30,000	27,000			153,000
合 計	600,000	600,000	180,000	180,000	117,000	117,000	673,000	673,000

連結貸借対照表		X2.3.31
諸 資 産	663,000	諸負債 270,000
連結調整勘定	10,000	資本金 250,000
		剰余金 153,000
	673,000	673,000

段階法では、以上のように、P社による最初の株式取得後にS社が稼得した剰余金¥10,000のうち、P社の持分（30%）に属する部分（¥3,000、図の斜線の部分）は、取得後剰余金親会社持分とされ、消去されず連結剰余金となる。

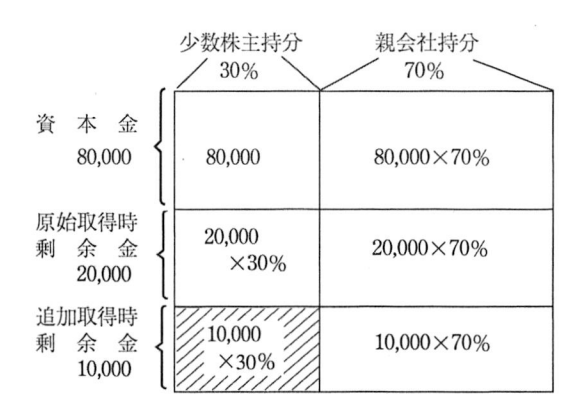

```
                  少数株主持分      親会社持分
                    30%            70%
資 本 金  ┌─────────┬─────────┐
80,000    │ 80,000  │ 80,000×70% │
          ├─────────┼─────────┤
原始取得時│         │            │
剰 余 金  │ 20,000  │ 20,000×70% │
20,000    │ ×30%    │            │
          ├─────────┼─────────┤
追加取得時│/////////│            │
剰 余 金  │ 10,000  │ 10,000×70% │
10,000    │ ×30%    │            │
          └─────────┴─────────┘
```

ロ．一括法

連結修正仕訳

（借）資　本　金	80,000	（貸）投　資	117,000
剰　余　金	30,000		
連結調整勘定	7,000		

連結貸借対照表		X2.3.31
諸 資 産	663,000	諸負債 270,000
連結調整勘定	7,000	資本金 250,000
		剰余金 150,000
	670,000	670,000

一括法の場合は、段階法の場合と異なり、支配獲得日にいっきょに株式の取得がなされたかのように考えるので、支配獲得日より前に生じたS社の剰余金の増減は問題とされず、したがって取得後剰余金親会社持分は生じない。すなわち

一括法においては，支配獲得日における子会社S社の資本金¥80,000および剰余金¥30,000のすべてが投資と相殺消去されてしまい，その結果設例では連結調整勘定が段階法におけるよりも¥3,000少なくなっている。このような処理は，段階法において，原始取得日から支配獲得日までに生じた子会社S社の剰余金の増加額における親会社P社の持分類¥3,000が連結剰余金に加えられるのと対照的である。

(注1) 少数株主持分（改訂連結原則第四・四および同注解11参照）
　持分少数株主持分は，子会社の資本勘定のうち親会社の持分に属しない部分であり，負債の部の末尾の区分に記載される。なお，子会社に欠損金が生じ，それが子会社の資本金を超えた場合，少数株主持分はマイナスになるが，株主の責任はその出資額を限度とすると考えられ，また欠損については支配権を有する親会社が責任があるとも考えられるので，このマイナスの部分は親会社に負担させる。その後子会社に利益が計上されたときは，親会社が負担してきた欠損または損失が回収されるまでは，その利益の金額をすべて親会社の持分に加算する。

(注2) 連結調整勘定（改訂連結原則第四・三および同注解10参照）
　勘定親会社の投資勘定がそれに対応する子会社の資本勘定より大きければ連結調整勘定は借方に，小さければ貸方に生ずる。連結調整勘定が発生する原因としては，(イ)子会社の資産または負債の帳簿価額と時価との乖離，(ロ)子会社の超過収益力にもとづくのれんの存在，(ハ)子会社株式の市場価額に影響する市場の種々の要因の存在等があげられる。そこで，容易に原因分析ができる場合には，適当な科目に振替えることになるが，それができない場合には，連結調整勘定として処理し，20年以内で毎期均等額以上を償却することが必要となる（改訂連結原則第四・三・2）。

(注3) みなし取得日（改訂連結原則　注解9）
　資本連結の計算は，取得日現在の子会社の資本勘定を基礎として行われるが，株式取得日と子会社決算日は必ずしも一致しないので，取得日の前後いずれか近い決算日に株式取得が行われたものとみなして連結計算を行うことができる。この株式取得日に近い決算日のことを，みなし決算日という。

3. 連結会社相互間の債権と債務の相殺消去

　連結会社相互間の債権と債務とは，企業集団内部の債権債務であるから，連結決算上相殺消去しなければならない。そして，ここで相殺消去の対象となる債権債務には，確定金銭債権および債務以外に，前払費用，未収収益，前受収益および未払費用等の，連結会社取引にかかわる経過勘定項目が含まれる（改訂連結原則第四・六および同注解14）。次に重要なものについて簡単に説明する。

(1) 割引手形の取扱い

連結会社相互間の手形上の債権（受取手形）と債務（支払手形）とは当然相殺される。ただし，連結会社が振出した手形を他の連結会社が銀行割引した場合には，連結貸借対照表上，手形借入金または短期借入金に振替える。これは企業集団全体からみれば，銀行からの借入と同じ効果をもつからである。また，連結会社が振出した手形を他の連結会社が外部の者に裏書譲渡した場合は，支払手形勘定は残り，連結会社が受け取った外部者の振出した手形を他の連結会社に裏書譲渡した場合は，受取手形勘定が残る。

(2) 引当金の調整

貸倒引当金は，連結会社相互間の債権または債務を相殺消去した後の債権を基礎として，連結上調整する。また他の連結会社を対象として引当てられた負債性引当金（製品保証引当金・返品調整引当金等）は，連結上調整することになる。

(3) 社　　債

連結会社が発行した社債を他の連結会社が所有している場合には，発行会社の社債勘定と保有会社の投資社債勘定とは相殺消去しなければならない。ただし，それが一時所有のものであるときは相殺消去しないことができる。

§6　連結損益計算書

連結損益計算書は，親会社および子会社の個別損益計算書における収益，費用等の金額を基礎とし，連結会社相互間の取引高および未実現損益を消去して，営業利益，経常利益および当期純利益を表示する（改訂連結原則第五・一）。

1．連結会社相互間の取引高の相殺消去

親会社と子会社との間および子会社相互間における商品の売買その他の取引にかかわる項目は，連結決算上消去しなければならない（改訂連結原則第五・二）。

したがって，企業集団内部での売上高と仕入高，あるいは受取利息と支払利息等は，相殺消去される。また連結会社相互間の取引が連結会社以外の会社を通じて行われている場合であっても，その取引が実質的に連結会社間の直接の取引であることが明確であるときは，この取引を連結会社間の取引とみなして処理しなければならない。

2. 未実現損益の消去

連結会社相互間において，商品・製品等の棚卸資産の売買がなされたり，あるいは固定資産の譲渡がなされたりした場合，通常内部振替価格を使用することにより，内部損益が発生する。これらの内部損益は，その発生にかかわる資産がいまだ連結会社内部に存在している場合には，企業集団全体として見れば，未実現の損益と考えられるので，連結にあたり消去する必要がある（改訂連結原則第五・三）。ただし，棚卸資産の時価がその取得原価よりも下落している場合は，その資産を時価によって取引したことによって生じた内部損失は，消去しないことができる。以下，内部利益の消去の具体的な方法について，棚卸資産の場合と固定資産の場合とに分けて説明する。

(1) 棚卸資産に含まれる未実現利益の消去

棚卸資産にかかわる未実現利益の消去は，期末棚卸資産に含まれる未実現利益をその棚卸資産から控除するとともに，連結上の売上原価を修正することによって行う。未実現利益として消去すべき金額は，通常その資産の売買にかかわる純利益率にもとづいて算定されるが，特に連結会社間において他の独立第三者とは異なる内部振替価格で売買が行われている場合には，連結会社間における売上総利益率を使用する。また，連結会社相互間の取引にかかわる棚卸資産を分別することが困難なときは，合理的な見積りによって，これを分別することができる。これは，他の連結会社から購入した原材料等であっても，いったん製造工程に投入されてしまえば，他の第三者の会社から購入したものと分別して把握することが困難となるからである。

〔設例9〕
　P社はS社に原価¥8,000の商品を¥10,000で販売したが、期末にいたっても、そのうち半分は在庫として残存している。

　この場合、期末時点で、売価で¥5,000の商品がいまだ外部の第三者に売却されてはいないのであるから、この中に含まれる未実現利益¥1,000（¥5,000×20％）が消去されねばならない。そこで以下の仕訳をする。

　　　　（借）　売上原価　　　　1,000　　（貸）　棚卸資産（商品）　1,000

　なお、期首の棚卸資産に含まれている内部未実現利益については、その他の剰余金期首残高がその分だけ減少すると考えることができ、損益計算の観点からは、売上原価の計算項目の1つである期首商品棚卸高から、同じ金額を控除することになる。そしてこのような売上原価の貸方記入によって、当期の売上原価の金額はそれだけ減少し、前期に控除された内部未実現利益が実現するのである。期首商品が売価で¥8,000存在した場合、利益率が設例9と同じく20％であれば、次のように仕訳されることとなる。

　　　　（借）　剰余金（期首）　　1,600　　（貸）　売上原価　　　　1,600

(2) 固定資産に含まれる未実現利益の消去

　連結会社相互間における固定資産に関わる取引の結果売却した側の会社に生じた利益（売却益）もまた、内部未実現利益であるので、連結にあたって消去する必要がある。ただし、その金額が僅少な場合には、消去しないことができる。この消去の内容について、次に非償却資産の場合と償却資産の場合に分けて説明する。

（イ）非償却資産の場合

　連結会社間で非償却資産の売買が行われた場合には、それが企業集団内で使用されているかぎり、当初の売却益にあたる金額は消去されなければならない。たとえば親会社P社が子会社S社に、取得原価¥1,500の土地を¥2,000で販売した場合、売却の行われた期においては次の消去仕訳をすることになる。

　　　　（借）　土地売却益　　　　500　　（貸）　土　　地　　　　　500

　そして、次期以降においてもこの土地を所有しつづけていたとすると、次の仕訳が必要となる。

　　　　（借）　剰余金（期首）　　500　　（貸）　土　　地　　　　　500

(ロ) 償却資産の場合

　連結会社間で償却資産の売買が行われた場合は，(イ) の非償却資産の場合の処理に加えて，さらに売買年度以降に購入資産についてなされる減価償却についての処理が問題となる。すなわち，償却資産を購入した会社の個別貸借対照表上の償却資産の価額（未実現利益を含んだ額，売買価額）と，連結ベースでの償却資産の価額（外部からの取得原価）とが異なることにより，各年度の減価償却費およびその累計額についての修正計算が必要となる。そして，このような減価償却についての修正により，未実現利益のうちの未償却分に相当する部分だけが消去され，減価償却によって未実現利益が実現することとなるのである。

〔設　例10〕
　子会社S社は平成X1年度期首に親会社P社より，帳簿価額¥800の備品を¥1,200で購入した。購入時以降の耐用年数10年，残存価額0，定額法償却とする。まず備品の売却があった平成X1年度における内部未実現利益（売却益）を消去する。

　　　（借）　備品売却益　　　　400　　（貸）　備　　品　　　　400

　S社個別損益計算書上の減価償却費と連結上の減価償却費との差額を調整する。

　　　（借）　減価償却累計額　　40　　（貸）　減価償却費　　　40

　そこで，平成X2年度においては前年度の結果をうけて，次の開始仕訳が必要となる。

　　　（借）　剰余金（期首）　　400　　（貸）　備　　品　　　　400
　　　（借）　減価償却累計額　　40　　（貸）　剰余金（期首）　40

　次に，平成X2年度における減価償却費を連結ベースに修正することにより，減価償却費に含まれている未実現利益を実現させる。

　　　（借）　減価償却累計額　　40　　（貸）　減価償却費　　　40

	(イ) S社個別貸借対照表上の簿価	(ロ) S社個別損益計算書上の減価償却費	(ハ) 連結上の簿価	(ニ) 連結上の減価償却費	(ホ) 実現する未実現利益 (ロ)-(ニ)	(ヘ) 期末の未実現利益 (イ)-(ハ)
平成X1年度末	1,080	120	720	80	40	360
平成X2年度末	960	120	640	80	40	320
平成X3年度末	840	120	560	80	40	280

なお，連結財務諸表原則では，実務上の手続の軽減に配慮して，減価償却資産に含まれる未実現利益の消去について，以上のように毎期修正計算を行わずに，除去あるいは外部への売却時に，消去した未実現利益が実現したものとして取扱うことができるとしている。

(3) 少数株主持分がある場合の未実現利益の消去法

連結上の内部未実現損益の処理については，基本的につぎの3つの方法が考えられる。

A法　内部利益の全額を未実現利益として消去し，その全額を親会社の負担とする方法（全額消去・親会社負担方式）

B法　内部利益の全額を未実現利益として消去し，親会社と少数株主持分がそれぞれの持分の比率にしたがって未実現利益の消去分を負担する方法（全額消去・持分比率負担方式）

C法　内部利益のうち親会社持分に相当する金額のみを未実現利益として親会社が負担し，少数株主持分に相当する金額は実現利益として把握する方式（親会社持分相当額消去方式）次にこれらの3つの方法を具体例によって説明する。

〔設　例11〕

P社およびS社の損益計算書は次のとおりである。

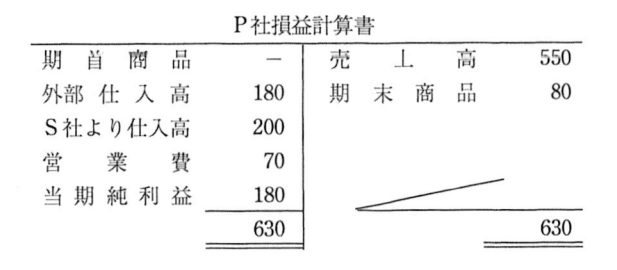

P社損益計算書

期　首　商　品	－	売　上　高	550
外　部　仕　入　高	180	期　末　商　品	80
S社より仕入高	200		
営　　業　　費	70		
当　期　純　利　益	180		
	630		630

S社損益計算書

期 首 商 品	150	P社への売上高	200
外 部 仕 入 高	200	外 部 売 上 高	150
営 業 費	40	期 末 商 品	120
当 期 純 利 益	80		
	470		470

(資料) 1. P社はS社の発行株式数の80%を所有している。
2. P社の期末商品¥80のうち¥50は、S社より仕入れたものである。なお、S社の外部に対する売上総利益率は40%であるが、P社に対しては特別に30%で販売している。
3. 営業費の中には、P社とS社で相殺消去すべき項目は存在しない。

A法

連結損益計算書

期 首 商 品	380	売 上 高	700
仕 入 高	380	期 末 商 品	200
営 業 費	110		
未 実 現 利 益	15		
少 数 株 主 損 益	16		
当 期 純 利 益	229		
	900		900

15＝期末商品S社より仕入分50×S社のP社向け売上総利益率30%
16＝子会社純利益80×20%
229＝親会社純利益180＋子会社純利益80×80%－未実現利益15

B法

連結損益計算書

期 首 商 品	150	売 上 高	700
仕 入 高	380	期 末 商 品	200
営 業 費	110		
未 実 現 利 益	15		
少 数 株 主 損 益	13		
当 期 純 利 益	232		
	900		900

13＝子会社純利益80×20%－未実現利益15×20%
232＝親会社純利益180＋子会社純利益80×80%－未実現利益15×

C法

連結損益計算書

期首商品	150	売　上　高	700
仕　入　高	380	期末商品	200
営　業　費	110		
未実現利益	12		
少数株主損益	16		
当期純利益	232		
	900		900

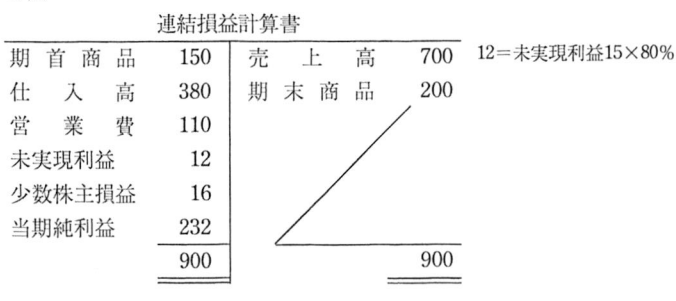

12＝未実現利益15×80％

　以上の３つの方法のうち，親会社が子会社へ販売した場合（ダウン・ストリーム down streamという）は，通常Ａ法がとられ，反対に子会社が親会社へ販売した場合（アップ・ストリーム up streamという）は，通常Ｂ法またはＣ法がとられる。

§7　連結剰余金計算書

1．連結剰余金計算書の内容（改訂連結原則第六・一）

　連結剰余金計算書は，連結貸借対照表に示される「連結剰余金」の増減を示す計算表である。「連結剰余金」は，一般に純資産のうちの資本金と法定準備金を除外した部分の総称であり，連結貸借対照表においては，親会社の「連結剰余金」と，子会社の「連結剰余金」のうち取得後剰余金と認められるものを基礎にして算定される。「連結剰余金」の増減は，親会社および子会社の損益計算書および利益処分にかかわる金額を基礎とし，連結会社相互間の配当にかかわる取引を消去して計算する。

　ここで利益処分の取り扱いについては，連結会計期間において確定した利益処分を基礎として連結決算を行う方法（確定方式）と，連結会計期間の利益にかかわる利益処分を基礎として連結決算を行う方法（繰上方式）との２つの方法がある。従来より，連結財務諸表原則は前者の確定方式を原則とし，後者の繰上方式を容認してきたが，改訂連結財務諸表原則でも同様である。なお，中間配当については，いずれの方式をとる場合においても，当該連結会計期間にお

ける中間配当額およびそれにともなう利益準備金積立額が対象となる。

2．連結剰余金計算書の作成と表示（改訂連結原則第六・二）

　連結剰余金計算書は，原則として，「連結剰余金」期首残高，「連結の剰余金」減少高および当期純利益を示して，「連結剰余金」期末残高を表示しなければならない。「連結剰余金」減少高は，利益準備金繰入額，配当（中間配当を含む）および役員賞与に区分して記載する。

　なお，連結剰余金計算書は，連結損益計算書に接続して，「連結損益及び剰余金結合計算書」とすることができる。連結剰余金計算書および「連結損益及び剰余金計算書」の様式は次のようになる。

連結剰余金計算書			連結損益及び剰余金結合計算書	
自　平成×年×月×日			自　平成×年×月×日	
至　平成×年×月×日			至　平成×年×月×日	
連結剰余金期首残高		×××	連結損益計算書 ………… …………	
連結剰余金増加高		×××		
連結剰余金減少高				
利益準備金繰入額	×××			
配　当　金	×××		当期純利益	×××
役員賞与金	×××	×××	連結剰余金期首残高	×××
当期純利益		×××	連結剰余金増加高	×××
連結剰余金期末残高		×××	連結剰余金減少高	
			利益準備金繰入額　×××	
			配　当　金　　　　×××	
			役員賞与金　　　　×××	×××
			連結剰余金期末残高	×××

§8　持　分　法

(1) 持分法の意義と処理

　投資株式の評価法には，原価法と持分法とがある。どちらの方法をとっても，株式の取得時には，その購入価額をもって投資勘定に記入される。しかしその

後，原価法においては被投資会社の剰余金の変動がなんら投資勘定の金額に反映されないのに対し，持分法においては投資勘定の金額に反映されることとなる。

すなわち，持分法によれば，投資会社は投資の日以降における被投資会社の利益または損失のうちの，投資会社の持分相当額だけ投資勘定を増減させ，またこの増減額を投資損益として当期純利益の計算に含める。

また，被投資会社から配当金を受取った場合には，この配当金に相当する金額を投資勘定より減額する。この処理は，原価法において受取配当金を認識してその分当期純利益を増加させるのと対照的である。

次に，持分法について原価法と対照させて例示する。

〔設 例12〕
① P社はS社の発行済総株式2,000株のうち800株を1株￥800で取得した。
② 年度末においてS社は￥400,000の純利益を計上した。
③ S社は純利益のうち￥200,000を現金で配当した。
④ P社はS社株式200株を1株￥850で売却した。

	原　価　法	持　分　法
①	(借) 投　資　　640,000 　　(貸) 現金　　　　640,000	(借) 投　資　　640,000 　　(貸) 現　金　　　640,000
②	仕訳なし	(借) 投　資　　160,000 　　(貸) 投資損益　　160,000
③	(借) 現　金　　80,000 　　(貸) 受取配当金　80,000	(借) 現　金　　80,000 　　(貸) 投　資　　　80,000
④	(借) 現　金　　170,000 　　(貸) 投　資　　　160,000 　　　　投資売却益　10,000	(借) 現　金　　170,000 　　　　投資売却損　10,000 　　(貸) 投　資　　　180,000

(2) 持分法の適用範囲

改訂連結財務諸表原則は，非連結子会社及び関連会社に対する投資については原則として持分法を適用することとしている（改訂連結原則第四・八・1および同注解17）。

ただし，持分法の適用による投資勘定の増減額が，連結財務諸表に重要な影響を与えない場合には，本来持分法の適用会社でも，持分法を適用しないことができる（改訂連結原則注解18）。

ここで関連会社とは，親会社及び子会社が出資，人事，資金，技術，取引等の関係を通じて，その財務及び営業の方針等に対して，重要な影響を与えることができる会社であり，通常は連結決算実施会社が発行済株式総数の20％以上50％以下を保有している他の会社をいうが，議決権が20％未満でも，実質的に財務及び営業の方針に重要な影響を与えることができる事実が存在すれば，関連会社と認められる（改訂連結原則第四・八および同注解19, 20）。一般に，非連結子会社や関連会社は，連結子会社に比較すれば，支配の点で不確実性や不安定性が大きいが，しかしながら企業グループの経営に大きな関係をもつ場合もあり，そこで持分法という会計方法で連結会計に取り入れることにしたわけである。

§9　連結財務諸表の表示方法

1．連結貸借対照表の表示方法

　連結貸借対照表の表示方法は，基本的には個別の貸借対照表を作成する場合と変わらないが，以下に若干の相違点あるいは特徴ある点をあげる（改訂連結原則第四・九および同注解21）。
1. 企業集団の財政状態について誤解を生ずるおそれのない限り，集約して表示できる。たとえば，商品，製品，原材料等は一括して，棚卸資産の科目で表示できる。
2. 少数株主持分は負債の部の固定負債の後に記載される（連結調整勘定がある場合はさらにその後）。ただし，少数株主持分の金額に重要性がない場合は，その他の適切な科目に含めて表示できる。
3. 自己株式および子会社が所有する親会社の株式は，資本の部から控除する形式で表示する。
4. 非連結子会社または関連会社に対する債権，債務または投資勘定は，他の債権等と区別して表示するか，または注記の方法によって明瞭に表示しなければならない。

連結貸借対照表の様式は次のようになる。

連結貸借対照表
平成×年×月×日

資　産　の　部				負　債　の　部			
I 流動資産				I 流動負債			
現金及び現金		×××		支払手形及			
受取手形及				び買掛金		×××	
び売掛金	×××			短期借入金		×××	
貸倒引当金	×××			未払費用		×××	
たな卸資産		×××		引　当　金			
………		×××		製品保証引			
流動資産合計			×××	当金	×××		
II 固定資産				賞与引当金	×××		
1 有形固定資産				………	×××	×××	
建物及び構築				その他の流			
物				動負債		×××	
減価償却累				流動負債合計		×××	
計額	×××	×××		II 固定負債			
機械及び装置	×××			社　　　債		×××	
減価償却累				長期借入金		×××	
計額	×××	×××		引　当　金			
土　　地		×××		退職給与引			
………		×××		当金	×××		
有形固定資当金				………	×××		
産合計		×××		その他の固			
2 無形固定資産				定負債		×××	
営　業　権		×××		固定負債合計			×××
………		×××		III 連結調整勘定			×××
無形固定資				IV 少数株主持分			×××
産合計		×××		負債合計			×××
3 投資その他の資産							
非連結子会社及							
び関連会社投資		×××					
………		×××					
投資その他							
の資産合計		×××					
固定資産							
合計			×××	資　本　の　部			
III 繰延資産				I 資　本　金			×××
新株発行費		×××		II 資本準備金			×××
社債発行費		×××		III 利益準備金			×××
………		×××		IV 連結剰余金			×××
繰延資産合計			×××	資本合計			×××
IV 連結調整勘定			×××				
資産合計			×××	負債資本合計			×××

2. 連結損益計算書の表示方法

　連結損益計算書の表示方法は，基本的には個別損益計算書を作成する場合と変わらないが，以下に若干の相違点あるいは特徴ある点をあげる（改訂連結原則第五・四および同注解23）。

1. 企業集団の経営成績について誤解を生ずるおそれのない限り，集約して表示できる。たとえば，売上原価に関しては，棚卸計算方式によらないで売上原価という科目一本だけで記載することができる。
2. 純損益計算の区分は，経常損益計算の結果を受け，特別利益および特別損失を記載して税金等調整前当期純利益を表示し，これに法人税額等，少数株主持分損益，連結調整勘定の当期償却額および持分法による投資損益を加減して当期純利益を表示しなければならない。

　連結損益計算書の様式は次のようになる。

連結損益計算書
自平成×年×月×日　　至平成×年×月×日

I	売上高		
	商品及び製品売上高	×××	
	役務収益	×××	×××
II	売上原価		
	商品及び製品売上原価	×××	
	役務原価	×××	×××
	売上総利益（又は売上総損失）		×××
III	販売費及び一般管理費		
	販売費	×××	
	一般管理費	×××	×××
	営業利益（又は営業損失）		×××
IV	営業外収益		
	受取利息及び割引料		×××
	有価証券利息	×××	
	受取配当金	×××	
	………………	×××	×××
	………………	×××	×××

V　営業外費用		
支払利息及び割引料	×××	
社　債　利　息	×××	
………………	×××	×××
経常利益（又は経常損失）	×××	×××
VI　特　別　利　益		
前期損益修正益	×××	
固定資産売却益	×××	
………………	×××	
………………	×××	×××
VII　特　別　損　失		
前期損益修正損	×××	
固定資産売却損	×××	
災害による損失	×××	
………………	×××	
………………	×××	×××
税金等調整前当期純利益（又は税金等調整前当期純損失）		×××
法人税及び住民税額		×××
少数株主損益		×××
連結調整勘定当期償却額		×××
持分法による投資損益		×××
当期純利益		×××

3．連結財務諸表の注記事項

連結財務諸表には，次の事項が注記されなければならない（改訂連結原則第七）。

① 連結の範囲等

連結の範囲に含めた子会社，非連結子会社ならびに持分法を適用した非連結子会社および関連会社に関する事項その他連結の方針に関する重要事項，およびこれらに重要な変更があったときはその旨およびその理由

② 決算日の差異

子会社の決算日が連結決算日と異なるときは，当該決算日，決算日が異なる理由および連結のため当該子会社についてとくに行った決算手続の概要

③ 会計処理の原則および手続
　イ．重要な資産の評価基準および減価償却の方法ならびにこれらについて変更があったときは，その旨，その理由およびその影響。
　ロ．連結会社相互間の未実現損益および持分法適用における未実現損益の消去の方法。
　ハ．子会社の採用する会計処理の原則および手続で親会社およびその他の子会社との間で特に異なるものがあるときは，その概要。
④ 利益処分
　連結決算に当って採用した利益処分の取扱方法。
⑤ その他の重要な事項
　企業集団の財政状態および経営成績を判断するために重要なその他の事項，とりわけ重要な後発事象（改訂連結原則注解24参照）。

§10　連結財務諸表の現代的論点

(1) 税効果会計（改訂連結原則第四・七）

　会計上の利益の計算と税法上の所得の計算には，原理的にも実質的にも実務的にも差異が存在する。法人税等の課税額の計算には，税務政策遂行上の種々の考慮が働き，会計上の利益とは異なる課税所得をしばしば算定する。そして，そこから求められた法人税等の金額は，会計上の税引前利益の金額とは対応しなくなり，差引計算された税引後利益が税引前利益と対応せず，税引後利益が収益力の指標とならなくなるおそれがある。
　そこで，税効果会計を実施して，会計上の収益・費用と税法上の益金・損金の認識のタイミングの相違や，会計上と税務上の資産や負債の金額に相違がある場合に，法人税等を適切に期間配分することが必要となるのである。一般に，このような差異には，永久的な差異と一時的差異があるが，税効果会計で取り扱われるのは，このうちの一時差異のみである。

税効果会計の計算方式には，いわゆる繰延法と資産負債法が存在する。
1) 繰延法

当期の税率による「当期に支払うべき税金」と「実際に支払った税金」の差異を，当期の税率により，繰延税金資産，繰延税金負債として繰り延べる手法である。

2) 資産負債法

還付や納付が行われる将来の税率の変更に応じて，繰延税金資産または繰延税金負債を回収額または支払額によって算出し直す手法である。

新しい連結財務諸表原則では，これまでの任意適用から変わり，税効果会計の適用を強制しており，その場合，国際的に普及しつつある資産負債法を要求している（「改訂連結原則注解」16・1）。なお，このような税効果会計は連結財務諸表に特有のものではないが，連結会計においては，連結会社間および関連会社との間の未実現利益にも税効果会計が適用される点が重要である。今後税効果会計の適用により，連結財務諸表上の税引後当期純利益の比較可能性が高まり，その有用性が向上することが期待されている。

(2) 連結キャッシュフロー計算書

2000年3月から，従来からの連結貸借対照表，連結損益計算書，連結剰余金計算書に加えて，連結会計において連結キャッシュフロー計算書の公表が求められることになった。その特徴は次の通りである（改訂連結財務諸表規則第五章参照）。

まず，作成方法としては，キャッシュフロー計算書の作成方法としての，直接法と間接法の選択適用を，継続適用を前提に認めている。

次に，表示においては，従来の事業活動と資金調達活動の2区分から変わり，IASやアメリカFASと同様に，営業活動，投資活動及び財務活動の3区分によるキャッシュフロー情報の表示を求める。

さらに，資金概念については，従来わが国ではキャッシュ概念に現金・預金と一時所得の有価証券が含まれていたが，これをやはりIASやアメリカFAS

と同様，現金と現金等価物に絞った。

〔設　問〕
1　連結財務諸表を作成する目的とその限界について述べなさい。
2　連結財務諸表原則によれば，連結の範囲はどのように決定されるか。また非連結子会社とはどのようなものであるか。
3　(イ)連結調整勘定および(ロ)少数株主持分について説明しなさい。
4　段階法と一括法の処理の違いについて要点をまとめなさい。
5　少数株主持分が存在する場合の未実現利益の処理について，取引の態様別を考慮して述べなさい。
6　連結剰余金計算書作成に関しての2つの方式，(イ)確定方式および(ロ)繰上方式について説明しなさい。
7　持分法の意義と処理法について原価法と比較して論じなさい。あわせて，その適用される会社の範囲について述べなさい。
8　連結貸借対照表および連結損益計算書の表示について，それぞれ個別の場合と比較して，相違点あるいは特徴をあげなさい。

(参考文献)
1　新井清光『新版財務会計論』中央経済社，平成10年。
2　飯野利夫『財務会計論』同文舘，平成5年。
3　染谷恭次郎『現代財務会計』中央経済社，平成11年。
4　武田隆二『最新財務諸表論』中央経済社，平成10年。
5　田中茂次『財務諸表論』税務経理協会，平成8年。
6　中村忠『新稿現代会計学』白桃書房，平成12年。
7　伊藤邦雄『ゼミナール現代会計入門』日経新聞社，平成12年。

―――― ● 巻末付録 ● ――――

付 録 1

企業会計原則

企業会計原則注解

付 録 2

日本の企業会計原則等の変遷

企業会計原則

[昭和24年7月9日
最終改正 昭和57年4月20日
企 業 会 計 審 議 会]

第1 一般原則

真実性の原則　1　企業会計は、企業の財政状態及び経営成績に関して、真実な報告を提供するものでなければならない。

正規の簿記の原則　2　企業会計は、すべての取引につき、正規の簿記の原則に従って、正確な会計帳簿を作成しなければならない。（注1）

資本取引・損益取引区分の原則　3　資本取引と損益取引とを明瞭に区別し、特に資本剰余金と利益剰余金とを混同してはならない。（注2）

明瞭性の原則　4　企業会計は、財務諸表によって、利害関係者に対し必要な会計事実を明瞭に表示し企業の状況に関する判断を誤らせないようにしなければならない。（注1、1-2～4）

継続性の原則　5　企業会計は、その処理の原則及び手続を毎期継続して適用し、みだりにこれを変更してはならない。（注1-2）（注3）

保守主義（安全性）の原則　6　企業の財政に不利な影響を及ぼす可能性がある場合には、これに備えて適当に健全な会計処理をしなければならない。（注4）

単一性の原則　7　株主総会提出のため、信用目的のため、租税目的のため等種々の目的のために異なる形式の財務諸表を作成する必要がある場合、それらの内容は、信頼しうる会計記録に基づいて作成されたものであって、政策の考慮のために事実の真実な表示をゆがめてはならない。

第2 損益計算書原則

（損益計算書の本質）

損益計算書の本質　1　損益計算書は、企業の経営成績を明らかにするため、一会計期間に属するすべての収益とこれに対応するすべての費用とを記載して経常利益を表示し、これに特別損益に属する項目を加減して当期純利益を表示しなければならない。

発生主義の原則　A　すべての費用及び収益は、その支出及び収入に基づいて計上し、その発生した期間に正しく割当てられるように処理しなければならない。ただし、未実現収益は、原則として、当期の損益計算に計上してはならない。

　　　前払費用及び前受収益は、これを当期の損益計算から除去し、未払費用及び未収収益は、当期の損益計算に計上しなければならない。（注5）

総額主義の原則　B　費用及び収益は、総額によって記載することを原則とし、費用の項目と収益の項目とを直接に相殺することによってその全部又は一部を損益計算書から除去してはならない。

費用収益対応の原則　C　費用及び収益は、その発生源泉に従って明瞭に分類し、各収益項目とそれに関連する費用項目とを損益計算書に対応表示しなければならない。

（損益計算書の区分）

損益計算書の区分　2　損益計算書には、営業損益計算、経常損益計算及び純損益計算の区分を設けなければならない。

付　録1　297

営業損益計算	A　営業損益計算の区分は，当該企業の営業活動から生ずる費用及び収益を記載して，営業利益を計算する。 　　2つ以上の営業を目的とする企業にあっては，その費用及び収益を主要な営業別に区分して記載する。
経常損益計算	B　経常損益計算の区分は，営業損益計算の結果を受けて，利息及び割引料，有価証券売却損益その他営業活動以外の原因から生ずる損益であって特別損益に属しないものを記載し，経常利益を計算する。
純損益計算	C　純損益計算の区分は，経常損益計算の結果を受けて，前期損益修正額，固定資産売却損益等の特別損益を記載し，当期純利益を計算する。
未処分損益計算	D　純損益計算の結果を受けて，前期繰越利益等を記載し，当期未処分利益を計算する。
	（営業利益）
営業損益計算の内容	3　営業損益計算は，1会計期間に属する売上高と売上原価とを記載して売上総利益を計算し，これから販売費及び一般管理費を控除して，営業利益を表示する。
役務業の兼業	A　企業が商品等の販売と役務の給付とをともに主たる営業とする場合には，商品等の売上高と役務による営業収益とは，これを区別して記載する。
売上高の計上基準	B　売上高は，実現主義の原則に従い，商品等の販売又は役務の給付によって実現したものに限る。ただし，長期の未完成請負工事等については，合理的に収益を見積もり，これを当期の損益計算に計上することができる。（注6）（注7）
売上原価の表示方法	C　売上原価は，売上高に対応する商品等の仕入原価又は製造原価であって，商業の場合には，期首商品たな卸高に当期商品仕入高を加え，これから期末商品たな卸高を控除する形式で表示し，製造工業の場合には，期首製品たな卸高に当期製品製造原価を加え，これから期末製品たな卸高を控除する形式で表示する。（注8）（注9）（注10）
売上総利益の表示	D　売上総利益は，売上高から売上原価を控除して表示する。役務の給付を営業とする場合には，営業収益から役務の費用を控除して総利益を表示する。
内部利益の除去	E　同一企業の各経営部門の間における商品等の移転によって発生した内部利益は，売上高及び売上原価を算定するに当たって除去しなければならない。（注11）
販売費・一般管理費の計上と営業利益の計算	F　営業利益は，売上総利益から販売費及び一般管理費を控除して表示する。販売費及び一般管理費は，適当な科目に分類して営業損益計算の区分に記載し，これを売上原価及び期末たな卸高に算入してはならない。ただし，長期の請負工事については，販売費及び一般管理費を適当な比率で請負工事に配分し，売上原価及び期末たな卸高に算入することができる。
	（営業外損益）
営業外収益と営業外費用	4　営業外損益は，受取利息及び割引料，有価証券売却益等の営業外収益と支払利息及び割引料，有価証券売却損，有価証券評価損益等の営業外費用とに区分して表示する。
	（経常利益）
経常利益の計算	5　経常利益は，営業利益に営業外収益を加え，これから営業外費用を控除して表示する。

特別利益と特別損失	**(特別損益)** 6　特別損益は，前期損益修正益，固定資産売却益等の特別利益と前期損益修正損，固定資産売却損，災害による損失等の特別損失とに区分して表示する。(注12)
税引前当期純利益の計算	**(税引前当期純利益)** 7　税引前当期純利益は，経常利益に特別利益を加え，これから特別損失を控除して表示する。
税引後当期純利益の計算	**(当期純利益)** 8　当期純利益は，税引前当期純利益から当期の負担に属する法人税額，住民税額等を控除して表示する。(注13)
当期未処分利益の計算	**(当期未処分利益)** 9　当期未処分利益は，当期純利益に前期繰越利益，一定の目的のために設定した積立金のその目的に従った取崩額，中間配当額，中間配当に伴う利益準備金の積立額等を加減して表示する。

第3　貸借対照表原則

貸借対照表の記載内容	**(貸借対照表の本質)** 1　貸借対照表は，企業の財政状態を明らかにするため貸借対照表日におけるすべての資産，負債及び資本を記載し，株主，債権者その他の利害関係者にこれを正しく表示するものでなければならない。ただし，正規の簿記の原則に従って処理された場合に生じた簿外資産及び簿外負債は，貸借対照表の記載外におくことができる。(注1)
資産・負債・資本の記載の基準	A　資産，負債及び資本は，適当な区分，配列，分類及び評価の基準に従って記載しなければならない。
総額主義の原則	B　資産，負債及び資本は，総額によって記載することを原則とし，資産の項目と負債又は資本の項目とを相殺することによって，その全部又は一部を貸借対照表から除去してはならない。
注記事項	C　受取手形の割引高又は裏書譲渡高，保証債務等の偶発債務，債務の担保に供している資産発行済株式1株当たり当期純利益及び同1株当たり純資産額等企業の財務内容を判断するために重要な事項は，貸借対照表に注記しなければならない。
繰延資産の計上	D　将来の期間に影響する特定の費用は，次期以後の期間に配分して処理するため，経過的に貸借対照表の資産の部に記載することができる。(注15)
資産と負債・資本の平均	E　貸借対照表の資産の合計金額は，負債と資本の合計金額に一致しなければならない。
貸借対照表の	**(貸借対照表の区分)** 2　貸借対照表は，資産の部，負債の部及び資本の部の三区分に分ち，さらに資産の部

付　録1　299

区分	
	を流動資産，固定資産及び繰延資産に，負債の部を流動負債及び固定負債に区分しなければならない。
	（貸借対照表の配列）
項目の配列の方法	3　資産及び負債の項目の配列は原則として，流動性配列法によるものとする。
	（貸借対照表科目の分類）
科目の分類原則	4　資産，負債及び資本の各科目は，一定の基準に従って明瞭に分類しなければならない。
	(一)　資　　産
資産の分類及び科目名称	資産は，流動資産に属する資産，固定資産に属する資産及び繰延資産に属する資産に区別しなければならない。仮払金，未決算等の勘定を貸借対照表に記載するには，その性質を示す適当な科目で表示しなければならない。（注16）
流動資産の内容と表示	A　現金預金，市場性ある有価証券で一時的所有のもの，取引先との通常の商取引によって生じた受取手形，売掛金等の債権，商品，製品，半製品，原材料，仕掛品等のたな卸資産及び期限が一年以内に到来する債権は，流動資産に属するものとする。
	前払費用で一年以内に費用となるものは，流動資産に属するものとする。
	受取手形，売掛金その他流動資産に属する債権は，取引先との通常の商取引上の債権とその他の債権とに区別して表示しなければならない。
固定資産の分類及び内容	B　固定資産は，有形固定資産，無形固定資産及び投資その他の資産に区分しなければならない。
	建物，構築物，機械装置，船舶，車両運搬具，工具器具備品，土地，建設仮勘定等は，有形固定資産に属するものとする。
	営業権，特許権，地上権，商標権等は，無形固定資産に属するものとする。
	子会社株式その他流動資産に属しない有価証券，出資金，長期貸付金並びに有形固定資産，無形固定資産及び繰延資産に属するもの以外の長期資産は，投資その他の資産に属するものとする。
減価償却引当金の表示	有形固定資産に対する減価償却累計額は，原則として，その資産が属する科目ごとに取得原価から控除する形式で記載する。（注17）
無形固定資産の表示	無形固定資産については，減価償却額を控除した未償却残高を記載する。
繰延資産の内容と表示	C　創立費，開業費，新株発行費，社債発行費，社債発行差金，開発費，試験研究費及び建設利息は，繰延資産に属するものとする。これらの資産については，償却額を控除した未償却残高を記載する。（注15）
貸倒引当金の表示	D　受取手形,売掛金その他の債権に対する貸倒引当金は,原則として,その債権が属する科目ごとに債権金額又は取得価額から控除する形式で記載する。（注17）（注18）
役員・親会社・子会社に対する債権	債権のうち，役員等企業の内部の者に対するものと親会社又は子会社に対するものは，特別の科目を設けて区別して表示し，又は注記の方法によりその内容を明瞭に示さなければならない。
	(二)　負　　債
負債の分類及	負債は，流動負債に属する負債と固定負債に属する負債とに区別しなければなら

び科目名称	ない。仮受金, 未決算等の勘定を貸借対照表に記載するには, その性質を示す適当な科目で表示しなければならない。(注16)
流動負債の内容	A 取引先との通常の商取引によって生じた支払手形, 買掛金等の債務及び期限が1年以内に到来する債務は, 流動負債に属するものとする。 支払手形, 買掛金その他流動負債に属する債務は, 取引先との通常の商取引上の債務とその他の債務とに区別して表示しなければならない。 引当金のうち, 賞与引当金, 工事補償引当金, 修繕引当金のように, 通常1年以内に使用される見込のものは流動負債に属するものとする。(注18)
固定負債の内容	B 社債, 長期借入金等の長期債務は, 固定負債に属するものとする。 引当金のうち, 退職給与引当金のように, 通常1年をこえて使用される見込のものは, 固定負債に属するものとする。(注18)
役員・親会社・子会社に対する債務	C 債務のうち, 役員等企業の内部の者に対するものと親会社又は子会社に対するものは, 特別の科目を設けて区別して表示し, 又は注記の方法によりその内容を明瞭に示さなければならない。

(三) 資　　本

資本金と資本剰余金の区別 資本金の記載	資本は, 資本金に属するものと剰余金に属するものとに区別しなければならない。(注19) A 資本金の区分には, 法定資本の額を記載する。発行済株式の数は普通株, 優先株等の種類別に注記するものとする。
剰余金の分類とその内容	B 剰余金は, 資本準備金, 利益準備金及びその他の剰余金に区分して記載しなければならない。 株式払込剰余金, 減資差益及び合併差益は, 資本準備金として表示する。 その他の剰余金の区分には, 任意積立金及び当期未処分利益を記載する。
新株式払込金等の表示	C 新株式払込金又は申込期日経過後における新株式申込証拠金は, 資本金の区分の次に特別の区分を設けて表示しなければならない。
資本準備金等に準ずるものの表示	D 法律で定める準備金で資本準備金又は利益準備金に準ずるものは, 資本準備金又は利益準備金の次に特別の区分を設けて表示しなければならない。

(資産の貸借対照表価額)

資産の評価原則	5 貸借対照表に記載する資産の価額は, 原則として, 当該資産の取得原価を基礎として計上しなければならない。
費用配分の原則	資産の取得原価は, 資産の種類に応じた費用配分の原則によって, 各事業年度に配分しなければならない。有形固定資産は, 当該資産の耐用期間にわたり, 定額法, 定率法等の一定の減価償却の方法によって, その取得原価を各事業年度に配分し, 無形固定資産は, 当該資産の有効期間にわたり, 一定の減価償却の方法によって, その取得原価を各事業年度に配分しなければならない。繰延資産についても, これに準じて, 各事業年度に均等額以上を配分しなければならない。(注20)
棚卸資産の	A 商品, 製品, 半製品, 原材料, 仕掛品等のたな卸資産については, 原則として購

評価		入代価又は製造原価に引取費用等の付随費用を加算し，これに個別法，先入先出法，後入先出法，平均原価法等の方法を適用して算定した取得原価をもって貸借対照表価額とする。ただし，時価が取得原価より著しく下落したときは，回復する見込があると認められる場合を除き，時価をもって貸借対照表価額としなければならない。(注9)(注10)(注21)
低価基準の適用		たな卸資産の貸借対照表価額は，時価が取得原価よりも下落した場合には時価による方法を適用して算定することができる。(注10)
有価証券の評価	B	有価証券については，原則として購入代価に手数料等の付随費用を加算し，これに平均原価法等の方法を適用して算定した取得原価をもって貸借対照表価額とする。ただし，取引所の相場のある有価証券については，時価が著しく下落したときは，回復する見込があると認められる場合を除き，時価をもって貸借対照表価額としなければならない。取引所の相場のない有価証券のうち株式については，当該会社の財政状態を反映する株式の実質価額が著しく低下したときは，相当の減額をしなければならない。(注22)
低価基準の適用		取引所の相場のある有価証券で子会社の株式以外のものの貸借対照表価額は，時価が取得原価よりも下落した場合には時価による方法を適用して算定することができる。
債権の評価	C	受取手形，売掛金その他の債権の貸借対照表価額は，債権金額又は取得価額から正常な貸倒見積高を控除した金額とする。(注23)
有形固定資産の評価	D	有形固定資産については，その取得原価から減価償却累計額を控除した価額をもって貸借対照表価額とする。有形固定資産の取得原価には，原則として当該資産の引取費用等の付随費用を含める。現物出資として受入れた固定資産については，出資者に対して交付された株式の発行価額をもって取得原価とする。(注24) 償却済の有形固定資産は，除去されるまで残存価額又は備忘価額で記載する。
無形固定資産の評価	E	無形固定資産については，当該資産の取得のために支出した金額から減価償却累計額を控除した価額をもって貸借対照表価額とする。(注25)
無償取得資産の評価	F	贈与その他無償で取得した資産については，公正な評価額をもって取得原価とする。(注24)

企業会計原則注解

［昭和57年4月20日　企業会計審議会］

【注1】 重要性の原則の適用について（一般原則2，4及び貸借対照表原則1）

重要性の原則の適用

　企業会計は，定められた会計処理の方法に従って正確な計算を行うべきものであるが，企業会計が目的とするところは，企業の財務内容を明らかにし，企業の状況に関する利害関係者の判断を誤らせないようにすることにあるから，重要性の乏しいものについては，本来の厳密な会計処理によらないで他の簡便な方法によることも正規の簿記の原則に従った処理として認められる。

　重要性の原則は，財務諸表の表示に関しても適用される。

　重要性の原則の適用例としては，次のようなものがある。

(1) 消耗品，消耗工具器具備品その他の貯蔵品等のうち，重要性の乏しいものについては，その買入時又は払出時に費用として処理する方法を採用することができる。

(2) 前払費用，未収収益，未払費用及び前受収益のうち，重要性の乏しいものについては，経過勘定項目として処理しないことができる。

(3) 引当金のうち重要性の乏しいものについては，これを計上しないことができる。

(4) たな卸資産の取得原価に含められる引取費用，関税，買入事務費，移管費，保管費等の付随費用のうち，重要性の乏しいものについては，取得原価に算入しないことができる。

(5) 分割返済の定めのある長期の債権又は債務のうち，期限が1年以内に到来するもので重要性の乏しいものについては，固定資産又は固定負債として表示することができる。

【注1―2】 重要な会計方針の開示について（一般原則4及び5）

重要な会計方針の開示

　財務諸表には，重要な会計方針を注記しなければならない。

　会計方針とは，企業が損益計算書及び貸借対照表の作成に当たって，その財政状態及び経営成績を正しく示すために採用した会計処理の原則及び手続並びに表示の方法をいう。

　会計方針の例としては，次のようなものがある。

　　イ　有価証券の評価基準及び評価方法
　　ロ　たな卸資産の評価基準及び評価方法
　　ハ　固定資産の減価償却方法
　　ニ　繰延資産の処理方法
　　ホ　外貨建資産・負債の本邦通貨への換算基準
　　ヘ　引当金の計上基準
　　ト　費用・収益の計上基準

　代替的な会計基準が認められていない場合には，会計方針の注記を省略することができる。

【注1―3】 重要な後発事象の開示について（一般原則4）

重要な後発事象の開示

　財務諸表には，損益計算書及び貸借対照表を作成する日までに発生した重要な後発事象を注記しなければならない。

　後発事象とは，貸借対照表日後に発生した事象で，次期以後の財政状態及び経営成績に影響を及ぼすものをいう。

重要な後発事象を注記事項として開示することは，当該企業の将来の財政状態及び経営成績を理解するための補足情報として有用である。

重要な後発事象の例としては，次のようなものがある。
　イ　火災，出水等による重大な損害の発生
　ロ　多額の増資又は減資及び多額の社債の発行又は繰上償還
　ハ　会社の合併，重要な営業の譲渡又は譲受
　ニ　重要な係争事件の発生又は解決
　ホ　主要な取引先の倒産

【注1－4】　注記事項の記載方法について（一般原則4）

注記事項の記載方法

重要な会計方針に係る注記事項は，損益計算書及び貸借対照表の次にまとめて記載する。

なお，その他の注記事項についても，重要な会計方針の注記の次に記載することができる。

【注2】　資本取引と損益取引との区別について（一般原則3）

資本取引と損益取引の区別

(1) 資本剰余金は，資本取引から生じた剰余金であり，利益剰余金は損益取引から生じた剰余金，すなわち利益の留保額であるから，両者が混同されると，企業の財務状態及び経営成績が適正に示されないことになる。従って，例えば，新株発行による株式払込剰余金から新株発行費用を控除することは許されない。

(2) 商法上資本準備金として認められる資本剰余金は限定されている。従って，資本剰余金のうち，資本準備金及び法律で定める準備金で資本準備金に準ずるもの以外のものを計上する場合には，その他の剰余金の区分に記載されることになる。

【注3】　継続性の原則について（一般原則5）

継続性の原則

企業会計上継続性が問題とされるのは，1つの会計事実について2つ以上の会計処理の原則又は手続の選択適用が認められている場合である。

このような場合に，企業が選択した会計処理の原則及び手続を毎期継続して適用しないときは，同一の会計事実について異なる利益額が算出されることになり，財務諸表の期間比較を困難ならしめ，この結果，企業の財務内容に関する利害関係者の判断を誤らしめることになる。

従って，いったん採用した会計処理の原則又は手続は，正当な理由により変更を行う場合を除き，財務諸表を作成する各時期を通じて継続して適用しなければならない。

なお，正当な理由によって，会計処理の原則又は手続に重要な変更を加えたときは，これを当該財務諸表に注記しなければならない。

【注4】　保守主義の原則について（一般原則6）

保守主義の原則

企業会計は，予測される将来の危険に備えて慎重な判断に基づく会計処理を行わなければならないが，過度に保守的な会計処理を行うことにより，企業の財政状態及び経営成績の真実な報告をゆがめてはならない。

【注5】　経過勘定項目について（損益計算書原則1のAの2項）

経過勘定項目

(1) 前払費用

前払費用は，一定の契約に従い，継続して役務の提供を受ける場合，いまだ提供されていない役務に対し支払われた対価をいう。従って，このような役務に対する

対価は，時間の経過とともに次期以降の費用となるものであるから，これを当期の損益計算から除去するとともに貸借対照表の資産の部に計上しなければならない。また，前払費用は，かかる役務提供契約以外の契約等による前払金とは区別しなければならない。

(2) 前受収益

前受収益は，一定の契約に従い，継続して役務の提供を行う場合，いまだ提供していない役務に対し支払を受けた対価をいう。従って，このような役務に対する対価は，時間の経過とともに次期以降の収益となるものであるから，これを当期の損益計算から除去するとともに貸借対照表の負債の部に計上しなければならない。また，前受収益は，かかる役務提供契約以外の契約等による前受金とは区別しなければならない。

(3) 未払費用

未払費用は，一定の契約に従い，継続して役務の提供を受ける場合，すでに提供された役務に対して，いまだその対価の支払が終らないものをいう。従って，このような役務に対する対価は，時間の経過に伴いすでに当期の費用として発生しているものであるから，これを当期の損益計算に計上するとともに貸借対照表の負債の部に計上しなければならない。また，未払費用は，かかる役務提供契約以外の契約等による未払金とは区別しなければならない。

(4) 未収収益

未収収益は，一定の契約に従い，継続して役務の提供を行う場合，すでに提供した役務に対して，いまだ，その対価の支払を受けていないものをいう。従って，このような役務に対する対価は時間の経過に伴いすでに当期の収益として発生しているものであるから，これを当期の損益計算に計上するとともに貸借対照表の資産の部に計上しなければならない。また，未収収益は，かかる役務提供契約以外の契約等による未収金とは区別しなければならない。

【注6】 **実現主義の適用について**（損益計算書原則3のB）

委託販売，予約販売，割賦販売等特殊な販売契約による売上収益の実現の基準は，次によるものとする。

(1) 委託販売

委託販売については，受託者が委託品を販売した日をもって売上収益の実現の日とする。従って，決算手続中に仕切精算書（売上計算書）が到達すること等により決算日までに販売された事実が明らかとなったものについては，これを当期の売上収益に計上しなければならない。ただし，仕切精算書が販売のつど送付されている場合には，当該仕切精算書が到達した日をもって売上収益の実現の日とみなすことができる。

(2) 試用販売

試用販売については，得意先が買取りの意思を表示することによって売上が実現するのであるから，それまでは，当期の売上計上してはならない。

(3) 予約販売

予約販売については，予約金受額のうち，決算日までに商品の引渡し又は役務の給付が完了した分だけを当期の売上高に計上し，残額は貸借対照表の負債の部に記載して次期以後に繰延べなければならない。

付録1　305

(4) 割賦販売

　割賦販売については，商品等を引渡した日をもって売上収益の実現の日とする。
　しかし，割賦販売は通常の販売と異なり，その代金回収の期間が長期にわたり，かつ，分割払であることから代金回収上の危険率が高いので，貸倒引当金及び代金回収費，アフター・サービス費等の引当金の計上について特別の配慮を要するが，その算定に当っては，不確実性と煩雑さとを伴う場合が多い。従って，収益の認識を慎重に行うため，販売基準に代えて，割賦金の回収期限の到来の日又は入金の日をもって売上収益実現の日とすることも認められる。

工事収益　【注7】　**工事収益について**（損益計算書原則3のBただし書）
　長期の請負工事に関する収益の計上については，工事進行基準又は工事完成基準のいずれかを選択適用することができる。
(1) 工事進行基準
　決算期末に工事進行程度を見積り，適正な工事収益率によって工事収益の一部を当期の損益計算に計上する。
(2) 工事完成基準
　工事が完成し，その引渡しが完了した日に工事収益を計上する。

製品等の製造原価　【注8】　**製品等の製造原価について**（損益計算書原則3のC）
　製品等の製造原価は，適正な原価計算基準に従って算定しなければならない。

原価差額の処理　【注9】　**原価差額の処理について**（損益計算書原則3のC及び貸借対照表原則5のAの1項）
　原価差額を売上原価に賦課した場合には，損益計算書に売上原価の内訳科目として次の形式で原価差額を記載する。

```
　売　上　原　価
　　1　期首製品たな卸高　　×××
　　2　当期製品製造原価　　×××
　　　　　合　　　　計　　×××
　　3　期末製品たな卸高　　×××
　　　標準(予定)売上原価　×××
　　4　原価差額　　　　　　×××　×××
```

　原価差額をたな卸資産の科目別に配賦した場合には，これを貸借対照表上のたな卸資産の科目別に各資産の価額に含めて記載する。

棚卸資産の評価損　【注10】　**たな卸資産の評価損について**（損益計算書原則3のC及び貸借対照表原則5のA）
(1) 商品，製品，原材料等のたな卸資産に低価基準を適用する場合に生ずる評価損は，原則として，売上原価の内訳科目又は営業外費用として表示しなければならない。
(2) 時価が取得原価より著しく下落した場合（貸借対照表原則5のA第1項ただし書の場合）の評価損は，原則として，営業外費用又は特別損失として表示しなければならない。
(3) 品質低下，陳腐化等の原因によって生ずる評価損については，それが原価性を有しないものと認められる場合には，これを営業外費用又は特別損失として表示し，これらの評価損が原価性を有するものと認められる場合には，製造原価，売上原価

の内訳科目又は販売費として表示しなければならない。

【注11】　内部利益とその除去の方法について（損益計算書原則3のE）

内部利益とは，原則として，本店，支店，事業部等の企業内部における独立した会計単位相互間の内部取引から生ずる未実現の利益をいう。従って，会計単位内部における原材料，半製品等の振替から生ずる振替損益は内部利益ではない。

内部利益の除去は，本支店等の合併損益計算書において売上高から内部売上高を控除し，仕入高（又は売上原価）から内部仕入高（又は内部売上原価）を控除するとともに，期末たな卸高から内部利益の額を控除する方法による。これらの控除に際しては，合理的な見積概算額によることもさしつかえない。

【注12】　特別損益項目について（損益計算書原則6）

特別損益に属する項目としては，次のようなものがある。

(1) 臨時損益

　イ　固定資産売却損益

　ロ　転売以外の目的で取得した有価証券の売却損益

　ハ　災害による損失

(2) 前期損益修正

　イ　過年度における引当金の過不足修正額

　ロ　過年度における減価償却の過不足修正額

　ハ　過年度におけるたな卸資産評価の訂正額

　ニ　過年度償却済債権の取立額

なお，特別損益に属する項目であっても，金額の僅少なもの又は毎期経常的に発生するものは，経常損益計算に含めることができる。

【注13】　法人税等の追徴税額等について（損益計算書原則8）

法人税等の更正決定等による追徴税額及び還付税額は，税引前当期純利益に加減して表示する。この場合，当期の負担に属する法人税額等とは区別することを原則とするが，重要性の乏しい場合には，当期の負担に属するものに含めて表示することができる。

【注14】　削　除

【注15】　将来の期間に影響する特定の費用について（貸借対照表原則1のD及び4の(一)のC）

「将来の期間に影響する特定の費用」とは，すでに代価の支払が完了し又は支払義務が確定し，これに対応する役務の提供を受けたにもかかわらず，その効果が将来にわたって発現するものと期待される費用をいう。

これらの費用は，その効果が及ぶ数期間に合理的に配分するため，経過的に貸借対照表上繰延資産として計上することができる。

なお，天災等により固定資産又は企業の営業活動に必須の手段たる資産の上に生じた損失が，その期の純利益又は当期未処分利益から当期の処分予定額を控除した金額をもって負担しえない程度に巨額であって特に法令をもって認められた場合には，これを経過的に貸借対照表の資産の部に記載して繰延経理することができる。

【注16】　流動資産又は流動負債と固定資産又は固定負債とを区別する基準について（貸借対照表原則4の(一)及び(二)）

受取手形，売掛金，前払金，支払手形，買掛金，前受金等の当該企業の主目的たる

| 固定の区分基準 | 営業取引により発生した債権及び債務は，流動資産又は流動負債に属するものとする。ただし，これらの債務のうち，破産債権，更生債権及びこれに準ずる債権で1年以内に回収されないことが明らかなものは，固定資産たる投資その他の資産に属するものとする。
貸付金，借入金，差入保証金，受入保証金，当該企業の主目的以外の取引によって発生した未収金，未払金等の債権及び債務で，貸借対照表日の翌日から起算して1年以内に入金又は支払の期限が到来するものは，流動資産又は流動負債に属するものとし，入金又は支払の期限が1年をこえて到来するものは，投資その他の資産又は固定負債に属するものとする。
現金預金は，原則として，流動資産に属するが，預金については，貸借対照表日の翌日から起算して1年以内に期限が到来するものは，流動資産に属するものとし，期限が1年をこえて到来するものは，投資その他の資産に属するものとする。
所有有価証券のうち，証券市場において流通するもので，短期的資金運用のために1時的に所有するものは，流動資産に属するものとし，証券市場において流通しないもの若しくは他の企業を支配する等の目的で長期的に所有するものは，投資その他の資産に属するものとする。
前払費用については，貸借対照表日の翌日から起算して1年以内に費用となるものは，流動資産に属するものとし，1年をこえる期間を経て費用となるものは，投資その他の資産に属するものとする。未収収益は流動資産に属するものとし，未払費用及び前受収益は，流動負債に属するものとする。
商品，製品，半製品，原材料，仕掛品等のたな卸資産は，流動資産に属するものとし，企業がその営業目的を達成するために所有し，かつ，その加工若しくは売却を予定しない財貨は，固定資産に属するものとする。
なお，固定資産のうち残存耐用年数が1年以下となったものも流動資産とせず固定資産に含ませ，たな卸資産のうち恒常在庫品として保有するもの若しくは余剰品として長期間にわたって所有するものも固定資産とせず流動資産に含ませるものとする。 |

【注17】 貸倒引当金又は減価償却累計額の控除形式について（貸借対照表原則4の(一)のBの5項及びDの1項）

| 貸倒引当金・減価償却引当金の控除形式 | 貸倒引当金又は減価償却累計額は，その債権又は有形固定資産が属する科目ごとに控除する形式で表示することを原則とするが，次の方法によることも妨げない。
(1) 2以上の科目について，貸倒引当金又は減価償却累計額を一括して記載する方法
(2) 債権又は有形固定資産について，貸倒引当金又は減価償却累計額を控除した残額のみを記載し，当該貸倒引当金又は減価償却累計額を注記する方法 |

【注18】 引当金について（貸借対照表原則4の(二)のAの3項及びBの2項）

| 引当金 | 将来の特定の費用又は損失であって，その発生が当期以前の事象に起因し，発生の可能性が高く，かつ，その金額を合理的に見積ることができる場合には，当期の負担に属する金額を当期の費用又は損失として引当金に繰入れ，当該引当金の残高を貸借対照表の負債の部又は資産の部に記載するものとする。
製品保証引当金，売上割戻引当金，返品調整引当金，賞与引当金，工事補償引当金，退職給与引当金，修繕引当金，特別修繕引当金，債務保証損失引当金，損害補償損失引当金，貸倒引当金等がこれに該当する。 |

発生の可能性の低い偶発事象に係る費用又は損失については，引当金を計上することはできない。

【注19】 剰余金について（貸借対照表原則4の(三)）

剰余金
会社の純資産額が法定資本の額をこえる部分を剰余金という。
剰余金は，次のように資本剰余金と利益剰余金とに分れる。
(1) 資本剰余金
　株式払込剰余金，減資差益，合併差益等
　なお，合併差益のうち消滅した会社の利益剰余金に相当する金額については，資本剰余金としないことができる。
(2) 利益剰余金
　利益を源泉とする剰余金

【注20】 減価償却の方法について（貸借対照表原則5の2項）

減価償却の方法
固定資産の減価償却の方法としては，次のようなものがある。
(1) 定額法　固定資産の耐用期間中，毎期均等額の減価償却費を計上する方法
(2) 定率法　固定資産の耐用期間中，毎期期首未償却残高に一定率を乗じた減価償却費を計上する方法
(3) 級数法　固定資産の耐用期間中，毎期一定の額を算術級数的に逓減した減価償却費を計上する方法
(4) 生産高比例法　固定資産の耐用期間中，毎期当該資産による生産又は用役の提供の度合に比例した減価償却費を計上する方法
　この方法は，当該固定資産の総利用可能量が物理的に確定でき，かつ，減価が主として固定資産の利用に比例して発生するもの，例えば，鉱業用設備，航空機，自動車等について適用することが認められる。
　なお，同種の物品が多数集まって1つの全体を構成し，老朽品の部分的取替を繰り返すことにより全体が維持されるような固定資産については，部分的取替に要する費用を収益的支出として処理する方法（取替法）を採用することができる。

【注21】 たな卸資産の貸借対照表価額について（貸借対照表原則5のAの1項）

棚卸資産の貸借対照表価額
(1) たな卸資産の貸借対照表価額の算定のための方法としては，次のようなものが認められる。
　イ　個別法　たな卸資産の取得原価を異にするに従い区別して記録し，その個々の実際原価によって期末たな卸品の価額を算定する方法
　ロ　先入先出法　最も古く取得されたものから順次払出しが行われ，期末たな卸品は最も新しく取得されたものからなるものとみなして期末たな卸品の価額を算定する方法
　ハ　後入先出法　最も新しく取得されたものから払出しが行われ，期末たな卸品は最も古く取得されたものからなるものとみなして期末たな卸品の価額を算定する方法
　ニ　平均原価法　取得したたな卸資産の平均原価を算出し，この平均原価によって期末たな卸品の価額を算定する方法
　　平均原価は，総平均法又は移動平均法により算出する。
　ホ　売価還元原価法　異なる品目の資産を値入率の類似性に従って適当なグループ

にまとめ、一グループに属する期末商品の売価合計額に原価率を適用して期末たな卸品の価額を算定する方法

　　　　この方法は、取扱品種のきわめて多い小売業及び卸売業におけるたな卸資産の評価に適用される。
　(2)　製品等の製造原価については、適正な原価計算基準に従って、予定価格又は標準原価を適用して算定した原価によることができる。

社債の貸借対照表価額
【注22】　社債の貸借対照表価額について（貸借対照表原則5のBの1項）
　　所有する社債については、社債金額より低い価額又は高い価額で買入れた場合には、当該価額をもって貸借対照表価額とすることができる。この場合においては、その差額に相当する金額を償還期に至るまで毎期一定の方法で逐次貸借対照表価額に加算し、又は貸借対照表価額から控除することができる。

債権の貸借対照表価額
【注23】　債権の貸借対照表価額について（貸借対照表原則5のC）
　　債権については、債権金額より低い価額で取得したときその他これに類する場合には、当該価額をもって貸借対照表価額とすることができる。この場合においては、その差額に相当する金額を弁済期に至るまで毎期一定の方法で逐次貸借対照表価額に加算することができる。

国庫補助金等によって取得した資産
【注24】　国庫補助金等によって取得した資産について（貸借対照表原則5のDの1項及びF）
　　国庫補助金、工事負担金等で取得した資産については、国庫補助金等に相当する金額をその取得原価から控除することができる。
　　この場合においては、貸借対照表の表示は、次のいずれかの方法によるものとする。
　(1)　取得原価から国庫補助金等に相当する金額を控除する形式で記載する方法
　(2)　取得原価から国庫補助金等に相当する金額を控除した残額のみを記載し、当該国庫補助金等の金額を注記する方法

営業権
【注25】　営業権について（貸借対照表原則5のE）
　　営業権は、有償で譲受け又は合併によって取得したものに限り貸借対照表に計上し、毎期均等額以上を償却しなければならない。

〔参考〕　負債性引当金等に係る企業会計原則注解の修正に関する解釈指針

（昭和57年4月20日　　）
（企業会計審議会）

　企業会計審議会は、昭和57年4月20日「企業会計原則」の一部修正を行ったが、このうち、企業会計原則注解18に定める「負債性引当金以外の引当金について」に関する規定の修正の趣旨及び主な修正理由は、次のとおりである。
1　**企業会計原則注解18に定める「負債性引当金について」の修正について**
　　今回の修正に当たっては、負債性引当金のみでなく、広く会計上の引当金についてその概念・範囲を明らかにするとともに、修正前の注解18に定める負債性引当金に関する解釈上の疑義をできる限り解消すべく文言の一部修正を行った。
　①　修正前の注解では、負債性引当金の概念・範囲を定めているが、負債性引当金と評価性引当金（例・貸倒引当金）は、いずれも将来の特定の費用又は損失の計上に係る引当金項目であり、その会計的性格は同一と考えられる。このため、企業会計原則上、両者を引当金として一本化する

とともに，この趣旨に沿って名称等を修正した。

なお，修正前の「企業会計原則」では，減価償却費の累計額を「減価償却引当金」としていたが，当該累計額の性格・概念は，修正後の企業会計原則注解18に定める引当金に該当しないと考えられるので，減価償却引当金を「減価償却累計額」に修正した。

② 修正前の注解では，負債性引当金の計上範囲を「特定の費用（又は収益の控除）たる支出」としているが，「特定の費用」には「特定の損失」（例・債務保証損失引当金及び損害補償損失引当金の繰入対象となる損失）も含まれるので，その文意を明確にするため，これを「特定の費用又は損失」に修正した。

なお，「収益の控除」に係る引当金も含まれることは，従前と同様である。

③ 修正前の注解では，負債性引当金の設定要件の一つとして「将来において特定の費用たる支出が確実に起ると予想され」としているが，「確実に起ると予想され」の文意は，特定の費用又は損失に係る事象の発生の確率がかなり高いとの意味であるので，その文意を明確にするため，「確実に起ると予想され」を「発生の可能性が高く」に修正した。

④ 修正前の注解では，「偶発損失についてこれを計上することはできない」としているが，これは偶発損失の引当計上をすべて否定しているものではなく，発生の可能性が低い場合の引当計上を禁止しているものである。この趣旨を明らかにするため，「発生の可能性の低い偶発事象に係る費用又は損失については，引当金を計上することはできない」と修正した。

⑤ 修正後の注解18に掲げられている引当金項目は，実務の参考に供するための例示であるが，この例示に関しては，次の点に留意することを要する。

すなわち，この例示は，このような科目・名称を用いれば，いかなる引当項目もその性格・金額等のいかんにかかわらず，すべて注解18に定める引当金として正当視されることを意味するものではない。また，この例示は，未払金又は未払費用として処理されるべき項目を引当金として処理すべきことを要求しているものでもない。例えば，注解に「賞与引当金」が掲げられているが，これは，従業員に対する賞与の引当計上が同注解に定める引当金の要件に該当する場合には，これを賞与引当金として計上すべきことを定めているものであって，その性格が未払賞与たるものについても，これを賞与引当金として処理すべきことを要求しているものではない。

2 企業会計原則注解14に定める「負債性引当金以外の引当金」の修正について

修正前の企業会計原則注解14は，「負債性引当金以外の引当金を計上することが法令によって認められる場合には，当該引当金残高を負債の部の特定引当金の部に記載する」旨を定めていたが，この規定は，本来，企業会計原則が負債性引当金以外の引当金の計上を容認する趣旨によるものではなく，商法第287条ノ2の規定の解釈上，負債性引当金に該当しないいわゆる利益留保性の引当金の計上が適法なものとして認められるのであれば，企業会計原則上，証券取引法監査と商法監査の一元化の観点から，この種の引当金の計上を認めざるを得ないと判断したことによるものである。

しかしながら，今回の商法改正により，いわゆる利益留保性の引当金の計上はすべて排除されたので，もはやこのような注解を存置する必要性は認められなくなった。これが同注解を削除することとした理由である。

なお，現行実務上，特定引当金の部に掲げられているものの大部分は，①租税特別措置法上の準備金及び②特別法（いわゆる業法）上の準備金であるが，これらの準備金については，次のように取扱うことが妥当と考える。

(1) 租税特別措置法上の準備金について

租税特別措置法上の準備金であってもその実態が修正後の企業会計原則注解18に定める引当金

に該当すると認められるものについては，損金処理方式により負債の部に計上することが妥当である。しかしながら，その他の準備金については，これを負債の部に計上することは適正な会計処理とは認められないこととなったので，利益処分方式により資本の部へ計上しなければならないこととなる。

(注) 租税特別措置法上の準備金が修正後の企業会計原則注解18に定める引当金に該当するかどうかの監査上の取扱いについては，日本公認会計士協会が関係者と協議のうえ必要な措置を講ずることが適当と考える。

(2) 特別法上の準備金について

① 特別法上の準備金は，特別の法令で負債の部に計上することが強制されているものであるが，この準備金のうち，修正後の注解18に定める引当金に該当するものであれば，当該準備金の特別法による処理は同注解に定める処理と異ならないので，企業会計原則上問題は生じない。

② しかしながら，特別法上の準備金が同注解に定める引当金に該当しない場合には，当該準備金の特別法による処理は同注解に定める引当金の処理と食い違うことになる。この食い違いを避けるために，仮にこの種の準備金について特別法による処理を認める旨の注解を設けることとした場合には，一般に公正妥当と認められる企業会計の基準を定めるべき企業会計原則が，同注解に定める引当金以外のものを容認することになり，企業会計原則の本旨にそわないことになる。

③ 特別法上の準備金に係る証券取引法上の運用に当たっては，当面，次のように取扱うことが適当と考える。すなわち，特別法上の準備金については，特定業種の公益性の観点から，その計上が特別の法令で強制されており，また，その繰入及び取崩しの条件が定められている等の事情を考慮して，特別法上の取扱いを認めることとする。

〔参考〕

改正前の商法第287条ノ2の規定に基づいて計上された引当金の残高のうち，利益留保性の引当金の残高を利益処分方式で計上し直す場合，一般の決算手続によれば当該引当金残高を変更年度の特別利益に計上し，同額を利益処分を通じて任意積立金に計上する方法が採られることになるが，この方法によると，多額の引当金残高が特別利益に計上されることになるので，引当金残高を負債の部から，直接，資本の部へ振替える方法を，経過的な措置として法令上認めることが適当と考える。

| 付録 2 | 日本の企業会計原則等の変遷 |

公表年月日	基 準 名 等
昭和24 (1949) 年 7 月 9 日	「企業会計原則の設定について」，中間報告「企業会計原則」および同「財務諸表準則」
昭和26 (1951) 年 9 月28日	「商法と企業会計原則との調整に関する意見書」
昭和27 (1952) 年 6 月16日	「税法と企業会計原則との調整に関する意見書」
昭和29 (1954) 年 7 月14日	「企業会計原則及び財務諸表準則の部分修正について」および「企業会計原則注解」(18項目)
昭和35 (1960) 年 6 月22日	「企業会計原則と関係諸法令との調整に関する連続意見書 ― 第一 財務諸表の体系について，第二 財務諸表の様式について，第三 有形固定資産の減価償却について」
昭和37 (1962) 年 8 月 7 日	「企業会計原則と関係諸法令との調整に関する連続意見書 ― 第四 棚卸資産の評価について，第五 繰延資産について」
11月 8 日	「原価計算基準の設定について ― 原価計算基準 ―」
昭和38 (1963) 年11月 5 日	「企業会計原則の修正について ― 修正企業会計原則・同注解」
昭和41 (1966) 年10月17日	「税法と企業会計原則との調整に関する意見書」
昭和42 (1967) 年 5 月19日	「連結財務諸表に関する意見書」，同意見書「注解」
昭和43 (1968) 年 5 月 2 日	「企業会計上の個別問題に関する意見；第一 外国通貨の平価切下げに伴う会計処理に関する意見」
11月11日	「企業会計上の個別問題に関する意見書；第二 退職給与引当金の設定について」
昭和44 (1969) 年12月16日	「商法と企業会計原則との調整を図るための『企業会計原則』・同『注解』修正案」
昭和46 (1971) 年 9 月21日	「企業会計上の個別問題に関する意見；第三 外国為替相場の変動幅制限停止に伴う外貨建資産等の会計処理に関する意見」
12月24日	「企業会計上の個別問題に関する意見；第四 基準外国為替相場の変更に伴う外貨建資産等の会計処理に関する意見」
昭和47 (1972) 年 7 月 7 日	「企業会計上の個別問題に関する意見；第五 現行通貨体制のもとにおける外貨建資産等の会計処理に関する意見」
昭和48 (1973) 年 3 月29日	「企業会計上の個別問題に関する意見；第六 外国為替相場の変動幅制限停止中における外貨建資産等の会計処理に関する意見」
昭和49 (1974) 年 8 月30日	「企業会計原則の一部修正について ― 修正企業会計原則・同注解」
昭和50 (1975) 年 6 月24日	「連結財務諸表の制度化に関する意見書 ― 連結財務諸表原則・同注解」

公表年月日	基　準　名　等
昭和52 (1977) 年3月29日	「半期報告書で開示すべき中間財務諸表に関する意見書 ─ 中間財務諸表作成基準・中間財務諸表監査基準」
昭和54 (1979) 年6月26日	「外貨建取引等会計処理基準の設定について ─ 外貨建取引等の会計処理基準・同注解」
昭和55 (1980) 年5月29日	「企業内容開示制度における物価変動財務情報の開示に関する意見書」および参考資料「諸外国における物価変動財務情報開示制度の概要」
7月17日	「商法計算規定に関する意見書」
昭和57 (1982) 年4月20日	「企業会計原則・同注解の一部修正について」
4月20日	「負債性引当金等に係る企業会計原則注解の修正に関する解釈指針」
昭和58 (1983) 年12月22日	「外貨建取引等会計処理基準に関する注解の追加について」
昭和61 (1986) 年10月31日	「証券取引法に基づくディスクロージャー制度における財務情報の充実について（中間報告）」
昭和63 (1988) 年5月26日	「セグメント情報の開示に関する意見書」
平成2 (1990) 年5月29日	「先物・オプション取引等の会計基準に関する意見書等について」
平成5 (1993) 年6月17日	「リース取引に係る会計基準に関する意見書」
平成7 (1995) 年5月26日	「外貨建取引等会計処理基準の改訂について」
平成9 (1997) 年6月6日	「連結財務諸表制度の見直しに関する意見書」
平成10 (1998) 年3月13日	「連結キャッシュ・フロー計算書等の作成基準の設定に関する意見書」
3月13日	「研究開発等に係る会計基準の設定に関する意見書」
3月13日	「中間連結財務諸表等の作成基準の設定に関する意見書」
6月16日	「退職給付に係る会計基準の設定に関する意見書」
10月30日	「税効果会計に係る会計基準の設定に関する意見書」
10月30日	「連結財務諸表における子会社及び関連会社の範囲の見直しに係る具体的な取扱い」
平成11 (1999) 年1月22日	「金融商品に係る会計基準の設定に関する意見書」
2月19日	「有価証券報告書等の記載内容の見直しに係る具体的な取扱い」
10月22日	「外貨建取引等会計処理基準の改訂に関する意見書」
平成14 (2002) 年8月9日	「固定資産の減損に係る会計基準の設定に関する意見書」
平成15 (2003) 年10月31日	「企業結合に係る会計基準の設定に関する意見書」

索　引

〈あ行〉

預り金 …………………………153
後入先出法 ……………………79
アメリカ会計学会 ……………26
アメリカ公認会計士協会 ……25
洗替法 …………………………58
委託販売 ………………………217
1年基準 …………………48, 256
一括法 ……………………273, 277
一般原則 ………………………31
一般的耐用年数 ………………114
一般に認められた会計原則 …26, 29
移動平均法 ……………………79
受取手形 …………………64, 65
売上原価 ………………………222
売上原価の計算 ………………88
売上総利益 ………………228, 249
売上割引 ………………………224
売上割戻引当金 ………………171
売掛金 …………………………65
AICPA …………………………25
AAA ……………………………26
永久資産 ………………………130
営業外受取手形 ………………64

営業外支払手形 ………………150
営業外収益 ……………………213
営業外損益の部 ………………250
営業外費用 ………………215, 224
営業活動によるキャッシュ・フロー …235
営業権 …………………………102
営業収益 ………………………213
営業損益計算 …………………250
営業損益の部 …………………250
営業費用 ………………………215
営業報告書 ……………………243
営業利益 …………………228, 249
役務原価 ………………………215
役務収益 …………………213, 219
SHM会計原則 …………………25, 30
FASB …………………………26
親会社 …………………………264
親会社受取手形 ………………64

〈か行〉

買入償還 ………………………157
買掛金 …………………………149
開業費 ……………………133, 139
会計監査人 ……………………244
会計基準 …………………21, 25

会計公準 …………………………22
会計職能 …………………………5
会計測定職能 ……………………5
会計的負債 ………………………147
会計伝達職能 ……………………6
会計方針 ………………21, 36, 246
回収期限到来基準 ………………218
改良 ………………………………121
貸倒引当金 ……………65, 66, 165
割賦販売 …………………………218
合併差益 …………………………195
株式移転差益 ……………………193
株式会社の資本金 …………183, 191
株式交換差益 ……………………192
株式消却 …………………………190
株式払込余剰金 …………………192
株式併合 …………………………190
株式申込証拠金 …………………187
株主持分 ……………………147, 179
貨幣性資産 ………………………46
貨幣的評価の公準 ………………24
仮払金 ……………………………61
勘定式貸借対照表 ………………254
間接法 ………………………118, 235
管理会計 …………………………3
期間対応 …………………………227
期間利益計算構造 ………………9
企業会計原則 ………………27, 28

企業会計原則注解 ………………27
企業実体の公準 …………………23
基準棚卸法 ………………………85
機能的減価原因 …………………112
キャッシュ ………………………231
キャッシュ・フロー ……230, 234, 237
キャッシュ・フロー計算書
　………………………62, 231, 237, 293
級数法 ……………………………117
狭義の収益 ………………………212
狭義の費用 ………………………214
切放法 ……………………………58
金融手形 ……………………61, 150
偶発減価 …………………………112
偶発損失引当金 …………164, 166
口別法 ……………………………82
口別利益計算構造 ………………9
区分損益計算書 …………………249
区分貸借対照表 …………………255
組別償却 …………………………126
繰越利益剰余金 …………………199
繰延経理 …………………………132
繰延資産 ……………………51, 132
繰延税金負債 ………151, 152, 163
繰延ヘッジ会計による繰延勘定……155
繰延利息説 ………………………144
経営管理職能 ……………………7
経過負債 …………………………151

形式的増資 …………………189	建設利息 ………………133, 143
経常収益 …………………212	現物出資説 …………………197
経常損益計算 ……………252	減耗償却 …………………129
経常損益の部 ……………250	減耗性資産 …………………129
経常費用 …………………215	小売棚卸法 …………………85
継続企業 ……………………2	広義の収益 …………………214
継続企業の公準 ……………23	広義の費用 …………………213
継続記録法（帳簿棚卸法，恒久棚卸法）	工事完成基準 ………………218
…………………………77	工事原価 …………………215
継続性の原則 ………………38	工事進行基準 ………………218
経理自由の原則 ……………38	工事収益 ………………213, 218
決算公告 ……………245, 252, 259	工事負担金 …………………97
決算財務諸表 ……………241	工事補償引当金 ……………167
原価基準 ……………………54	公正なる会計慣行 ……27, 29, 34
原価差額 ……………………74	後発事象 ………………36, 247
原価時価比較低価法 ………57	子会社 ……………………264
原価法 ……………………79, 286	子会社受取手形 ……………64
減価償却 …………………98, 110	涸渇性資産 …………………129
減価償却費 …………………110	個人企業の資本金勘定 ……180
研究開発費 …………………135	国庫補助金 …………………97
現金及び預金 ………………62	固定資産 …………………51, 92
現金過不足勘定 ……………62	固定性配列法 ………………257
現金基準 …………………218	固定負債 …………………148
現金主義 …………………207	個別財務諸表 ………………242
現金主義会計 ……………207	個別償却 …………………126
現金主義的利益計算構造 ……9	個別対応 …………………226
現金同等物 …………………231	個別的耐用年数 ……………115
建設仮勘定 …………………95	個別法 ……………………79

〈さ行〉

債権者持分 …………………147, 179
財産の管理保全職能 ………………6
財産法 …………………10, 206, 207
財産法的利益計算構造 ……………10
最終仕入原価法 ……………………87
最終取得原価法 ……………………85
再調達原価 …………………………56
最低価法 ……………………………58
財務会計 ……………………………3
財務会計基準審議会 ……………26
財務活動によるキャッシュ・フロー…235
財務内容公開制度 ………………16
財務諸表 …………………………241
財務諸表等規則 …………………246
財務諸表附属明細表 …………242, 260
債務保証損失引当金 …………166, 172
先入先出法 …………………………79
先物売買契約 ……………………175
差入保証支払手形 ………………150
残存価額 …………………………113
時価基準 …………………………56
仕掛品 ……………………………13
敷金 ………………………………107
試験研究費・開発費 ………135, 143
自己株式 …………………………68
自己金融機能 ……………………111

自己資本 ……………146, 177, 189
資産 …………………………………45
資産の評価 ………………………51
資産の分類 ………………………47
実現主義 ……………210, 216, 219, 225
実現主義の原則 …………………12
実際製造原価 ……………………74
実質的増資 ………………………188
実用新案権 ………………………101
支配力基準 ………………………265
支払資産 ……………………60, 61
支払手形 …………………………150
資本 ………………………………177
資本維持の原則 …………………134
資本準備金 ………………………189
資本余剰金 ………………………191
資本的支出（説） ……………123, 144
資本取引・損益取引区別の原則 ……34
資本払戻説 ………………………144
借地権 ……………………………101
社債 ………………………………156
社債発行差金 ………………133, 157
社債発行費 ………………………140
収益 ………………………………211
収益控除性引当金 ………………171
収益的支出 ………………………123
修正売価法 ………………………85
修繕費 ……………………………121

修繕引当金 …………………122, 169	人格承継説 …………………196
重要性の原則 ………41, 251, 256, 265	新株発行 ……………………187
授権資本制度 …………………183	新株発行費 ………………133, 140
出資金 ………………………107	新株予約権付社債 ……………160
純仕入高 ……………………222	真実性の原則 …………………32
純資産額 ……………………191	迅速資産 …………………60, 61
純損益計算 …………………250	随時償還 ……………………157
純利益 ………………206, 207, 229	ステークホルダー ……………17
償却基準 ……………………114	正規の減価償却 ………………120
償却基礎価額 …………………113	正規の簿記の原則 ……………33
償却資産 ……………………93	税効果会計 …………………292
消極的積立金 …………………200	生産高比例法 …………………118
証券取引法上の開示制度 ………19	正常在高法 …………………88
試用販売 ……………………217	正常営業循環基準 …………49, 257
商標権 ………………………101	正常な営業循環期間 ……………49
情報会計 ……………………3	静態論会計 …………………2
商法上の開示制度 ……………18	静態論的会計構造 ……………14
商法施行規則 …………………243	正当な理由 …………………39
商法特例法 …………………244	制度会計 ………………3, 18, 60
正味実現可能価額 ……………57	積極的積立金 …………………200
正味資本 ……………………191	前期損益修正損 ………………224
剰余金 ……………………34, 191	先日付小切手 …………………62
剰余金区分の原則 ……………34	全面時価評価法 ………………267
賞与引当金 …………………167	総額主義の原則 ……………251, 256
少数株主持分 ……………269, 278	総合償却 …………………126, 128
除却 ………………………124	総仕入高 ……………………222
除却損益 ……………………124	総資本 ………………………177
人格合一説 …………………196	相対的真実性 …………………33

索　引　319

総平均法	79	短期貸付金	61, 65, 69, 70
創立費	133, 138	短期借入金	150
測定	216, 222	短期前払費用	61
その他の流動資産	68	単純平均法	79
その他有価証券差額金	201	地上権	101
ソフトウェア制作費	137	中間財務諸表	241
損益計算書	242, 246	注記事項	246, 248
損益法	11, 207	抽選償還	157
損益法的利益計算構造	10	長期貸付金	107
損害補償損失引当金	173	長期借入金	163
		長期滞り債権	107

〈た行〉

		長期前払費用	108
大会社	242, 251	帳簿棚卸高	222
貸借対照表	242, 253	直接法	118, 235
貸借対照表能力	45	陳腐化	112
退職給付債務	168	通常減価	112
退職給付引当金	164, 168	低価基準	57, 84
退職給与引当金	169	定額法	98, 115
耐用年数	98	定期棚卸法（実地棚卸法，棚卸計算法）	
立替金	61, 69, 70		77
建物台帳	95	定時分割償還	157
棚卸減耗損	222	ディスクロージャー	17
棚卸減耗費	78	定率法	98, 116
棚卸評価損	222	手形裏書義務（見返）	175
棚卸法	253	手形貸付金	61
他人資本	146, 177	手形借入金	150
単一性の原則	40	手形割引義務	175
段階法	273, 276	適正性	33

デリバティブ取引による正味の債務 …153
当期純利益 …………………249, 250
当期製品製造原価 ………………13
当期未処分利益 …………………248
当期利益 …………………………249
当座借越 …………………………151
当座資産 …………………………60
当座比率 …………………………60
投資活動によるキャッシュ・フロー…235
投資その他の資産 ………………106
投資不動産 ………………………107
投資有価証券 ……………………106
動態論会計 ………………………2
動態論的会計構造 ………………14
特別損益の部 ……………………251
特別損失 ……………………215, 224
特別利益 …………………………213
土地台帳 …………………………95
土地評価差額金 …………………200
特許権 ……………………………101
取替資産 …………………………130
取替法 ……………………………131

〈な行〉

任意積立金 ………………………200
認識 …………………………216, 222

〈は行〉

売価還元原価法 …………………85
売価還元低価法 …………………86
売却時価 …………………………56
売価棚卸法 ………………………85
発生主義（の原則）…12, 208, 219, 222, 225
発生主義会計 ………………208, 225
発生主義的利益計算構造 ………9
販売基準 ……………………210, 217, 218
販売費及び一般管理費 …215, 223
比較低価法 ………………………58
引当金 ……………………………163
非経常収益 ………………………212
非経常費用 ………………………215
非償却資産 ………………………94
評価 ………………………………51
評価勘定説 ………………………141
評価性引当金 ……………………164
評価損 ……………………………84
費用 ………………………………213
費用収益対応の原則 ……12, 14, 226
費用性資産 ………………………46
費用配分の原則 ……………53, 76
標準原価（法）……………74, 79, 84
複式簿記 ………………………1, 2
副費（外部副費，内部副費）………73

負債性引当金	165
普通株式	185
物質的減価原因	111, 112
部分時価評価法	267
不適応化	112
分割差益	194
分配可能利益	13
分別償却	126
平均原価法	82
平均耐用年数	126, 127, 128
別途積立金	200
返品調整引当金	171
報告式貸借対照表	254
法定資本(金)	183, 191
法定準備金	189
法的債務	148
保守主義の原則	39
保証債務	174
保有利得	56
未収金	69, 70
未収収益	69, 70
未処分利益	200
未実現損益	280
未発行株式	186
未払金	151
未払費用	151, 224
未払法人税	151
みなし取得日	275, 278
未渡小切手	63
無区分損益計算書	249
無区分貸借対照表	255
無形固定資産	101
明瞭性の原則	35
目的積立金	201
持株比率基準	264, 265
持分	179
持分法	286
持分法の適用範囲	287

〈ま行〉

前受金	152
前受収益	153
前払費用	69, 224
前払利益説	144
前払利息説	141
前渡金	60, 69
満期償還	157

〈や行〉

有価証券	67
有価証券届出書	20, 245
有価証券報告書	20, 245
有形固定資産	93
優先株式	185
誘導法	253
用役提供能力	46

予定価格法 …………………79, 83
予定原価 ………………………74
予約販売 ……………………217

〈ら行〉

利益準備金 …………………199
利益剰余金 ……………191, 199
利益処分計算書 ………242, 259
利害関係者 ……………………17
利益操作の排除 ………………38
流動資産 ………………………50
流動性配列法 ……………37, 256
流動比率 ………………………60
流動・非流動分類 ……………47
流動負債 ……………………148
留保利益 ……………………199

臨時巨額の損失 ……………135
臨時償却 ……………………121
臨時損失 ……………………121
臨時的な費用 ………………225
劣後株（後配株）……………185
連結決算日 …………………266
連結キャッシュ・フロー計算書 ……293
連結財務諸表 ………………263
連結財務諸表原則 …………265
連結財務諸表の注記事項 …291
連結剰余金計算書 …………285
連結損益計算書 ……………279
連結損益及び剰余金計算書 ………286
連結調整勘定 ……………270, 278
連結貸借対照表 …………266, 288
連結の範囲 …………………264

【編著者紹介】

小川　洌（おがわ・きよし）
　　城西国際大学教授・早稲田大学名誉教授

小澤康人（おざわ・やすひと）
　　元専修大学名誉教授

氏原茂樹（うじはら・しげき）
　　流通経済大学経済学部教授

八田進二（はった・しんじ）
　　青山学院大学大学院教授

長井敏行（ながい・としゆき）
　　北海道情報大学教授

小川文雄（おがわ・ふみお）
　　名古屋学院大学教授

金井　正（かない・ただし）
　　創価女子短期大学教授

渡辺和夫（わたなべ・かずお）
　　小樽商科大学教授

宮崎修行（みやざき・のぶゆき）
　　国際基督教大学（ICU）教授

（検印省略）

1989年5月20日　初版発行
1990年5月20日　増補改訂版発行
2001年4月1日　新訂版発行
2006年3月20日　新訂版六刷発行　　　　　　　　　略称―会計基礎（新）

社会科学基礎シリーズ　2

会計学の基礎（新訂版）

編著©者	小　川　　　洌
	小　澤　康　人
発　行　者	塚　田　慶　次

発行所　東京都豊島区
池袋3-14-4　　　　　株式会社　創　成　社

電話　東京 03 (3971) 6552　　振替 00150-9-191261
出版部直通 03 (5275) 9990　　FAX 03 (3971) 6919

定価はカバーに表示してあります。

ISBN4-7944-1174-X　組版：ワードトップ　印刷：S・Dプリント
　　　　　　　　　製本：カナメブックス
　　　　　　　　　乱丁・落丁本はおとりかえいたします。

創成社　簿記・会計学選書

社会科学基礎シリーズ	1	簿記会計の基礎（新訂版）	小川 洌・小澤康人	編	2,700円
〃	2	会計学の基礎（新訂版）	小川 洌・小澤康人	編	3,000円
〃	3	原価計算・工業簿記の基礎	小川 洌・小澤康人	編	2,913円
〃	4	税務会計の基礎（新訂版）	小川 洌・小澤康人	編	2,800円
		現　代　会　計	木下照嶽・上領英之　勝山　進	編著	3,000円
		政府・非営利企業会計	石崎忠司・木下照嶽　堀井恵重	編著	3,864円
		政府／非営利組織の経営・管理会計	木下照嶽・野村健太郎　黒川保美	編著	2,800円
		会計基準の深層構造	河田　清一郎	著	3,200円
		会計測定の方法と構造	木戸田　力	著	3,000円
		監査保障制度の課題	田中　恒夫	著	2,200円
		会　社　会　計　論	寺坪　修	著	3,600円
		新版・社会報告会計	木下　照嶽	著	3,398円
		最新簿記精説（上巻）	武田　安弘	編著	3,400円
		最新簿記精説（下巻）	武田　安弘	編著	4,000円
		管理会計要論	町田耕一・藤沼守利	著	2,200円
		税務会計＆税金総論	中野　百々造	著	3,900円
		国際会計の研究	菊谷　正人	著	3,590円
		多国籍企業会計論	菊谷　正人	著	4,000円
		国　際　会　計	権　泰殷	編著	2,718円
		財務会計学講義	室本誠二・保永昌宏　高山清治・竹田範義	著	3,300円
		会計情報システム	根本　光明	監修	2,800円
		エコノミーとエコロジー	ジ　モ　ニ　ス　宮崎　修行	編著訳	3,107円
		予算管理発達史（増補改訂版）	小林　健吾	編著	5,631円
		原価計算総論（増補改訂版）	小林　健吾	編著	3,300円
		原価計算総論演習	小林健吾・他	著	2,200円
		現代会計学原理（上巻）	R.J.チェンバース　塩原　一郎	著　訳	2,800円
		現代会計学原理（下巻）	R.J.チェンバース　塩原　一郎	著　訳	3,200円
		現　代　会　社　会　計	R.J.チェンバース　塩原　一郎	著　訳	4,300円

（本体価格）

創　成　社